本书由2020年度青岛市社会科学规划研究项目“疫情对青岛市居民消费的影响与经济发展对策研究”（项目编号：QDSKL2001249）、山东省自然科学基金资助项目“数据驱动下山东省化工园区风险监测预警研究：模型和方法”(项目编号：ZR2020MG052)支持，系以上两个项目的阶段性研究成果。

经济管理学术文库•管理类

公共卫生事件对居民消费的影响与经济发展对策研究
——以青岛市为例

Research on the Influence of Public Health Events on Residents' Consumption and Countermeasures for Economic Development
—A Case Study of Qingdao City

王玉梅　赵艳滨　巩耀亮　高　健　王燕妮／著

经济管理出版社
ECONOMY & MANAGEMENT PUBLISHING HOUSE

图书在版编目（CIP）数据

公共卫生事件对居民消费的影响与经济发展对策研究：以青岛市为例/王玉梅等著．—北京：经济管理出版社，2022.2
ISBN 978－7－5096－8318－7

Ⅰ.①公…　Ⅱ.①王…　Ⅲ.①公共卫生—突发事件—影响—居民消费—研究—青岛 ②公共卫生—突发事件—影响—区域经济发展—研究—青岛　Ⅳ.①F126.1 ②F127.523

中国版本图书馆 CIP 数据核字(2022)第 039558 号

组稿编辑：王　洋
责任编辑：王　洋　白　毅
责任印制：黄章平
责任校对：王淑卿

出版发行：经济管理出版社
（北京市海淀区北蜂窝 8 号中雅大厦 A 座 11 层　100038）
网　　址：www. E－mp. com. cn
电　　话：（010）51915602
印　　刷：北京虎彩文化传播有限公司
经　　销：新华书店
开　　本：720mm×1000mm/16
印　　张：15
字　　数：261 千字
版　　次：2022 年 3 月第 1 版　　2022 年 3 月第 1 次印刷
书　　号：ISBN 978－7－5096－8318－7
定　　价：88.00 元

联系地址：北京市海淀区北蜂窝 8 号中雅大厦 11 层
电话：（010）68022974　　邮编：100038

目　录

第1章　绪论

1.1　研究背景

在人类发展史上，社会公共安全与卫生问题历来被人们所重视，社会公共安全与卫生问题大致可以分为自然灾害、事故灾难、公共卫生事件和社会安全事件四大类，例如，水旱灾害、气象灾害、地震灾害、恐怖袭击、经济安全事件等。这些社会公共安全与卫生问题的存在，涉及多数人的生命、健康和公私财产的安全，对人们的生活产生了重大影响。近年来，公共卫生事件成为社会各界的热门话题，从食品安全、动物疫情到传染病疫情，每一次疫情的暴发都给人们的生活和健康带来巨大的挑战。随着公共安全与卫生问题的出现，现有研究不断深入，突发性事件的后续决策成为学者们研究的热点，而疫情过后消费者行为的改变也需要我们给予更多的关注。

2019 年末至今，肆虐全球的新型冠状病毒肺炎疫情在全球范围内暴发，日本、韩国、美国、意大利、英国等国疫情迅速蔓延，而青岛作为一个开放型的世界城市同样遭受了境外病例侵入的威胁，同时全球疫情的暴发对青岛市国际贸易的开展与自由贸易区的建立产生了一定程度的阻碍，疫情的进一步威胁对青岛市经济社会的发展提出了全新的挑战，疫情的产生也使得消费者意识到先进医疗设备等智能制造对于我国的重要性，青岛市以及中国的先进制造业发展需求进一步提升。如何在有效规避疫情的同时实现智能制造目标与智慧城市的建设成为了现阶段的重要问题，因此展开疫情对青岛市经济社会发展影响的研究势在必行。

（1）2020 年我国上半年居民消费情况。新型冠状病毒肺炎疫情来袭，对经济发展产生了重大影响，但随着疫情防控取得显著成效，2020 年上半年居民生活质量和消费市场加快恢复，消费市场潜力持续释放，新的消费增长点不断涌现，整个商品零售加快增长，第三产业尤其是餐饮业总体收入明显回升，新型消费的出现拉动经济转型，但受疫情影响，其发展一直处于低迷阶段。如图 1－1 所示，2020 年1～7月，消费增速一直处于负增长阶段，1～2 月居民消费增速一直处于－20%左右，3 月消费增速为－15.8%，4 月增速为－7.5%，5 月增速为－2.8%，6 月增速为－1.8%，7 月增速为－1.1%。总体来说，2020 年 1～5 月，增速折线图的斜率越发陡峭，增速逐步加快，侧面说明这段时间的经济恢复速度较快。从 2020 年 5 月开始，经济增速逐步放缓，但仍保持上升趋势，8 月首次转正，经济逐渐步入正轨。

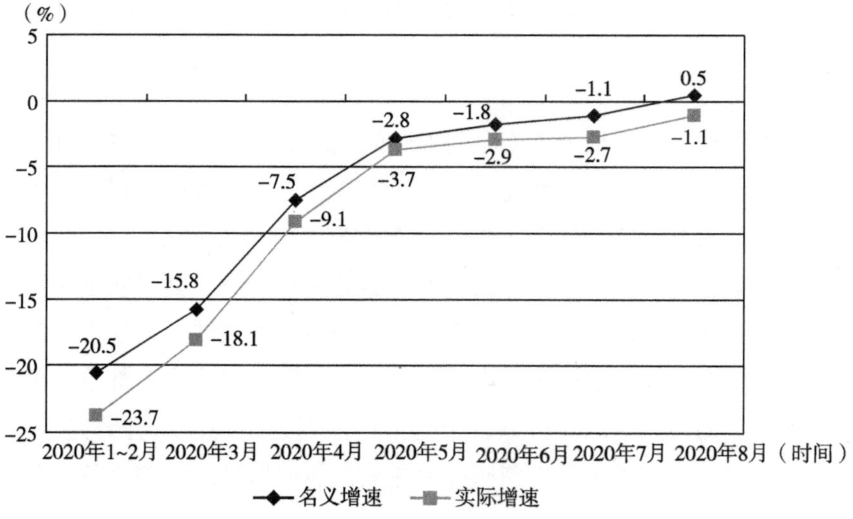

图 1－1　2020 年 1～8 月我国居民消费增速

资料来源：青岛市统计局官方网站。

商品零售额增速继续提高，2020 年 8 月，从图 1－2 可以看出全国居民消费价格同比上涨 2.4%，居民消费水平稳步提升。其中，疫后经济重建工作有序开展，对比来看，农村居民消费价格的增长速度快于城市；基础消费品价格上涨速度快于非基础消费品价格上涨速度；消费品本身价格不断上升，而服务价格却仍旧下降。直到 2021 年 8 月，全国居民消费价格比上年同期上涨 0.4%。受此次疫情影响，中国有大约 1/4 的消费者家庭可支配收入减少，只有半数消费者的家庭支出增加。然而，支出倾向仍远高于33%的全球平均消费水平，中国经济发展趋势总体向上。在被调查者中，大部分的消费者预计后疫情防控期间内，消费支出会有所增加。事实上，由于经济未来发展环境仍充满着各种风险，外部环境尤其受国外疫情的影响充满不确定性，中国经济发展的中心转向强调国内消费的拉动，随着经济模式逐渐从投资和出口驱动型向注重扩大内需转变，国内消费已成为拉动经济增长最核心的驱动力。

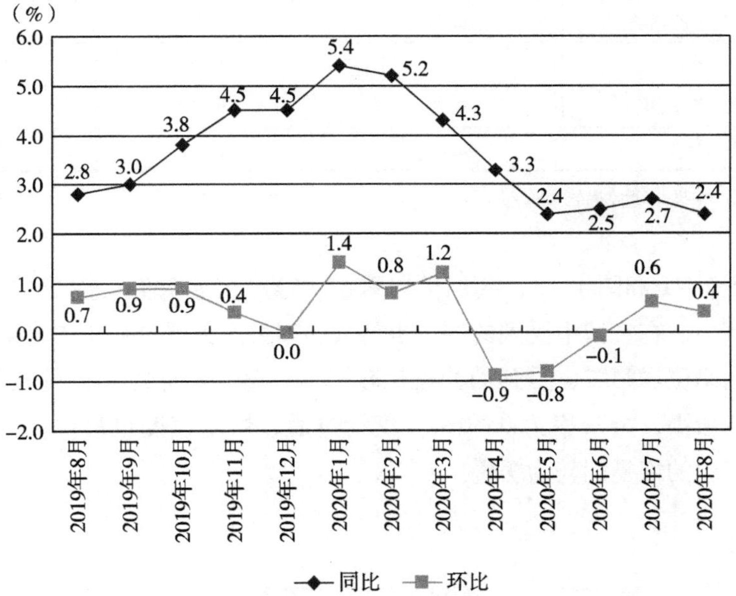

图1-2 2019年8月至2020年8月我国居民消费相对增速

资料来源：青岛市统计局官方网站。

经济增长来源于消费者支出的增加。2020年5月22日发布的最新《政府工作报告》再次明确了提高居民消费意愿和消费能力以促进经济发展的方向。报告提出，政府会优先"稳就业保民生"，提高低收入者收入。为促进国内消费，中国政府计划借助进一步为企业减税降费等财政措施，为社会提供更多就业机会和渠道，将城镇失业率控制在一定范围内，以稳定民生。

（2）青岛市生产总值变化和消费情况分析。如表1-1所示，受疫情影响，青岛市地区生产总值从2019年第四季度的11741.31亿元下降至2020年第一季度的2504.87亿元，但随着经济的缓慢回升，2020年第二季度又上升为5514.73亿元。

表1-1 2019年第四季度至2020年第二季度青岛市生产总值（分产业）

单位：亿元，%

指标名称	2019 年第四季度	2020 年第一季度	2020 年第二季度
地区生产总值	11741.31	2504.87	5514.73
第一产业	409.98	31.28	196.01
第二产业	4182.76	810.43	1884.49
第三产业	7148.57	1663.16	3434.23
全市生产总值增长	6.50	-7.10	0.10
第一产业	1.60	-0.20	0.60
第二产业	4.70	-10.20	-0.10
第三产业	8.00	-5.50	0.10

资料来源：青岛市统计局官方网站。

结合表1-1和图1-3，我们可以看出，第三产业对经济发展的贡献最大，始终稳居第一，在疫情中受到的冲击也最大，损失最为严重；第二产业对地区经济发展贡献率位居第二，受到的冲击比较严重；第一产业对经济的贡献率最低，受疫情冲击最小，增长率为0.60%，疫情过后，恢复速度也最快，第二产业次之，第三产业的恢复则较为缓慢。

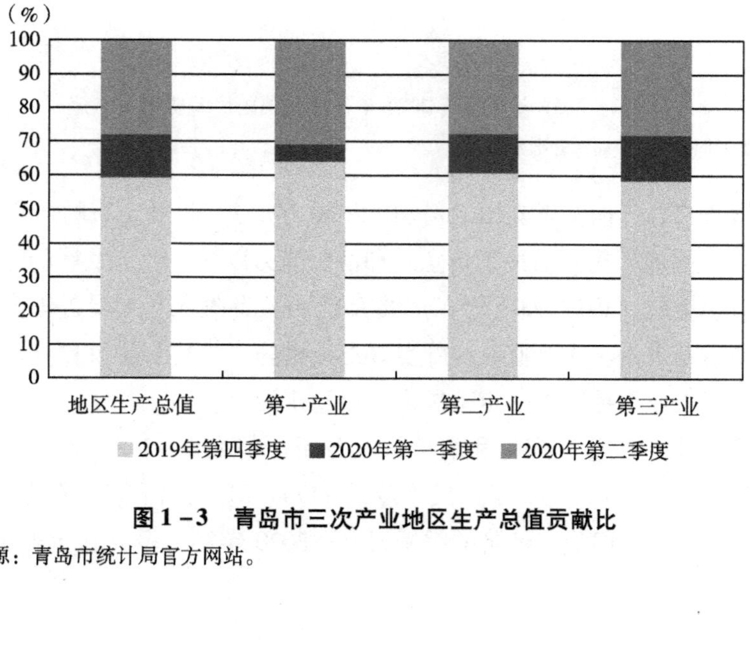

图1-3 青岛市三次产业地区生产总值贡献比

资料来源：青岛市统计局官方网站。

（3）2020年上半年青岛市居民消费情况。2020年上半年，食品烟酒类价格上涨11.6%，影响CPI上涨约3.55个百分点，其中食品类价格上涨14.7%，影响CPI上涨约3.03个百分点。

在居民消费的主要食品中，畜肉类价格上涨，影响幅度最大，CPI上涨也最多，其中猪肉价格上涨1倍以上，影响CPI上涨约2.29个百分点；蔬菜、水产品、粮食价格均有所上涨；水果类、蛋类价格下降。

从图1-4可以看出，其他七大类消费品中有六类产品的价格在上涨，只有一类产品的价格在下降。

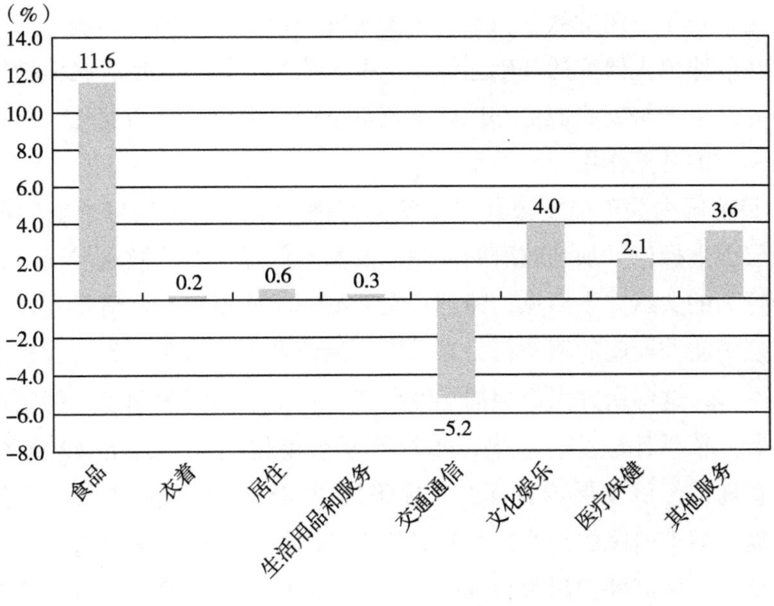

图1-4 2020年青岛市居民消费价格涨跌

资料来源：青岛市统计局官方网站。

1.2 研究意义

本书在相关理论研究的基础上，提炼出公共安全与卫生事件对城市居民消费的影响因素，从需求角度设计问卷，针对疫情对青岛市居民消费的影响进行实证调查研究，运用 VENSIM 仿真软件找出关键要素，分别从供给与需求两方面的资源、科技、人才、信息、时空、制度、市场七个维度和关键要素角度给出城市经济发展的对策。具体意义和价值如下：

1.2.1 理论意义和价值

（1）本书运用 CiteSpace 软件对国内外学者关于“消费者需求”影响因素领域研究文献进行知识图谱分析，得到关于该领域的研究热点，以清晰掌握国内外学者关于居民消费需求影响因素领域的研究现状。通过对所检索到的文献进行分析总结，我们发现国内外学术界对消费者需求影响因素的研究相对比较活跃，发表的文章也累积了一定的数量，本书主要研究疫情下居民消费影响因素及对策分析，这样在借鉴前人研究的基础上深化了关于疫情下如何满足居民消费需求变化问题的研究。可以帮助我们更好地满足疫情下居民消费需求的变化，对该领域的研究起到一定的补充作用。

（2）目前国内关于突发公共卫生安全事件对整体消费环境影响的研究大多是在宏观层面上探讨如加强政府的控制以及基础保障，而从微观层面研究突发事件中消费行为的文献并不多见，特别是在新型冠状病毒肺炎疫情暴发以后，研究消费者在疫情防控期间的消费行为以及影响消费者进行消费行为的因素方面的贡献成果并不多，这些研究大都为描述性研究，真正采用实际调查，将定性与定量相结合的研究依然比较少，本书以加快要素市场化配置、加强供给侧结构性改革、促进青岛市经济发展为目标，主要采用了实地问卷调查法和回归分析的方法，对青岛市城市居民的消费行为的影响因素以及相互作用进行研究，本书会促进公共安全与卫生事件中消费领域有关研究的发展，也会使消费行为应对突发事件的有关理论研究得到丰富和扩展，这对于提高我国的突发公共卫生安全事件应急管理水平、构建和谐社会和城市经济可持续发展具有重要的理论意义。

1.2.2 应用意义和价值

（1）通过对疫情下居民消费影响因素及对策展开研究，能够在突发性公共安全与卫生事件出现后，给居民消费行为的研究以及引导社会经济稳步恢复提供一定的借鉴作用。有学者认为互联网时代的到来推动了供给侧和需求侧变革，促使消费结构优化升级，缩小了城乡消费差距，但是我国总体消费模式还存在不平衡、不合理现象。政府应该采取措施，提高居民的可支配收入，完善社会保障制度，注意互联网在农村的普及，进一步缩小城乡居民消费水平差异。对于应对公共安全与卫生事件暴发后居民的消费行为，继续增强消费需求对经济增长的拉动作用，扩大内需，引导社会经济持续健康稳定发展具有重要作用。

（2）本书在现实案例，特别是此次新型冠状病毒肺炎疫情的启发和现实背景下，在城市经济社会和公共安全与卫生事件相关理论研究的基础上，对公共事件影响和城市经济社会发展的相关研究进行梳理，明确城市经济社会发展的内涵和特征以及公共安全与卫生事件的内涵和特征，根据这些理论基础结合新型冠状病毒肺炎疫情等现实情况，提炼出公共安全与卫生事件对城市经济社会发展的影响因素。目前相关研究中关于公共安全与卫生事件对城市经济社会发展的相关研究较少，本书在当下疫情影响背景下，研究公共安全与卫生事件对城市经济社会发展的影响因素，通过加快要素市场化配置，以加强供给侧结构性改革促进青岛经济发展为目标，同时也为今后相关研究的展开提供参考。

（3）青岛市作为我国沿海主要城市之一，是国家重要的现代智慧海洋产业优先发展的试验区、2035 年远景目标规划的落实地、国际文体艺术重要活动举办中心、"一带一路"新亚欧大陆桥合作战略支点。虽然青岛市并不是疫情重灾区，但是其经济社会各个方面依然受到很多不利影响。本节立足区域现实背景，针对公共安全与卫生事件对城市经济社会发展的影响，进行问卷调查，并从供给与需求两个方面给出对策，为今后青岛市应对公共安全与卫生事件以及如何应对公共安全与卫生事件提供一定参考。

（4）直面当前与居民、政府息息相关的新型冠状病毒肺炎疫情带来的影响，研究其可能存在的隐患，并将其及早扼杀，避免"非典"时期中小企业资金链断裂导致破产等不利于城市健康发展的情况产生。同时为后人提供一定的研究方向，给未来可能出现的公共安全与卫生事件提供借鉴，研究针对智慧生活方式、智能制造等关键领域对城市经济发展的影响，为实现居民的美好生活需求、提升城市国际竞争力、实现城市的新旧动能转换作出一定贡献，打造健康、绿色、和谐、先进、共享的智慧城市。

第2章　基于 CiteSpace 软件的相关研究热点与动态的大数据分析

2.1　有关“公共安全与卫生事件”研究热点与动态的大数据分析

2.1.1　国内有关“公共安全与卫生事件”研究热点与动态大数据分析

（1）基于 CiteSpace 软件对 CSSCI 收录的与“公共安全与卫生事件”相关的期刊论文进行统计分析，结果如图 2－1 所示。

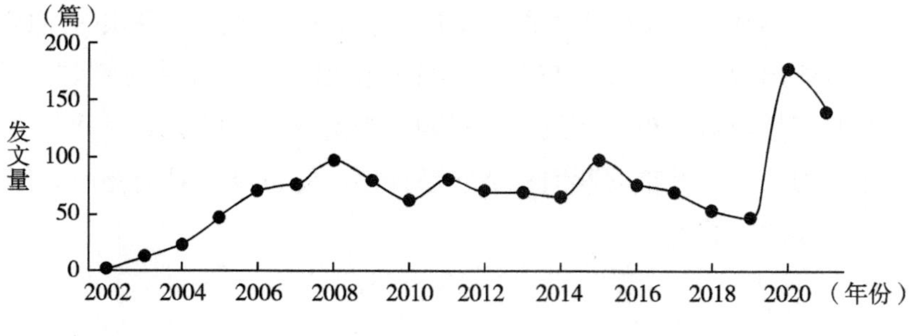

图 2－1　CSSCI 收录的与“公共安全与卫生事件”相关研究的发文量年度分布

资料来源：笔者自行整理。

从图 2－1 可以看出，相关发文量最早在 CSSCI 上出现的年份是 2002 年，截至2020年，其分布情况大致可以分为四个阶段：第一阶段，2002~2008年，公共安全与卫生事件的相关文献产出持续增长，到2010年出现一个低谷；第二阶段，2009~2014年，出现一个平稳过渡区间，这可能与这段时间公共安全与卫生事件频繁出现有关，2015年热度到达顶峰后又消退；第三阶段，2015~2019年，研究文献的发文量又逐年下降，论文发表篇数低至40篇左右，在2019年达到低谷，这可能是因为实践生活中的公共安全影响因素逐步稳定，相关安全事故的尖锐性得以缓解，经济发展的稳定性提升；第四阶段，2019年至今，文献数量呈上升趋势，由于新型冠状病毒肺炎疫情的发生，公共安全与卫生事件的研究文献数量有可能达到新的峰值。总体来看，公共安全与卫生事件的研究文献在发展过程中呈现出一种波动状态，但整体呈上升趋势，这说明现实中的公共安全与卫生事件的发生会引起学者的重视，公共安全与卫生事件的频繁发生与经济发展的态势密切相关，每一次重大公共安全与卫生事件的发生都会引起经济的振荡，所以相关政策和计划的制定必不可少。

（2）高被引文献特征分析如表2-1所示。

表2-1 “公共安全与卫生事件”相关高被引文献

排名	名称	作者	发表时间	发表期刊	被引频数
1	《国外应急管理体系的发展现状及经验启示》	邹逸江	2008年3月20日	《灾害学》	244
2	《突发公共事件应急管理研究中的重要科学问题》	曹杰、杨晓光、汪寿阳	2007年4月20日	《公共管理学报》	211
3	《美国公共安全与卫生危机事件应急管理研究》	郭太生	2003年12月15日	《中国人民公安大学学报》	186
4	《我国应急平台建设现状分析及对策》	范维澄、袁宏永	2006年9月30日	《信息化建设》	165
5	《突发公共事件应急信息系统总体方案构思》	范维澄	2005年9月25日	《信息化建设》	146
6	《建立突发公共事件应急机制的探讨》	闪淳昌	2005年4月20日	《中国安全生产科学技术》	125
7	《我国城市公共安全与卫生管理模式构想》	雷仲敏	2004年4月29日	《上海市经济管理干部学院学报》	114
8	《发达国家公共安全与卫生管理机制比较及对我国的启示》	朱正威、张莹	2006年3月5日	《西安交通大学学报（社会科学版）》	109
9	《应急管理体系及其业务流程研究》	王宁	2007年7月20日	《公共管理学报》	101
10	《突发公共事件：绕不开的话题》	郭兴旺	2005年5月28日	《中国发展观察》	90

资料来源：笔者自行整理。

高被引文献可以表现出其在学界是否有影响力，以及哪些研究内容引起了广泛关注，对“公共安全与卫生事件”研究领域中的高被引文献特征进行分析，能够大体把握该主题的研究趋势。

邹逸江（2008）在总结了国外应急管理的基础上，从多个方面对国外应急管理体系进行了分析，最后得出，应从整体着手，统筹考虑，各方协调，这样有利于我国政府应急管理制度的完善与发展，加快我国应急管理体系的建设。

曹杰等（2007）认为突发公共事件的频繁发生越来越成为社会发展的桎梏，引发了各界的研究。加强突发公共事件应急管理中的科学问题研究来源于经济发展的现实需求，也可以为公共安全与卫生事件的解决提供借鉴。为预防和监控公共安全与卫生事件的发生，应急管理理论、公共安全与卫生事件以及完整知识体系缺一不可。

从应急管理的角度来看，郭太生（2003）认为，公共安全与卫生危机事件的解决，需要各级应急管理机构协调合作。对不同规模的公共安全与卫生危机事件采取不同的应急机制，对需要的应急资源级别进行差异化处理。美国政府的应急管理计划首先涉及的领域是农业的自然灾害，后来扩大到各领域。地方政府的应急反应机构是各种公共安全与卫生危机事件的一级信息反馈者，地方政府呼吁联邦政府对支持州的应急反应机构给予补助和支持，加大政府对其的扶持力度。此外，公共危机事件的应急处理，需加强应急机构的反应能力，而且需要许多机构和安全系统的联合协调参与。

（3）有关公共安全与卫生事件的关键词词频热点分析。关键词体现文章的关注点，是一篇文章的研究重点，对这些较为核心的关键词进行整理，关注该领域中的研究重点与特色，笔者运用 CiteSpace 软件对 TOP50 的关键词进行共词分析，结果如图 2－2 所示。

从图 2－2 可以看出，关键词频次的高低由节点的大小来表示，我们可以发现公共安全、公共安全事件、应急管理、突发事件等关键词在研究中相对比较重要。虽然总体可以归结为十大关键词，但通过分析发现其联系密切。并且看出我国关于公共安全与卫生事件相关研究文献的关键词中，公共安全与卫生、突发事件、应急管理之间联系紧密，且关键词在图中节点的尺寸较大，并且都处于深色十字架外环，所以这些关键词是学者研究的热点，是该研究领域内的中心关键词。而通过中介中心性表 2－2 我们看出：公共安全与卫生事件、城市公共安全与卫生、危机管理等次生关键词，虽然是非主关键词，但是在研究系统起着重要的连接作用。

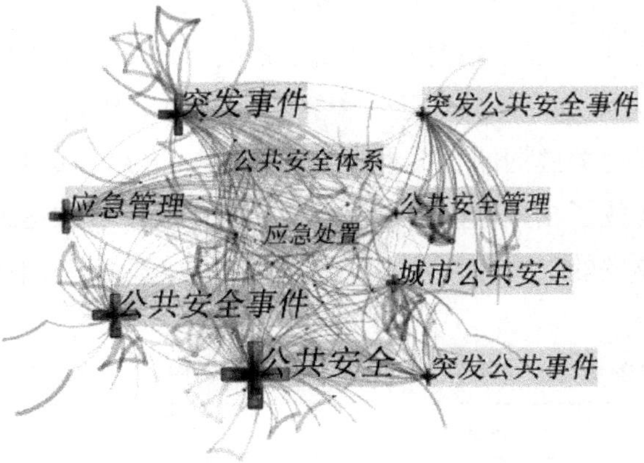

图 2-2　公共安全与卫生事件研究领域共词分析知识图谱

资料来源：笔者自行整理。

在此基础上，利用 CiteSpace 软件对关键词进行聚类分析，从而可以对这些关键词进行分类，如图 2-3 所示。

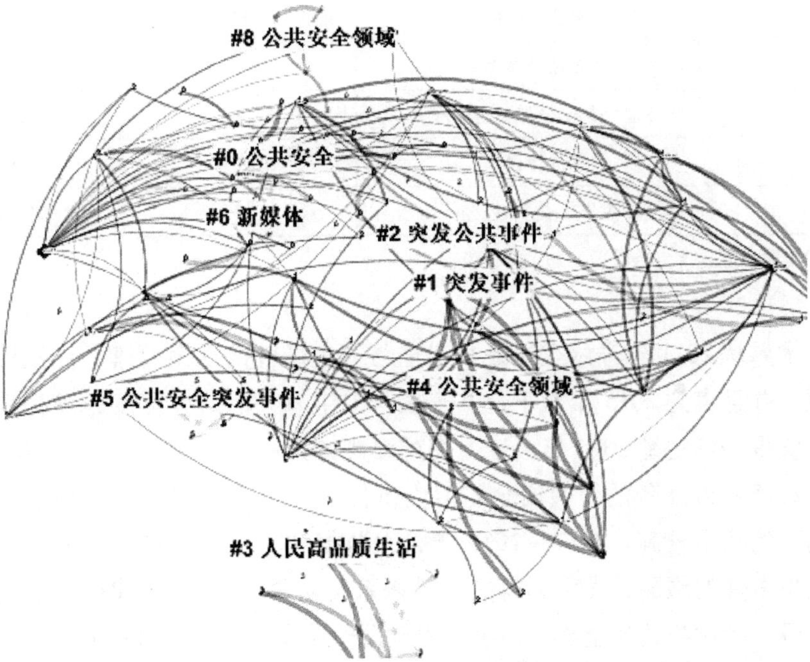

图 2-3　国内公共安全与卫生事件研究领域关键词聚类分析

资料来源：笔者自行整理。

本书利用 CiteSpace 软件给出的中介中心性，通过对知识图谱中节点连线的数量和节点在网络中的作用进行计算，表示某个关键词在整个研究系统主题中与其他关键词的相关性，关联性越强，联系越密集，则中介中心性越高，以此得出表 2－2。其中关键词公共安全与卫生和突发事件的出现频次最高，为 41 和 26，中心中介性即与其他关键词的相关性也最为密切，达到了 0.45 和 0.27；而外滩踩踏事件的发生警醒了相关研究人员和公众，其中介中心性达到了 0.33，实践中公共安全与卫生事件的发生为相关文献的研究提供了研究基础和动力。

表 2－2　公共安全与卫生事件研究领域研究关键词中介中心性（1999～2019 年）

排名	关键词	出现频次	中介中心性
1	公共安全与卫生	41	0.45
2	突发事件	26	0.27
3	应急管理	17	0.15
4	公共安全与卫生事件	17	0.15
5	城市公共安全与卫生	12	0.09
6	突发公共事件	12	0.07
7	外滩踩踏事件	9	0.33
8	突发公共安全与卫生事件	7	0.07
9	危机管理	7	0.01
10	关注公共安全与卫生	6	0.04

资料来源：笔者自行整理。

学术界从 2011 年开始重视公共安全与卫生事件的档案管理，注重历史经验的积累。并且直到 2015 年对于公共安全与卫生事件的研究热度越发提升且没有中断。值得一提的是 2014 年由于上海外滩踩踏这一重大公共安全与卫生事件的发生，2015～2017 年的公共安全与卫生事件研究文献对于外滩踩踏事件这一关键词提到的频率较高。2017～2019 年，大数据和人工智能被广泛应用，公共安全与卫生事件的预测、发生和解决与其联系密切，按图 2－4 我们可以大致分为三个阶段：针对公共安全与卫生事件关键词的搜索，2003～2008 年，这 5 年内研究的高频词为突发公共卫生事件、公共危机管理、突发公共事件；而随着实践的发展，从 2005 年开始，应急机制、应急预案、应急救援队伍和应急预案体系关键词突增，研究人员着重研究系统的公共安全与卫生方案以应对公共安全与卫生事件的发生；而2008~2010年，出现政府这一关键词，侧面说明了政府对公共安全与卫生事件的重视并且采取相应的措施被学者高频应用于研究之中。

引用量最大的前18个关键词

关键词	年份	强度	开始	结束	1999~2019年
突发公共卫生事件	1999	3.2188	2003	2007	
公共危机管理	1999	3.1346	2005	2008	
突发公共事件	1999	14.2278	2005	2007	
应急机制	1999	4.0287	2005	2007	
应急预案	1999	5.816	2005	2007	
和谐社会	1999	5.2689	2005	2006	
应急救援队伍	1999	3.6776	2006	2007	
应急预案体系	1999	6.8851	2006	2007	
政府	1999	3.1765	2008	2010	
突发公共安全事件档案	1999	3.5365	2011	2012	
社会安全事件	1999	3.5011	2012	2016	
应急处置	1999	3.1214	2014	2016	
公共安全体系	1999	4.5205	2014	2016	
公共安全事件	1999	6.4011	2014	2015	
公共安全治理	1999	4.5847	2014	2019	
外滩踩踏事件	1999	5.8341	2015	2017	
《关注公共安全》	1999	3.995	2016	2017	
大数据	1999	4.5278	2017	2019	

图2-4 1999~2019年公共安全与卫生事件突增性关键词网络图谱

资料来源：笔者自行整理。

2.1.2 国外有关“公共安全与卫生事件”研究热点与动态大数据分析

如图2-5所示，在Web of Science中以“public safety”为关键词，检索相关文献年发布量，从2010年开始，国外学者关于公共安全与卫生事件的研究每年发表数多在300篇以上，研究的频次和热度还是非常高的，并且2010~2019年总体呈上升趋势，2016年达到一个顶点，相关研究文献达到每年500篇，而从这以后，数量大约持平并略有下降，到了2019年，又达到一个全新的顶峰，这一年相关文献接近600篇。

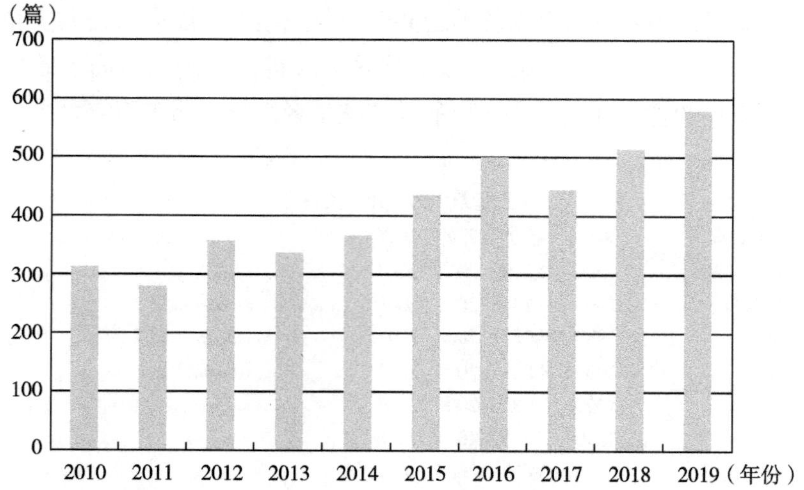

图 2－5　CSSCI 收录的与“公共安全与卫生事件”相关的年度发文数量

资料来源：笔者自行整理。

选择 2009～2019 年的数据，以“public safety”为关键词检索 Web of Science 中的核心论文，通过 CiteSpace 软件进行可视化分析得到图 2－6，我们可以发现国外的公共安全与卫生事件与国内的对人们的影响有相似之处，国外的公共安全与卫生和卫生安全也都得到了学者的重视，其中政府政策的制定、有效的应急管理、网络的广泛应用与公共安全和卫生事件联系密切。

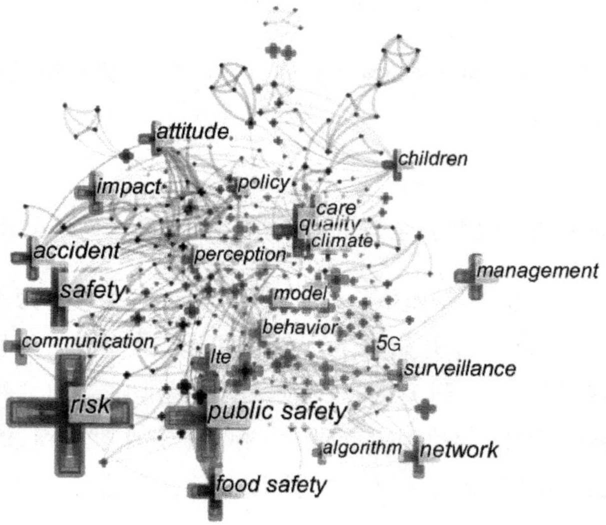

图 2－6　公共安全与卫生事件研究领域共词分析知识图谱

资料来源：笔者自行整理。

关键词体现文章的核心要义和主论点，是一篇文章的高度精练，对这些较为核心的关键词进行整理，可以大体上知晓该领域中的研究重点与特色，通过对Web of Science中以“public safety”为关键词的核心期刊进行可视化分析，运用CiteSpace软件选取pruning功能，结果如图2－6所示，中心的关键词是学者研究的重点领域，并从中选出risk、public safety、safety、quality、food safety等10个出现频次最高的关键词进行分析，1999～2020年，国外学者对公共安全与卫生事件中所引发的风险、公共安全与卫生和食品安全尤为重视，非中心的关键词如医疗、管理、网络等与公共安全与卫生事件息息相关，公共安全与卫生事件的起初发生、过程中信息的交互和最终的解决都离不开医疗、管理、网络。这些次热点关键词中的医疗、管理、网络的完善和进步也为公共安全与卫生事件的预防和警戒提供条件。

笔者在公共安全与卫生事件研究领域共词分析知识图谱的基础上，运用CiteSpace的聚类分析功能进行分析，这些关键词聚类共分为12个方面，其中包括risk assessment、internet of things、injuries、public concerns、care、outcomes、disaster management等，具体如图2－7所示。国外学者关于公共安全与卫生事件的关注重点包括风险评估、网络事件、伤害、公共安全与卫生、医疗、收入、灾害管理等关键词，这些关键词与公共安全和卫生紧密联系。

从表2－3可以看出，国外研究学者着重于公共安全与卫生事件的风险分析，出现频次最高的是37次，中介中心性为0.25，与其他关键词的相关性最强。国外学者主要针对公共安全与卫生和食物安全领域，并且重点分析公共安全与卫生事件与医疗、管理手段、互联网的密切联系，以及相互之间的联系与影响。

从图2－8可知，2008～2015年，国外学者的主要研究对象为儿童的公共安全与卫生，且此关键词的热度持续了7年，此外“管理”一词在以经济发展为关键词的文件检索中，其热度持续了5年，这说明关于公共安全与卫生事件处理，学者逐步注重科学的管理方法。在2014～2015年的文献中，有一部分学者关注过于肥胖的问题。随之到2015年有关环境问题的植被、农业、排放量又成为研究的热点与关键词，并持续了3年。而从2016年开始，土地的使用和人口问题成为新的关注对象。总体来说，国外对于公共安全与卫生事件的关注范围涉及很广，但对于消费的问题涉及较少。

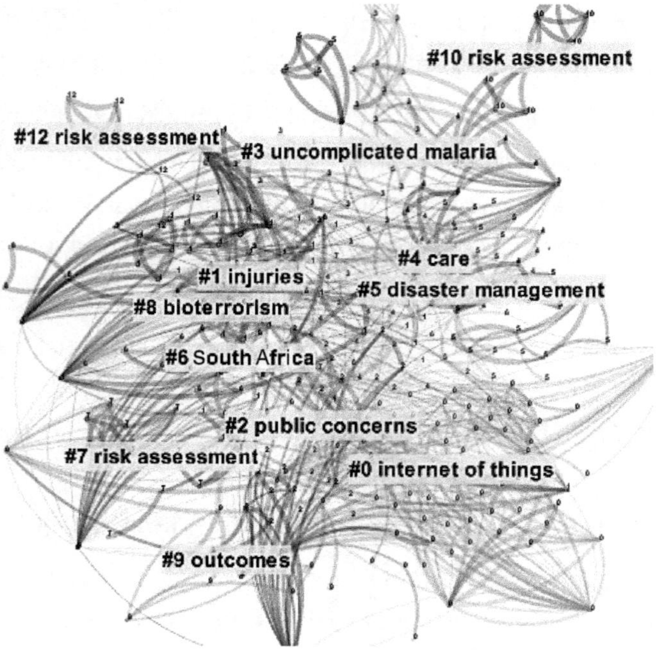

图 2－7　国外公共安全与卫生事件研究领域关键词聚类分析

资料来源：笔者自行整理。

表 2－3　国外公共安全与卫生事件研究领域研究关键词中介中心性

排名	关键词	出现频次	中介中心性
1	risk	37	0.25
2	public safety	25	0.14
3	safety	21	0.16
4	food safety	17	0.09
5	accident	16	0.14
6	management	14	0.12
7	care	14	0.06
8	network	13	0.05
9	impact	12	0.08
10	attitude	12	0.10

资料来源：笔者自行整理。

引用量最大的前18个关键词

关键词	年份	强度	开始	结束	2008~2019年
children	2008	2.6631	2008	2015	
sustainable development	2008	3.3315	2009	2012	
management	2008	5.6208	2009	2014	
economic development	2008	8.1605	2010	2012	
mortality	2008	4.6116	2010	2012	
gdp	2008	3.1937	2012	2016	
life cycle assessment	2008	3.3277	2012	2014	
obesity	2008	3.8298	2014	2015	
overweight	2008	2.8039	2014	2015	
plant	2008	2.9365	2014	2016	
trend	2008	3.7302	2014	2015	
agriculture	2008	3.2550	2015	2017	
emission	2008	2.5814	2015	2016	
economics	2008	3.6666	2015	2016	
future	2008	2.8118	2015	2017	
validation	2008	2.8580	2016	2017	
land use	2008	2.6126	2016	2019	
population	2008	2.8106	2016	2017	

图 2－8　公共安全与卫生事件突增性关键词网络图谱

资料来源：笔者自行整理。

2.2　有关“居民消费对经济发展”研究热点与动态的大数据分析

2.2.1　国内有关“居民消费对经济发展”研究热点与动态的大数据分析

从图 2－9 可以看出，1999～2020 年，国内学者对于居民消费对经济发展的影响的研究一直处于上升阶段，2009 年达到第一个顶峰，有将近 7000 篇文章被发布，这也从侧面说明了这段时间内消费在经济发展中的重要性及其突出贡献。2013 年迎来第二个论文发布高峰期。2013 年以后，发文量逐步下降，热度削减，但仍保持在每年 2500 篇左右。

如图 2－10 所示，有关“居民消费对经济发展”的论文里面，学者的研究重点是经济增长、消费结构以及实证分析，其中有关经济增长的论文有 3247 篇，有关消费结构的论文有 2035 篇，实证分析 1515 篇。其中对经济增长的相关研究文献最多，重视程度最高；其次是消费结构的研究，消费结构反映了人们的消费热点、倾向和主要消费动力。

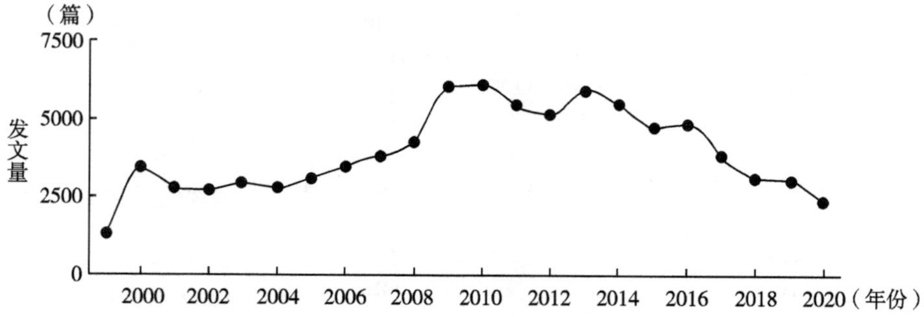

图 2－9　CSSCI 收录的与“居民消费对经济发展”相关的期刊论文发文量年度分布

资料来源：笔者自行整理。

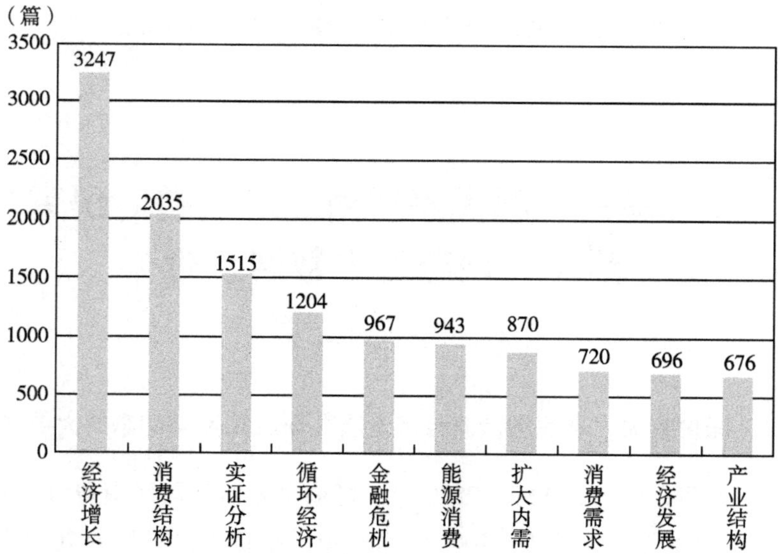

图 2－10　CSSCI 收录的与“居民消费对经济发展”相关的期刊论文中的主要主题柱状图

资料来源：笔者自行整理。

如图 2－11 所示，学者们的重点研究方向集中在经济体制改革、宏观经济管理和可持续发展及工业经济方面。其中经济体制改革的研究比重最大，占 31%；宏观经济管理和可持续发展占 18%；工业经济占 8%。根据相关数据可以得出，有关经济发展的研究都集中在经济体制的大方向改革和宏观管理上，而关于微观的研究较少；产业方面主要集中在第一、第二产业上，而较少考虑第三产业。随着时代变化，我国经济发展要转型，必须依靠第三产业拉动才能保持中国经济持久的活力。

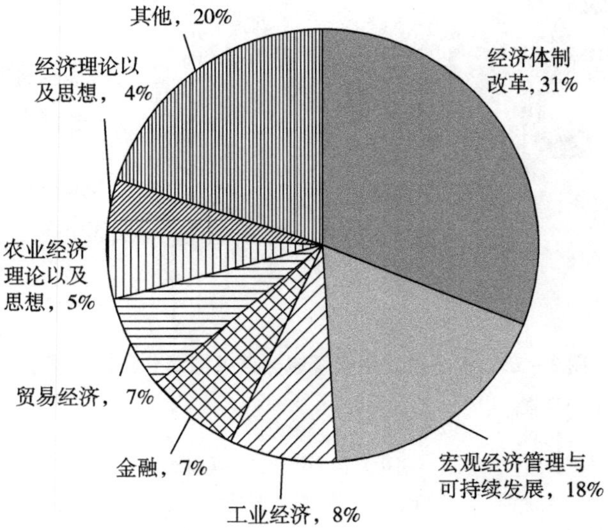

图 2－11　CSSCI 收录的与“居民消费对经济发展”相关的期刊论文涉及的主要学科分布

资料来源：笔者自行整理。

关键词体现文章的研究重点，是一篇文章的核心，对这些较为核心的关键词进行整理，可以大体上知晓该领域中的研究重点与特色。笔者对相关领域的期刊文章进行可视化分析，运用 CiteSpace 软件选取 pruning 功能，对关键词进行切片分析，结果如图 2－12 所示。

中心节点是消费者的高频研究重点，其中频次的高低由节点的大小表示，学者们关注的对象包括经济发展、扩大内需、居民消费、经济发展方式转变、消费结构、消费需求等关键词。消费结构、消费需求、消费价格、财政政策等次生关键词处于中间地位，为主关键词和其他影响因素的关系起连接桥梁的作用。

从图 2 - 13 可以看出，2013 ~ 2014 年，有关学者研究的重点主要集中在消费率和经济发展方式上面，此研究热点持续了两年。2014 ~ 2015 年，研究的热点转向居民消费价格指数、综合评价、国内生产总值等方面。从 2015 年开始，新

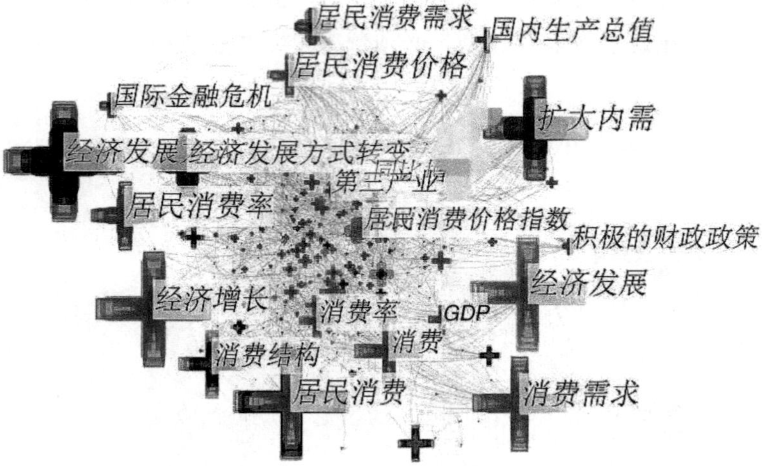

图 2 - 12　经济发展研究领域热点关键词分析知识图谱

资料来源：笔者自行整理。

引用量最大的前13个关键词

关键词	年份	强度	开始	结束	2013~2019年
消费率	2013	2.4704	2013	2014	
经济发展方式	2013	5.0446	2013	2014	
居民消费价格指数	2013	2.2983	2014	2015	
综合评价	2013	2.1488	2014	2015	
国内生产总值	2013	3.2325	2014	2015	
新常态	2013	7.8656	2015	2016	
供给侧改革	2013	2.2064	2016	2019	
经济发展水平	2013	2.9441	2016	2017	
消费升级	2013	4.3592	2017	2019	
var模型	2013	2.5670	2017	2019	
网络经济	2013	2.2187	2017	2019	
供给侧结构性改革	2013	3.9583	2017	2019	
影响	2013	2.1134	2017	2019	

图 2 - 13　1999 ~ 2019 年居民消费对经济发展突增性关键词网络图谱

资料来源：笔者自行整理。

常态成为又一个热点，并且持续了两年。从2016年开始，供给侧结构性改革成为研究重点，并且持续时间较长，持续了4年，但2017年又出现了供给次结构性改革的相关研究，此研究热点一直持续到2019年。2017~2019年，消费升级、网络经济等成为时代经济增长的新趋势。

（1）高被引文献排名如表2-4所示。

表2-4　高被引文献排名

排名	名称	作者	发表时间	发表期刊	被引频次
1	《收入分配与中国居民消费——理论和基于中国的实证研究》	陈斌开	2012年2月22日	《南开经济研究》	181
2	《促进消费需求提高消费率是扩大内需的必由之路》	刘国光	2002年5月25日	《财贸经济》	130
3	《农民收入结构对消费结构的总体影响与区域差异研究》	温涛、田纪华、王小华	2013年3月28日	《中国软科学》	149
4	《社会保障水平对居民消费影响的实证分析》	刘畅	2008年6月1日	《消费经济》	125
5	《技术创新、产业结构调整对能源消费影响的实证分析》	刘凤朝、孙玉涛	2008年5月15日	《中国人口·资源与环境》	92
6	《收入差距、房价与消费变动——基于面板数据联立方程模型的分析》	陈健、高波	2012年2月15日	《上海经济研究》	91
7	《新常态下我国互联网消费金融的表现、作用与前景》	邵腾伟、吕秀梅	2016年12月26日	《西部论坛》	89
8	《中国养老保险支出对消费的乘数效应研究——以城镇居民面板数据为例》	杨河清、陈汪茫	2010年5月20日	《社会保障研究》	87
9	《消费信贷影响消费结构升级的非均衡示范效应研究价格理论与实践》	胡晓峰	2020年8月27日	《经济与管理科学》	79

资料来源：笔者自行整理。

（2）在“经济发展”的相关研究中，有关“消费”的研究状况分析。从高被引用文献的内容来看，国内学者认为在经济发展的过程中，对于消费来说，收入与分配、消费结构、消费信贷、社会保障水平、技术创新与产业结构调整与居民消费水平的变化较为相关。

（3）相关热点关键词之间的关系分析。在对居民消费对经济发展的影响研究中，经济发展与扩大内需成为学者 1999～2019 年的研究热点，经济发展与扩大内需相辅相成，国家主体经济的发展仅仅依靠进出口很难发生质的提高和结构性变革，并且会带来强烈的对外依赖性，因此扩大内需就成为经济增长和优化结构的突破点。除此之外，要刺激居民消费，对于政府来说，积极的财政政策、转变经济发展方式至关重要，在经济萧条时，采取扩张性的财政政策；在经济高涨时，采取紧缩性的财政政策。通过前面的分析，我们也可以看出，第三产业对经济发展的贡献率所占比重很大，对消费结构带来双重影响。

（4）高频被引文献内容分析。陈斌开在 2012 年发表的论文中研究了中国居民消费需求的影响因素之一——收入分配。他基于生命周期框架的理论来研究分析并进行了实证检验。文章结果显示，城乡收入差距扩大会导致居民进行紧缩性消费。提高消费率和优化消费结构是扩大内需的必要措施。增加城乡居民收入、缩小收入差距、化解贫富矛盾，有助于稳定消费倾向。政府要着眼于刺激消费需求，提高居民消费倾向和欲望。

胡晓峰（2020）分析了 2014～2018 年省级不同地区的消费数据，构建动态消费模型和系统模型，实证分析消费信贷影响消费结构升级，对于消费能力不同的地区，这种影响将会带来不同的经济驱动效应。经济发达地区的消费信贷驱动效应更明显，互联网消费信贷对贫困地区经济刺激较小，因此，要刺激经济、扩大内需，必须在高消费的经济发达地区进行积极的消费信贷驱动。

刘畅（2008）认为农村是中国经济发展的基石和强有力的后盾，对于优化经济格局、创新驱动经济发展方式、拉动内需来说，农村是经济发展的储蓄力量。限制我国农村经济发展的因素很多，其中包括思想观念、储蓄结构、地理位置、交通条件等，然而目前我国农村消费市场并未真正启动，原因是受社会保障水平所限，农村居民的消费需求和意愿不够强。为促进居民消费增长，提高社会保障水平的重要性不言而喻，作者在论述当前我国农村社会保障、农村居民消费现状的基础上，从收入分配的作用方面阐释了社会保障的不完善，然后就我国的地区差异进行区域消费分析，得出结论：社会保障水平的提升对促进中、西部地区消费有一定的积极影响。这说明在贫困地区，社会保障制度的完善可以促进居民对未来消费的积极性，对经济发展具有重要的推动作用。因而在贫困地区如中西部地区的农村扩大社会保障基础覆盖率、提高居民稳定性收入、创新农村土地流转方式，对于完善社会保障制度、促进农村居民消费有一定的积极意义。

刘凤朝、孙玉涛（2008）认为在经济发展的过程中，要促进产业结构升级、推动新旧动能转换、提高资源利用效率，技术创新和革命是关键因素。他们通过建立技术创新、产业结构调整对能源消费影响的数据模型，运用近年来的数据进行分析，研究结果表明，专利授权的增多能够为不利资源消费的减少提供新的技术条件，第一产业、建筑业、服务业等能源消耗较少的产业产值在经济中的比重增加，能够减少资源消耗。研究认为基于技术创新的产业结构升级、优化和经济增长方式转变，是经济增长和能源消耗脱钩的重要途径，因此，想要优化升级消费结构，可以不断增加第三产业在经济中的比重，而要减少资源消耗型的产业，必须利用好技术创新这把利器，为经济发展趋利避害。

邵腾伟、吕秀梅（2016）认为互联网消费金融不断发展成长，为提升中低收入人群的消费能力，金融消费可以被低风险地引入消费领域并加以利用。目前我国消费金融市场潜力巨大，创新空间巨大，消费金融服务模式众多。而喜欢网络购物和超前消费的年轻人是具有消费能力的主体、金融消费市场的潜力股。因此，要鼓励、规范和引导互联网金融制度化、规范化，激发其市场活力，借助互联网消费平台，使互联网金融制度与我国经济发展情况相适应。

2.2.2　国外有关“居民消费对经济发展”研究热点与动态的大数据分析

笔者在 Web of Science 中选取“economic development”作为并列关键词进行检索，对 2010 ~ 2019 年相关文献的发文量进行分析，2010 年，有关消费和经济发展的主题研究发文量达到了 34 篇，2011 年发文量逐步减少为 21 篇。但 2011 ~ 2019 年发文量呈现出浮动式的上升趋势，关注的热度不断提升，这代表消费和经济发展的联系日益紧密，消费成为影响经济发展的重要因素（见图 2 – 14）。

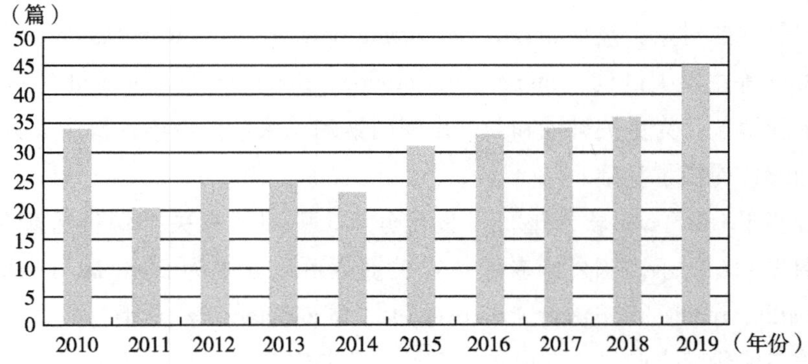

图 2 – 14　CSSCI 收录的与“经济发展”相关的期刊论文发文量年度分布

资料来源：笔者自行整理。

关键词体现文章的创新点，是一篇文章的高度精练，对这些较为核心的关键词进行整理，可以大体上知晓该领域的研究重点与特色，笔者利用 Web of Science 中经济发展领域的 CSSCI 期刊文章，运用 CiteSpace 软件选取 pruning 为 pathfinder + pruning the merged network，对关键词进行共性分析，结果如图 2 – 15 所示。2010 ~ 2019 年，国外学者在经济发展的研究中所关注的重点包括 energy consumption、electricity consumption、growth、management、trade 等。笔者选取其中重要的关键词进行分析和总结。

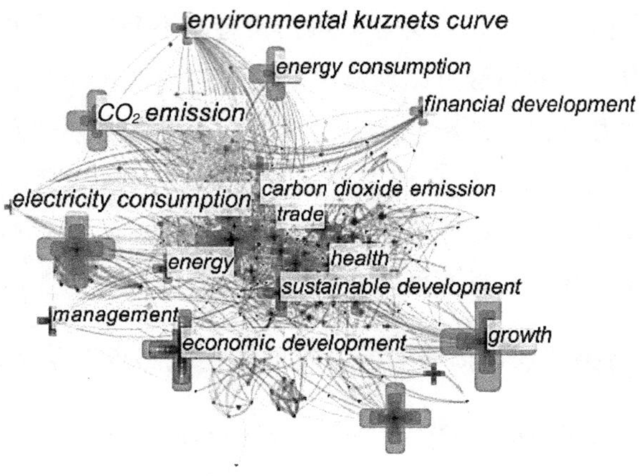

图 2 – 15　经济发展研究领域热点关键词分析知识图谱

资料来源：笔者自行整理。

其中频次的高低由节点的大小表示，中心的节点是学者的高频研究重点，反映学者们关注的对象，包括 growth、economic development、management、electricity consumption 等主要关键词，energy consumption、financial development 等次生关键词处于中间地位，为主关键词和其他影响因素的关系连接桥梁，次生关键词为主关键词的形成提供了基础。

笔者基于 CiteSpace 软件进行可视化分析，并对所有关键词进行聚类分析，结果如图 2 – 16 所示。国外学者的热点关键词可以集中为 financial development、public health、renewable energy、overweight、ethno botany 等 10 类，其中，关于经济发展的主要研究方向集中在可再生能源、公共安全与卫生、肥胖等方面，而对居民消费的研究比较少，行业研究领域仍存在空白。

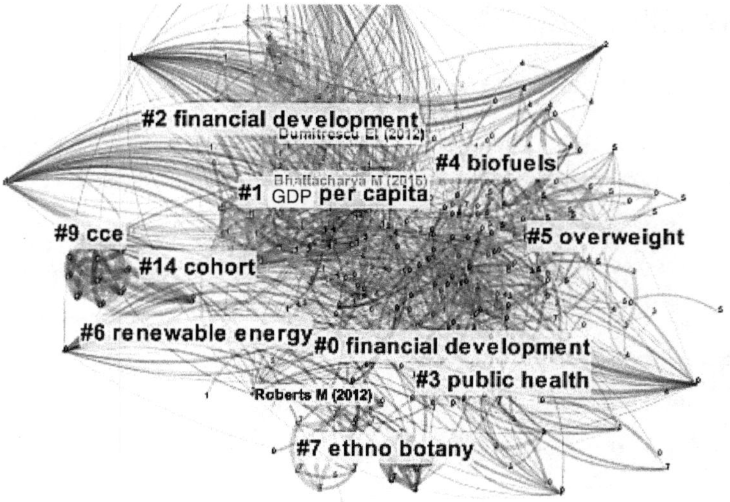

图 2-16　热点关键词聚类分析

资料来源：笔者自行整理。

1999~2019 年的文献中有关经济发展突增性关键词的检索结果如图 2-17 所示。我们可以发现，2005~2009 年，国外学者对于经济发展中的 food safety 尤其重视，经济消费中的食品安全问题引起学者的重视，马斯洛的需求层次理论决定了最基本的衣食住行的安全与否直接影响消费结构和需求。2011~2012 年，经济发展中的 risk 问题作为热点延续了两年，表明外在经济系统的不稳定性越强，风险越多，居民便有极大可能性缩减消费支出。2011~2016 年，针对关键词 safety 和 children 问题的研究热点持续了 6 年，持续时间非常长，因为在家庭消费支出中，儿童和青少年的消费支出占很大比重，尤其是教育支出。2013~2014 年，quality 的问题引起学者的广泛重视，2016~2019 年，英国 Ite 成为热点研究对象。2017~2019 年，management 热点问题研究持续了 3 年，近年来，学者对于经济发展中存在的问题更注重用科学的管理办法进行处理。

通过对所检索到的文献进行分析总结，影响经济发展的居民消费因素可以分为以下几类：

一是收入分配。一般来说，经济发展与收入水平成正比，收入水平的高低决定消费水平。近 10 年来，我国经济总体飞速发展，但是人均收入却逐渐拉大，贫富差距悬殊，贫富差距拉大会给社会消费带来不利影响。地区间资源优势、区位优势的差距使得贫困地区人民再就业困难，就业机会的缺少使得劳动力就业不充分，导致居民进行紧缩性消费，从而影响经济发展。

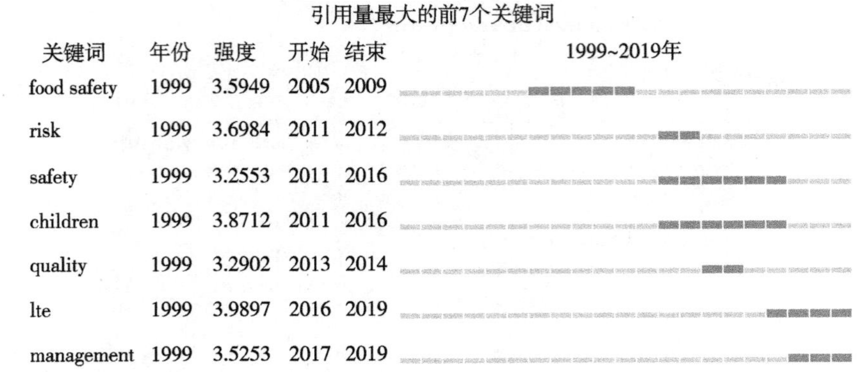

图2－17　经济发展的文献突增性关键词网络图谱

资料来源：笔者自行整理。

二是社会保障水平。一般来说，社会保障水平的完善程度与居民的消费欲望成正比，居民的消费欲望是基于目前生活水平得到提升的情况下产生的，因此社会保障水平越高、越完善，越有利于提高低收入、提高贫困人口的消费能力，为弱势群体建立完善的社会保障体制，消除消费的后顾之忧，增强消费信心，优化消费结构，稳定民生。社会经济体制的改革必须与社会保障制度的变化相衔接，从居民的切身消费利益出发。除此之外，还要考虑地区差异化的问题，缩小各区域之间的差距，对于缺乏社会保障体制的地区加大投入力度和关注度。

三是消费信贷的完善水平。经济系统的运转在很大程度上依靠资金的持续流转，如果资金停滞不动，必然会引发巨大的社会危机。信贷消费就是把居民未来收入的消费提前化，让资金在社会上持续流转，保证资金流的高效利用和居民消费能力的持续释放。当社会中存在众多消费信贷机构以及公司为居民消费提供多样化的消费资金来源时，对未来拥有乐观预期的消费者，便会进行信贷消费，这有利于提升社会整体资金的流动性和灵活性，这也是当经济危机和重大公共安全与卫生事件来临时，国家和银行机构常用的财政措施。如若不然，资金停止流转，居民紧缩消费就会引发一系列连锁反应，经营个体倒闭，社会正常运转机能瘫痪。

四是科学技术。5G 技术、云计算、数字经济、人工智能带来新的消费体验模式和应用场景，这些新兴的科学技术发展也为线上线下的各行业和产业的经济转型带来了巨大的压力，催生了整个国家的产业结构调整和升级，疫情过后，纯粹的传统经济实体需要科学技术的支撑才能实现转型。中国的第三产业受到疫情的冲击最大，恢复速度也最慢，要想促使其快速发展，必须以互联网为介质，以高新技术为载体，推动产业链和服务体系向高附加值方向发展，同时，也可以创新服务模式和场景，为消费者带来全新的体验，从而刺激消费。促使重大科技成果的落地，是推动我国经济全面升级的重要保障，科技成果实现商用化，才能真正创造出现实社会的价值和经济利益，而仅存留在专利水平的科研领域难以塑造出真正的科技强国，难以从本质上改变科技受制于人的局面。因此，想要优化消费结构、刺激消费，首先要推动经济升级，必须利用好科学技术这把利箭。

2.3　有关“公共安全与卫生事件对经济社会发展影响”研究热点与动态的大数据分析

选择 2010～2020 年为检索时间，在中国知网（CNKI）以“公共事件”为主题对 CSSCI 文章和核心期刊文献进行检索，共检索到文献 1804 篇，使用 CiteSpace 对检索到的相关研究文献进行知识图谱可视化分析，结果如图 2－18 所示。

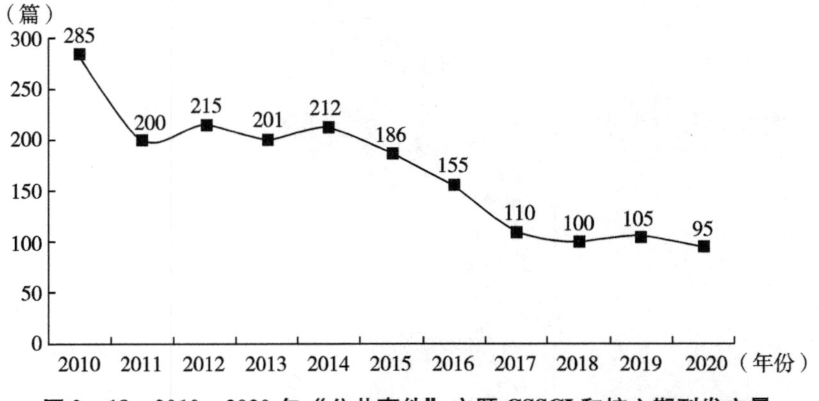

图 2－18　2010～2020 年“公共事件”主题 CSSCI 和核心期刊发文量

资料来源：笔者自行整理。

从图 2－18 可以看出，CSSCI 和核心期刊中关于“公共事件”的文献 2010～

2020年发文数量总体上呈现出逐年下降的趋势，但是每一年的文章数目依然很多，近几年的发文量维持在100篇左右。相关领域的研究较多，公共事件一直是大众关注的焦点，但是近年来呈现出下降趋势，这可能是由于相关研究不断细化导致的。

国内在公共事件研究领域中的主要关键词有突发公共事件、突发公共卫生事件、突发事件、公共事件、应急管理、网络舆情等。从关键词和知识图谱可以看出，国内CSSCI和核心期刊中关于公共事件的研究主要从三个角度对公共事件进行研究：一是从信息、舆情、媒体等角度，探讨公共事件的传播和处理及宣传；二是从应急管理角度入手，探讨突发公共事件发生后的应对措施及后续处理方案；三是从传染病、公共卫生角度入手，探究公共卫生突发事件的影响。具体如图2－19所示。

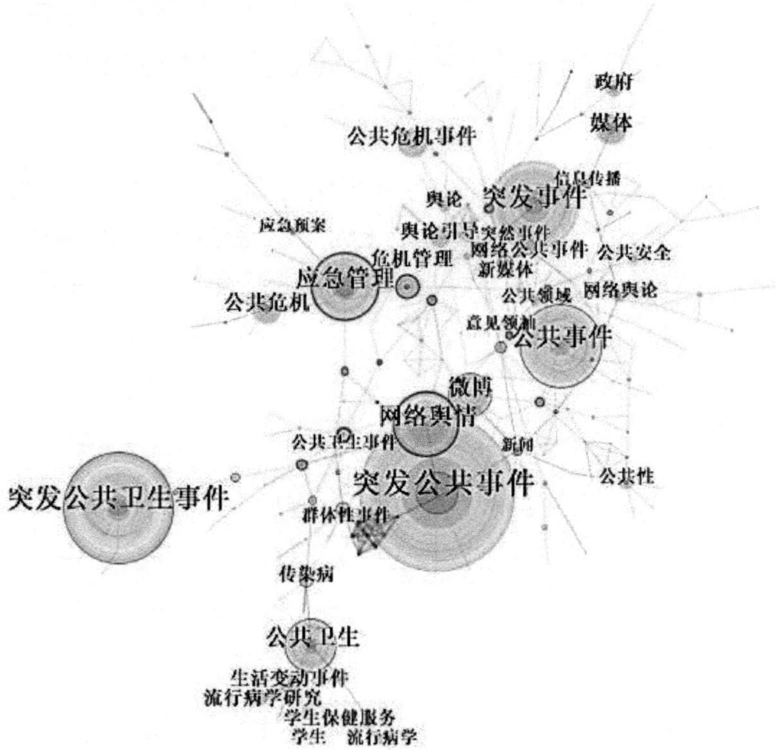

图2－19　2010～2020年“城市经济社会”主题CSSCI和核心期刊关键词知识聚类图谱

资料来源：笔者自行整理。

在“城市经济社会”研究领域中，关键词中主流媒体、突发事件、网络舆情、电子治理、危机管理、大数据、H7N9等词的中心中介性较高，这些关键词在城市经济社会的相关研究中串联起了其他研究，但是中心中介性普遍较低，主要聚类集中在媒体、舆情、新兴技术应用以及卫生事件处理上，如表2-5所示。

表2-5 CNKI中CSSCI和核心期刊文献“城市经济社会”研究领域关键词中心中介性

排名	频次	关键词	中心中介性
1	13	主流媒体	0.30
2	20	突发事件	0.28
3	97	网络舆情	0.25
4	8	电子治理	0.25
5	38	危机管理	0.24
6	10	大数据	0.24
7	4	H7N9	0.24

资料来源：笔者自行整理。

关键词的突增性表明相关关键词在这些年份受到的关注度，从图2-20我们可以看出，网络舆情、新媒体、网络公共事件、社会公共事件、公共安全与卫生、社交媒体等关键词突增强度较高，并且突增都持续至今，关于这些关键词领域的研究是未来相关研究的主要方向。

图2-20 CNKI中CSSCI和核心期刊文献中“城市经济社会”研究领域关键词突增性

资料来源：笔者自行整理。

如图 2－20 所示，在 2015～2020 年的有关文献中，学者对城市经济社会中的网络舆情尤其重视；2015～2018 年，新媒体作为新的技术手段，对城市经济的发展发挥着重要的作用；2016～2020 年，对于城市经济社会发展来说，网络公共事件、社会公共事件、公共安全与卫生和社交媒体之间相互交织，成为新的研究热点，其中，公共安全与卫生事件的发生和经济社会发展息息相关。

以 2010～2020 年为检索时间，在 Web of Science 上，选取 SCI 数据库，以“public incidents”为主题进行检索。将检索出的文章运用 CiteSpace 软件对文献进行可视化分析。从发文量来看，SCI 中关于“public incidents”的研究尽管从年度来看有所波动，但是总体呈现出平稳发展趋势，对于 public incidents 的相关研究近年比较热门。具体如图 2－21 所示。

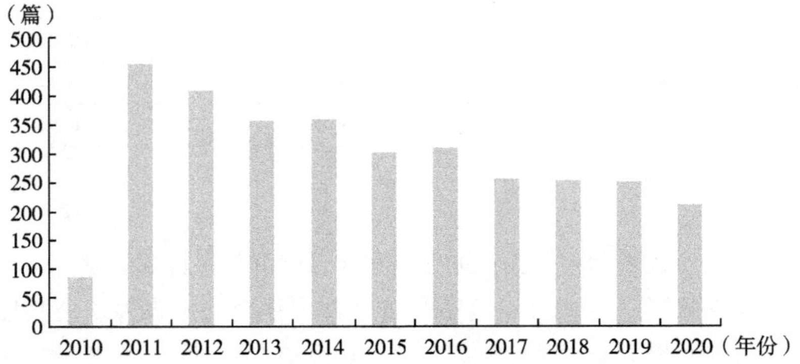

图 2－21　2010～2020 年 SCI 中以“public incidents”为主题的研究的发文量

资料来源：笔者自行整理。

从图 2－22 可以看出，SCI 期刊关于“public incidents”的研究领域中，risk、epidemiology、mortality、prevalence、risk factor、public health、health 等关键词在研究领域中较为重要，受到了研究学者的广泛关注。同时从表 2－6 中也可以看出，survival、risk、men、adolescent、cardiovascular disease、time、quality 的中心中介性较高，这些关键词连接了各个聚类领域区域，在研究中扮演着中间人的角色。从图 2－22 和表 2－6 可以看出，在“public incidents”的研究领域中，大部分的研究都是以健康问题、传染疾病等突发性公共卫生安全事件为角度展开的。同时也有部分研究以社会管理、人口等社会问题为角度研究了公共安全与卫生事件的风险、影响问题。从图 2－22 我们可以看到，从突增性情况来说，关于 patient safety、violence、performance 等关键词成为热门话题。

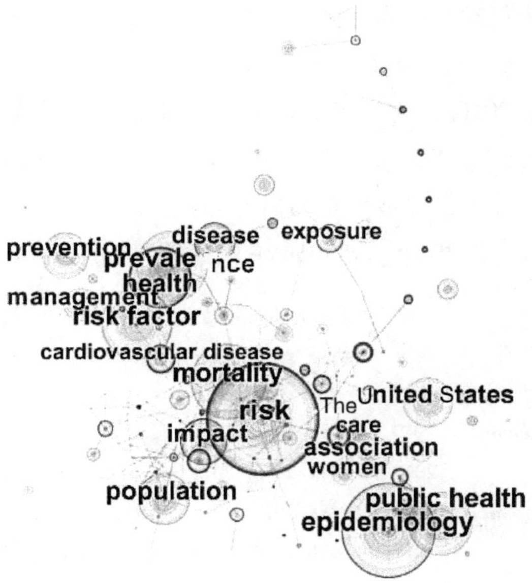

图 2－22 2010～2020 年 SCI 期刊中以"public incidents"为主题的文献中关键词知识聚类图谱

资料来源：笔者自行整理。

表 2－6 "Public incidents"研究领域关键词中心中介性

排名	频次	关键词	中心中介性
1	59	survival	0. 44
2	360	risk	0. 42
3	74	men	0. 40
4	35	adolescent	0. 39
5	100	cardiovascular disease	0. 34
6	9	time	0. 34
7	25	quality	0. 33

资料来源：笔者自行整理。

在 Web of Science 的 SCI 论文当中，以"public incidents"为主题对关键词进

行中心中介性分析，不难看出，survival 关键词的中心中介性最高，为 0.44；其次为 risk 的中心中介性，为 0.42，与其他关键词的中介性较强。在这张复杂的知识图网中，men 作为行动和行为主体，贯穿始终，中心中介性为 0.40。

在 Web of Science 中以“public incidents”为主题进行关键词突增性分析，结果如图 2－23 所示，2010～2013 年 accident 一词出现频率最高，2011～2015 年 hip fracture 一词出现的频率较高，2012～2015 年 diabete 一词出现的频率较高，2013～2016 年 patient safety 又成为新的研究热点。2014～2017 年 violence 一词出现的频率较高，2016～2020 年 performance 成为研究热点。

引用量最大的前6个关键词

关键词	年份	强度	开始	结束	2010~2020年
accident	2010	4.878	2010	2013	
hip fracture	2010	4.6938	2011	2015	
diabete	2010	2.9211	2012	2015	
patient safety	2010	3.8488	2013	2016	
violence	2010	4.3936	2014	2017	
performance	2010	3.5761	2016	2020	

图 2－23　“Public incidents”研究领域关键词突增性

资料来源：笔者自行整理。

2.4　有关“居民消费影响因素”研究热点与动态的大数据分析

居民消费是指消费者在一定时期内对于产品和服务的全部最终支出，主要分为城镇居民消费和农村居民消费。突发的新型冠状病毒肺炎，因为其潜伏性、不可知性以及高传播性等给疫情防控工作带来了严峻的考验，严重影响了居民日常生活消费行为和方式（郑江淮、付一夫、陶金，2020）。突发性的新型冠状病毒肺炎疫情对传统的消费方式产生了巨大冲击，迫使实体门店暂停营业，传统商户损失惨重，对整个经济社会的发展都产生了不利影响，但值得注意的是，疫情的发生使得消费者对于人工智能的关注热度有所提升。消费者的消费意愿强烈，商家若及时加以市场营销引导和优惠支持，创新消费方式和途径，就有助于居民消费欲望进一步释放，基础性消费品、绿色消费以及人工智能等领域还可能出现“爆炸性增长”现象。因此，对于政府来说，有必要采取一定的经济性政策，逐步促进消费，使得国家经济的增长更好地依靠消费拉动，扩大内需，促进居民健康、安全、便捷、舒适的智能化生活方式的实现。

本书以新型冠状病毒肺炎疫情流行情境作为居民消费影响因素研究的背景，一方面通过对公共事件影响居民消费的相关研究进行梳理，运用 CiteSpace 软件分析提炼出公共安全与卫生事件对居民消费的影响因素。另一方面通过问卷调查进行主成分分析，获得疫情下影响居民消费的重要因素，为今后相关研究的展开提供参考，也为经济发展方向下政策的提出提供理论与现实依据。以中国知网和 Web of Science 所收录的文献为数据来源，通过 CiteSpace 软件对有关居民消费影响因素领域研究文献进行分析，筛选出近些年的研究热点和发展趋势。

以中国知网为检索平台，通过高级检索，以“居民消费影响因素”为主题，在保证文献质量的前提下，进一步将筛选条件约束为“CSSCI + 核心刊物”，又因为我国 1978 年开始进行改革开放，所以本书选择 1979 ~ 2020 年这一时间段进行文献搜索，共搜索到期刊 399 篇。运用 CiteSpace 软件对研究对象的关键词进行分析，得到了国内学者关于“居民消费影响因素”的可视化文献聚类图谱(见图 2 - 24)。本书以文献计量的方法对所检索到的文章进行计量分析，借助知识图谱研究国内学者“居民消费影响因素”研究领域的研究现状，在总结国内学者研究基础上进行更加深入的研究，并为居民消费影响因素领域研究前沿与热点问题的挖掘提供新的方向。

以 1979 ~ 2020 年为时间跨度，从图 2 - 24 中可以发现，文献聚类知识图谱中最大关键节点是“影响因素”，其呈放射状展开分布，其他重要的关键节点有“消费结构”“居民消费”等，通过研读重要节点所对应的相关文献发现，“互联网经济”“消费升级”是近年来的热点问题。居民消费研究热点主要集中在消费行为、乡村振兴、财富效应和消费影响因素等方面；农村居民消费研究则主要集中在城镇化、收入不确定性、收入差距等方面；影响因素方面的研究则主要集中在消费结构、消费升级、互联网、消费需求等几个方面；消费结构方面的研究主要集中在恩格尔系数、人口年龄结构、区域差异、影响因素等方面。可见，中国居民消费影响因素领域研究视角趋于多元化，并呈现出较强的学科交叉趋势。

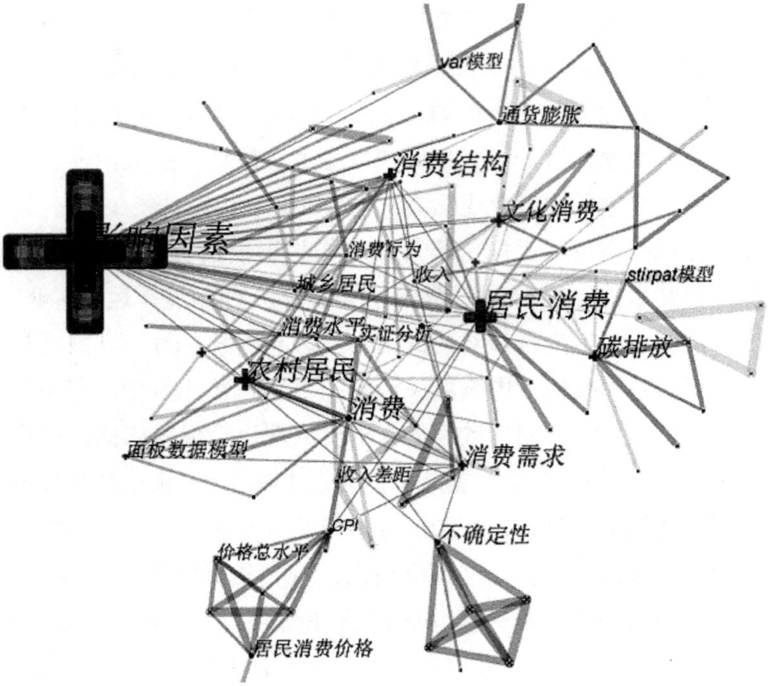

图 2－24 “居民消费影响因素”知识聚类图谱

资料来源：笔者自行整理。

居民消费：丁任重、朱博（2013）研究发现居民的收入水平、城镇化水平以及居民的消费习惯等因素对于居民消费水平的影响程度具有显著的地区差异，并就如何缩小地区间的消费水平差距、扩大居民消费需求提出相应对策建议；范黎波、杨金海、黄烁婷（2017）认为社会保障制度能够有效促进居民的消费水平，不同类型的社会保障对于居民消费水平的影响程度是不同的，其中养老保险制度对于促进居民消费支出具有显著的正向作用；韩立岩、杜春越（2012）通过对居民消费影响因素进行分析，发现收入与居民消费呈正相关且城乡差异小，而收入差距和借贷水平则分别呈现出正相关和负相关且城乡差异较大，认为政府应该采取措施提高居民收入，缩小城乡之间差距，促进社会经济健康稳定发展。

消费影响因素：郭亚茹（2011）认为影响我国可持续消费的因素有很多，其中经济水平、产品技术等具有正向作用，而政府政策则具有负向作用，她认为我国制度法规尚不成熟，需要进一步完善才能引导消费者养成可持续消费的习惯；王金安（2014）建立固定效应模型对影响居民消费因素进行实证分析，发现可支配收入是影响居民消费行为的最主要因素，居民收入差距也影响着居民的消费水平，政府应该采取措施建立居民收入增长的长效机制，完善社会保障制度，缩小城乡收入差距，形成健康可持续的社会消费结构。

国外学者认为影响居民消费的主要因素包括：Adam Z. Rose（2007）认为经济韧性是降低公共安全与卫生事件所造成经济损失的决定性因素，认为应该提高区域经济韧性，缓解公共安全与卫生事件对居民消费的影响；Peter van Santen（2012）指出居民消费行为受未来不确定性的影响，当未来不确定性增大时，居民的储蓄意识会增强；Pan B.、X. Luo 和 X. Xu（2006）认为政府支出与居民消费行为具有互补关系，增加政府公共消费可以促进居民消费；Mark Aguiar、Mark Bils（2011）认为收入不平等是造成居民消费不平等的主要原因，要采取措施缩小收入差距以促进居民消费。

通过对国内有关居民消费影响因素的研究文献进行分析，我们得出以下结论：随着我国经济社会的发展，居民收入增加，消费结构也得到优化升级，人民生活水平提高，但仍存在着城乡消费水平差异大、消费结构不合理现象，政府应该采取措施提高居民的可支配收入，并注意缩小城乡居民差距，完善社会保障制度，提高全社会居民的消费水平，促进社会经济的可持续健康发展。我们还发现近些年学者的研究热点主要集中于“互联网”和“消费升级”两方面，并且经常将二者相互结合进行研究：王茜（2016）认为互联网时代推动了我国消费升级，而生活性服务业是其重点领域，在改善消费结构、提高消费质量的同时倒逼生产环节技术创新和产品质量提高，但是目前耦合程度不高，需要进一步加强线上线下消费互动，走精细化发展道路；李旭洋、李通屏和邹伟进（2019）认为互联网赋予消费新的模式，能够促进家庭消费结构优化升级，进一步扩大家庭消费，并且互联网的使用对于高收入家庭和农村家庭的促进作用更为显著，应该注重互联网在农村的普及，释放农村消费能力，缩小城乡消费差距。由此我们发现，互联网时代下的居民消费模式发生了重大变化，使居民消费结构得到优化升级，为缩小城乡消费差距提供了条件，并进一步引起了供给侧和需求侧新的变革，增强市场主体活力，促进社会经济的高质量发展，满足人民对于美好生活的向往与追求。

本书以“疫情”和“消费影响因素”为主题，以 1979 ~ 2020 年为时间跨度，以“核心期刊 + CSSCI”为条件对 CNKI 所收录的期刊进行检索，共得到文献 37 篇，不具备文献可视化分析的价值，所以不再运用 CiteSpace 软件对其进行知识图谱分析。我们利用CNKI平台的计量可视化分析功能，对全部检索结果进行分析，得到了疫情对居民消费行为影响因素领域文献的主题分布，结果如图2－25所示。

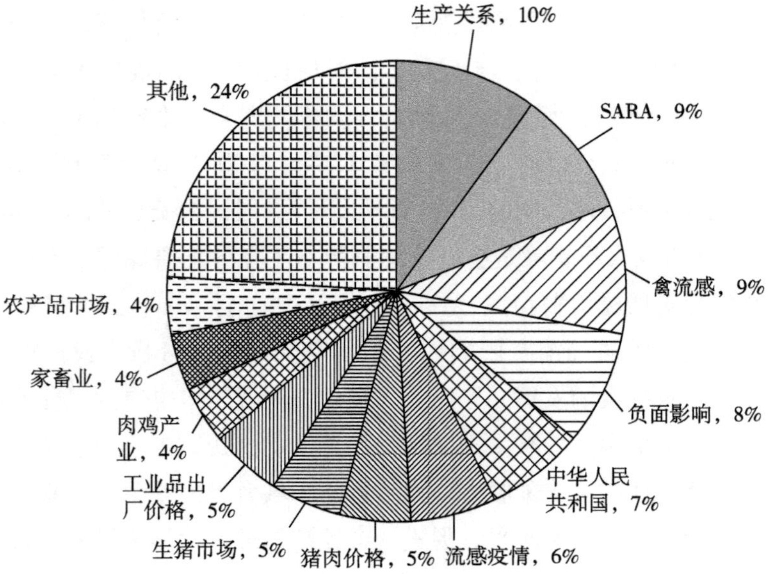

图2－25　疫情对居民消费影响因素领域文献主要主题分布

资料来源：笔者自行整理。

国内学者认为疫情的发生冲击了当下中国经济的发展，但同时也给我国经济发展带来新契机，在某种程度上改变了消费者的消费心理和生活方式。欧阳进（2003）认为疫情的暴发给我国经济发展带来了巨大的威胁，同时也使我们重新审视经济发展思路，重视高质量发展，而且居民对于健康、卫生等方面的消费需求也进一步扩大，将在全社会形成健康、生态、环保的生活方式，疫情的发生同样给互联网经济带来了新的发展机遇。关利欣（2020）提到疫情的发生使居民的消费心理发生了变化，消费者对于消费安全性的需求大大增加，便利消费和目标消费受到消费者的青睐，而且疫情防控期间消费者的消费意愿明显下降，网上交易增加，消费者也更加追求健康的生活方式。

国外学者认为公共安全与卫生事件的突发会对社会经济发展产生不良影响：Philippe Beutels、Na Jia、Richard Smith等（2008）认为"非典"的暴发使居民的日常消费行为受到了影响，例如，火车、飞机、货物运输、旅游和家庭消费模式等，大部分消费都被推迟。Yanzhong Huang 和 Christopher J. Smith（2013）认为，中国经济能够快速从传染病暴发中恢复过来，得益于中国制度的优越性，政府通过实施积极的公共卫生政策对疾病暴发进行了有效控制。

近年来，随着智能装备的完善和应用，国内学者认为人工智能在解决突发性公共安全与卫生问题时能发挥更大的作用：渠慎宁、杨丹辉（2020）指出此次突发性疫情对传统的以人工为主的应对方式提出了挑战，因此需要采取更加智能化的应对措施，人工智能、无人配送、区块链技术等新兴智能技术在应对突发性公共卫生事件、加强公共安全与卫生治理以及提高城市运作效率等方面将大有作为。李姝、朱琳、李贵强、王姿、魏博（2019）提到随着新一代信息技术的发展，人工智能技术在应对社会公共安全与卫生问题在未来可能发挥关键作用，能够最大限度地利用先进技术和数据分析，保护国家和人民生命财产安全，但是目前人工智能存在着基础架构无法适应实际要求、算法和模型无法满足应用需要等缺陷，我们在发挥人工智能最大价值的同时，也要注意其存在的安全隐患。富帝淳（2019）认为科学技术的发展促使人工智能融进了人们的日常工作、学习和生活中，使人们的生活发生了巨大改变，尤其是在应对公共安全与卫生问题中发挥了巨大作用，但是要注意与大数据资料相结合，为其提供数据支持。

通过对现有文献进行分析总结，我们发现疫情的暴发阻碍了生产与消费的正常进行，对社会经济发展具有很大影响，这主要是通过居民的收入水平、消费心理以及消费方式三个方面来影响城市居民的消费需求，新型冠状病毒肺炎以其高传染性和较难治愈性等特点在社会上形成了恐慌心理，城市居民会有意识地减少消费，从而导致社会消费总量的减少。疫情发生后居民的健康消费需求出现爆炸式增长，消费者追求更加健康、安全、舒适、便捷的生活方式，而人工智能在应对社会公共安全与卫生问题时所展现的优势，将会引起人们对人工智能技术的关注，这将促进人工智能产品在全社会的普及，满足人们对美好生活的向往。本书分别从供给和需求的角度出发，为应对疫情下居民消费行为的变化给出相应对策，继续发挥居民消费对社会经济发展的拉动作用。

本书运用 CiteSpace 软件对国内外学者关于“消费者需求”影响因素领域研究文献进行知识图谱分析，得到关于该领域的研究热点，以清晰掌握国内外学者在居民消费需求影响因素领域的研究现状。通过对所检索到的文献进行分析总结，我们发现国内外学术界对消费者需求影响因素的研究比较活跃，发表的文章也积累了一定的数量，在此基础上分析疫情下居民消费影响因素，可以分为经济因素和非经济因素，经济因素包括商品及其替代品的价格、消费者的收入水平以及消费者对未来的预期等，非经济因素包括人口结构变动、政府的消费政策以及消费者心理等方面。而且国内外学者注意到互联网时代下居民消费行为发生了变化，互联网使得居民的消费途径和方式得以升级，消费结构进一步系统化。公共安全与卫生事件的暴发，使得城市居民对于健康、安全、卫生的消费需求呈现井喷式增长，用户更加向往舒适、便捷的智能化生活环境，这刺激了城市居民对智能产品的消费需求。但是国内外学者对疫情下居民消费影响因素及其对策的研究较少。通过对上述所检索到的文献进行分析总结，得出疫情下影响消费者需求的因素可以分为经济因素和非经济因素两大类。

经济因素包括：

（1）收入。居民的直接收入决定了居民的消费数量、质量以及消费行为（方福前，2009）。我国大部分居民的主要收入来源为工资，而疫情防控导致了许多行业复工复产困难，这不利于企业正常生产经营活动的进行，企业生存发展面临困境，导致员工工资有所下降或无法及时发放（汪彬、许正中，2020）。居民隔离期间收入水平受疫情影响很大，收入普遍减少且对未来收入预期持悲观态度，这对居民消费需求会产生抑制作用，居民会有意识地缩减消费支出来维持基本生活需求。但是收入水平对居民消费需求的影响程度在不同区域和不同收入群体之间也存在差异，对于高收入群体而言，收入减少对居民消费需求影响较小，疫情期间虽然收入水平有所下降但仍会保持原有消费需求不发生改变；收入降低对于低收入群体的冲击较大，收入减少将会直接削弱低收入群体的消费能力和消费意愿，其消费需求趋于保守。

（2）价格。商品价格的变动是影响居民消费需求的另一主要因素，一般情况下，某一商品的价格上涨，居民对该类产品的需求就会下降，反之亦然（田素华、李筱妍，2020）。居民对某一类产品的消费需求还受到该类产品的互补品和替代品价格的影响，当其互补品的价格上升时，居民会减少对该类商品的消费需求，当其替代品价格上涨时，居民会增加该类商品的消费需求（张玉梅、王东杰、吴建寨等，2013）。但是疫情防控期间，医疗防护用品以及食品价格上涨时，居民对于该类物品的需求始终保持较高水平，但是生活必需品及防疫用品的价格上涨会导致居民减少对其他商品的消费，可以看出，疫情防控期间居民对于防疫用品及食品等商品的刚性需求不会下降，即使商品价格上涨也在可以接受范围内。

（3）收入分配。收入分配也在某种程度上影响着居民消费需求，凯恩斯的绝对收入假说指出收入分配能够影响到居民总消费。商品经济的快速发展使得收入分配不均现象呈现出扩张趋势，进一步扩大了居民贫富差距，导致我国居民消费需求整体下降。现阶段我国社会总消费水平严重依赖于高收入消费群体，而高收入群体的消费倾向随收入的增加而不断降低，低收入群体的消费倾向较高但消费能力不足，导致低收入群体的潜在消费需求无法实现，造成我国消费率长期处于较低水平，所以要保障收入分配公平，保障低收入群体和贫困者的收入，缩小收入差距，保障我国居民消费结构的合理性。

（4）市场供给。供需结构失衡在一定程度上制约了我国居民消费需求的增长，对于城市高收入群体来说，他们的消费需求已经不满足于生活必需品的消费，转而增加对于服务性产品的消费，而厂商很难获得这一信息并生产出满足高收入群体消费升级的商品，从而造成产销脱节现象，抑制了高收入群体的消费需求。对于低收入群体来说，居民也开始出现个性化需求，供给侧无法提供适销产品且同质商品之间存在恶性竞争现象，有效供给不足且服务质量偏低，制约了居民消费需求的有效释放（汤向俊、马光辉，2016）。新型冠状病毒肺炎疫情防控期间，居民对于防疫用品的需求旺盛，供给严重不足，需要政府和市场同时发挥作用，实现供需结构的基本平衡。疫情过后，居民会增加对于医疗、健康、卫生等方面的消费需求，但是供给侧无法满足居民日益增长的公共服务需求，所以亟须进行供给侧改革，提升供给侧的供给能力，有利于推动我国居民消费需求的扩张。

非经济因素包括：

（1）消费环境。居民所处消费环境好坏对于居民消费需求的影响非常关键，有效的消费信息能够促进居民消费行为的进行，满足居民多方面消费需求。消费环境是消费行为发生时对消费者有一定影响的外部客观因素，分为政治环境、经济环境、文化环境三方面，这些因素都会对居民的消费需求产生直接或间接的影响。政治环境包括政治体制、政策法令以及政治情况等，在我国人民当家做主的政治环境下，居民的生活方式、消费观念与消费行为自由度较高，而稳定的政治环境也能够增强居民的消费信心，从而扩大居民消费需求；经济环境包括经济发展水平、产业结构以及经济体制等，经济发展水平的提高扩大了居民的消费需求，促进消费行为的发生，产业结构的调整能够改变居民的消费心理，而经济体制的变化则有效促进了居民消费观念的改变；文化环境对居民消费需求的影响主要表现在宗教信仰、价值观念、消费习俗以及道德规范四个方面。新型冠状病毒肺炎疫情的暴发，短时间内使居民的消费环境发生重大变化，严重影响了居民的消费行为，疫情过后居民将更加关注消费环境的安全与健康，政府要通过政策法规加以引导，塑造健康、卫生、积极的消费环境，这对于扩大居民消费需求、促进我国经济恢复具有重要作用。

（2）消费文化。消费文化是指在经济社会发展过程中以消费本身为主导所形成的一种文化现象，其作为特殊的文化力量深刻影响着居民的消费理念、消费方式、消费行为等。消费文化可以提升居民的生活质量和幸福感，更为重要的是，消费文化可以有效扩大内需，从而拉动经济增长。受到传统文化影响，我国居民重储蓄、量入未出、勤俭持家，与西方国家信贷消费为主相比，同等收入水平条件下我国居民消费倾向偏低，这不利于我国消费需求的扩大。当然，消费文化也会对居民的消费行为产生误导，比如：炫耀性消费、时尚性消费以及享受性消费所带来的虚假满足等，这不仅会造成社会资源浪费、生态环境遭到破坏，还会导致消费者陷入物质主义的误区。疫情前后居民的消费观念发生了改变，疫情前居民消费观念趋于保守，不愿外出消费，疫情过后一段时间会进行“补偿性”消费，而且居民在疫情防控期间所养成的新的消费习惯、消费行为、消费观念等将会保持下去，居民的消费倾向将会发生重大变化。

（3）消费信心。居民的消费信心与经济前景、收入预期、物价水平以及未来支出四个方面有关。新型冠状病毒肺炎疫情的暴发使得居民消费信心有所下降，疫情期间经济前景、收入预期和未来支出等指标均呈现下降趋势，居民消费信心略显不足，其中最需要关注的是物价信心指数呈“自由落体式”下降，表明居民对于物价水平状况非常担忧，消费信心严重不足，需要政府积极采取措施、出台政策加以引导、调控，使物价基本保持稳定状态，消除居民的顾虑。疫情过后居民的就业信心指数也处于较低水平，对于就业状况表示担忧，主要是因为疫情冲击下生活性服务业损失惨重，间接导致居民就业信心下降。

（4）消费习惯。居民的消费需求也受到消费习惯的影响，节俭是中国人民的传统，即使收入水平较低时仍会选择储蓄行为。改革开放以后，我国经济发展迅速，人均收入水平提高，居民的消费需求开始提高。尤其是互联网时代的到来，逐渐改变了中国人民的消费习惯，网购不再是年轻人的专利，被社会大众所接受，消费对于经济增长的拉动作用更加明显。新型冠状病毒肺炎疫情的暴发重塑了居民消费习惯，我国经济发展出现新的契机。疫情防控期间居民普遍宅在家中，人们的消费心理、消费观念以及消费行为发生了变化，人们更加注重消费环境的安全性和便利性，信息化消费需求大幅增加，居民会更加倾向于无接触式的线上交易形式，催生了一大批以“宅经济”、无人配送等为代表的新兴经济模式出现（王娟娟，2020）。疫情结束后，居民对于医疗、健康、卫生等方面的消费需求普遍增加，而且线上消费需求将会保持不变或者持续增加，互联网经济成为支撑我国经济发展的主要模式，有效缓解了疫情对我国经济所造成的损失，在疫后我国经济复苏的过程中发挥着重要作用。

（5）社会保障制度。社会保障制度是国家保证我国公民最基本生活需求的重要手段，影响消费者本身的消费动力和环境（宋马林、杨杰、杨彤，2010）。健全的社会保障制度能够解决居民未来消费的不确定性，使居民的未来消费信心提升，从而扩大居民的消费需求，在应对新型冠状病毒肺炎疫情等重大公共安全与卫生事件时也发挥了不可替代的作用，有效缓解了此次疫情给居民带来的医疗卫生健康等方面的资金压力，保障了疫情防控期间居民消费需求的稳定（王晓霞、孙华臣，2008）。尤其是对于农村或其他收入水平偏低的地区来说，疫情防控期间收入减少，抑制了居民的消费能力，而社会保障制度则间接增加了居民的收入，从而使得居民的消费需求有所提升，促进了经济的恢复与发展，有效遏制了疫情对我国经济造成的损失。

（6）城镇化。我国的城镇化能够有效扩大居民的消费需求，对于推动我国经济发展发挥了巨大作用，是决定消费需求拉动经济增长的重要前提条件（万勇，2012）。我国城镇化水平与居民的收入水平、消费习惯以及消费领域等息息相关，对于促进居民消费需求的扩大发挥着至关重要的作用。我国的城镇化进程改变了农村地区的就业结构、产业结构以及消费结构，农村地区在城镇化进程中，居民的收入增加，消费观念和消费环境也随之发生改变，城市人口增加的同时使得居民对各种商品的消费需求增加，从而有效扩大了国内需求（姚勇、董利，2003）。疫情防控期间，城乡居民的消费支出均有所下降，但是城乡居民的消费方式呈现出不同的趋势。城市居民的线上消费需求增加，而农村地区的线上消费和线上支付有所减少，主要是受未来收入预期的影响，居民会刻意减少消费支出，消费方式以线下为主且集中于食品和防疫物资两个方面。

（7）政府。政府是通过税收政策、收入分配政策以及财政补贴政策来直接或间接影响居民的消费需求的（李明、张璿璿、赵剑治，2020）。政府利用收入税收政策，通过调节税收的基准点来调节过高收入，对低收入群体进行补助和救助等来保障贫困人群，在促进消费内需增长的同时促进经济发展。政府通过收入分配政策能够缩小社会贫富差距，防止收入分配两极化，保证居民日常生活的基本消费需求。政府的财政补贴政策可以增加居民对不同商品的消费，培育居民新的消费需求，鼓励居民消费。政府在优化消费结构、改善消费环境等方面也发挥着重要作用，而良好的消费环境对于激发居民消费需求具有正向作用，疫情防控期间政府努力保障食品、防疫物资等物价水平相对稳定，价格虽然有所上升但仍在居民可接受的范围内，不会导致居民减少该类物品的消费需求。新型冠状病毒肺炎疫情的暴发在短时间内冲击了居民消费，尤其是对低收入群体而言，疫情直接导致了居民收入减少。政府通过增加公共消费（如增加新型冠状病毒肺炎患者医疗方面的支出，对低收入群体进行财政补贴、发放优惠券等）有效保障了居民的基本权益，减缓了受疫情影响而进一步扩大居民贫富差距的可能性，维护了社会公平，降低了居民未来消费来源的不确定性，有助于维护社会公平。

（8）商品。居民的消费需求还受到商品自身属性的影响，消费者购买某一商品是为了满足自己的消费需求，随着我国经济的高速发展，居民的消费水平随之提高，居民在购买商品时由注重商品的使用价值向多个角度延伸，居民开始关注该商品在使用过程中的简捷便利性、商品的经济合理性、外观的审美价值以及该商品是否能满足消费者的个性化需求等（包思勤，2020）。新型冠状病毒肺炎疫情暴发后，居民的健康消费理念进一步升级，居民更加注重商品服务的质量和安全性，开始关注消费环境是否健康、安全。疫情防控期间，得益于大数据以及物联网技术的成熟，传统产业智能化改造，“非接触式”消费理念一经提出就迅速走红，“无人化配送”“无人化餐厅”等新的消费模式出现，受到了居民的一致好评，有效缓解了疫情对传统产业的冲击。“线上平台交易 + 线下配送模式”既满足了消费需求的便利性，也提升了居民日常消费的安全性，居民的消费体验也得以提升，将在未来一段时间内继续改变居民的消费习惯。

（9）年龄结构。年龄结构也对居民的消费需求产生了影响，不同年龄段的居民对商品的需求是不同的。幼儿阶段需要更多的婴幼儿用品，但是由于幼儿没有消费能力，所以其父母对于婴幼儿用品的消费需求比较旺盛，老年人口对于医疗保健等方面的消费需求更多，中年人口是我国劳动力的主要群体，对于各种商品的消费需求也更加旺盛，尤其是线上购物的流行，中年群体对于网络购物的消费需求与日俱增。然而我国年龄结构面临失调，新生儿出生率比较低而老年人口比重较大，我国面临着人口老龄化问题，政府会增加对医疗保健等方面的支出，社会负担加重。老年人口的增多会导致社会总消费需求增长趋缓，在一定程度上制约了内需的扩大，对我国经济增长会产生明显的负面作用。

（10）服务业发展水平。服务业也被称为第三产业，是指利用设备、场所以及信息等手段为消费者提供企业最终产品和服务，其本质是为消费者提供服务，满足居民的消费需求，在我国经济社会发展过程中扮演着重要角色。服务业的发展可以为居民提供更多的就业岗位，从而提高居民收入，增加居民的消费，也有助于增加社会总体收入水平，促进社会分配公平。所以，服务业发展水平不仅影响着我国产业结构的优化升级，也关系到能否有效满足居民的消费需求。当服务业发展水平高于居民的消费水平时，能够有效拉动我国居民消费需求的增长；当服务业发展水平低于居民的消费水平时，则对居民的消费需求具有严重的抑制作用。当今社会，我国经济发展迅速，城市居民的收入水平大幅提高，其消费需求已经发生了翻天覆地的变化，从最基本的生活必需品消费转化为追求更高质量的服务性消费，更加注重对于高品质和个性化的追求。新型冠状病毒肺炎疫情的暴发使得消费性服务业例如餐饮业、旅游业以及娱乐业等受到重创，需求端受到抑制，供给端运转停顿，不利于服务业发展水平的提高。但是疫情防控期间服务业也出现了新的发展契机：生产和消费需求线上化趋势明显，“无人配送”等新型服务供给模式出现，网上办公、教育等广受好评，数字化转型成为服务业发展新的方向（吴静、张凤、孙翊、朱永彬、刘昌新，2020）。

疫情下居民消费影响因素具体分类情况如表 2－7 所示。

表 2－7　疫情下居民消费影响因素构成

一级指标	二级指标
收入	工资水平
	可支配收入
	未来收入不确定性
	就业水平
价格	食品等生活必需品价格
	防疫用品价格
	医疗保健用品价格
	服饰价格
	房屋价格
	交通通信价格
	家庭设备用品及服务价格

续表

一级指标	二级指标
收入差距	预期收入
	预期支出
	压缩现期消费，储蓄意识增强
收入分配	劳动力供求状况
	劳动力流动率
	教育收益率
市场供给	市场供给水平
	市场需求水平
	物价水平
消费环境	服务规范
	场所安全
	消费理念
	消费水平
	新型消费
消费文化	价值观念
	消费习俗
	宗教信仰
	道德规范
消费信心	经济前景状况
	收入预期水平
	物价水平
	未来支出水平
	未来不确定性
消费习惯	实体店消费频率
	线上消费频率
	“非接触”式消费模式
社会保障制度	社会保障基金
	社会保险
	社会福利
	社会救助与优抚

续表

一级指标	二级指标
城镇化	城镇人口总数
	人口密度
	人均收入
	人均 GDP
政府	稳定物价水平
	部分商品价格补贴
	公共消费支出
政府	保持市场供需平衡
	财政补贴
商品	商品使用简捷便利性
	商品价格合理性
	商品外观审美价值
	商品质量与安全
	商品使用安全
年龄结构	年龄分布
服务业发展水平	服务业地区生产总值
	服务业生产总值占 GDP 比重
	服务业就业人数

资料来源：笔者自行整理。

第3章　相关理论与现实基础

3.1　马克思主义消费理论

（1）马克思主义消费理论的内涵。马克思主义消费观是在认识和理解世界的过程中，所形成的对于消费以及消费与其他社会生产活动的联系的总体看法和基本观点，阐述了消费在整个社会再生产和制造过程中发挥的作用，认为消费是整个社会生产活动链条的目的和开始，同样也是生产活动的归宿，是社会经济活动的关键环节，是人类生存和发展的首要问题。生产实践是人类通过劳动满足人类自身需求的起点，而终点就是消费实践活动。不论是物质消费还是精神消费，其性质的健康与否都对个人发展和经济系统的运行造成深刻的影响。

（2）马克思主义消费理论的内容。消费是人类历史发展过程中的重要实践活动之一，是经济社会系统运行的重要环节，马克思主义消费观认为消费这种活动本身具有社会性和自然性，并从三个方面的辩证关系阐述了消费的重要程度及其影响因素。

一是消费与生产的辩证关系。消费与生产相互制约、联系。社会生产系统如果不进行生产实践活动，消费活动的进行便没有基础。消费活动如果没有完成，生产就没有继续的可能。人们通过对物质材料和精神材料的消费，来满足个人需求，如基本生理需求、补充体力消耗和脑力消耗。而没有现实社会中的消费需求的拉动，生产实践活动的再继续也没有任何意义，反而造成极大的浪费和资源消耗。

二是消费与分配的辩证关系。马克思认为，消费、生产和分配之间相辅相成，密不可分。分配是基于客观世界的规律而出现的，消费是建立在分配的基础上的消费，而消费又对分配有一定的反作用，消费是产品经过分配这个活动过程的结果。

三是消费与交换的辩证关系。交换这个关键活动能够进行与否对整个社会的流通起重大的决定意义。只有生产者生产的产品通过交换转到消费者的手中，才能实现其真正的价值。消费决定交换，交换对消费者有反作用，彼此循环，相互促进。

总结以上三点，不难发现，消费、生产、分配、交换是社会经济活动进行的四个环节，四个环节层层递进，环环相扣，生产的最终成果通过分配和交换得以将生产流程完成，而随着消费成果的转换完成，新一轮的生产、交换、分配又继续进行。除此之外，马克思主义还认为要促生出新的消费需求，扩大流通领域的涉及范围是必要的，从而才能创造出新的价值，消费与环境、个人的全面发展密切相关，并且反对禁欲论的消费观和奢侈浪费。

3.2　古典消费理论和新古典消费理论

新古典消费理论起源于20世纪初期，是在古典消费理论的基础上发展而来的，古典消费理论大致可以分为两个阶段：第一阶段，初期的古典主义消费理论坚持要注重财富积累，不论是资本家还是工人阶级都要求抑制消费欲望，注重财富生产，而不是通过消费扩大财富的积累，这一点类似于斯大林时期的计划经济体制。第二阶段，西斯蒙等第一批学者意识到抑制消费对经济发展的不利性，紧缩性的消费影响到社会再生产的继续，造成生产、流通停滞。古典派学者马尔萨斯认为影响社会财富聚集的主要原因是各阶级尤其是非生产阶级的消费倾向不够强烈，主张增加非生产阶级的收入以促进消费。总体来看，古典主义消费理论的突出贡献就是看到并且强调了消费这一经济贡献点。

新古典主义消费理论相比古典消费理论，研究的重点更加具体化和量化，运用了更多的计量模型和数理工具。新古典主义消费理论是基于消费者经济人假设和理性原则产生的，其提出了效用理论也就是边际效用递减规律、效用最大化原则、供需均衡理论、不同竞争和垄断条件下的厂商生产，并且提出未来投资和储蓄的必要性。新古典消费理论100多年来的完善和发展奠定了现代宏观经济和微观经济的基础。

需求理论科学地指出，供给与需求的失衡将会导致失业率的提高，其根源就是消费需求的不足。对此强调政府应该采取有效行政手段管理市场，弥补私人市场的局限性，财政政策和加大投资必不可少，从而实现充分就业，稳定社会机制。

3.3 居民消费相关理论

3.3.1 消费者行为理论

（1）消费的地位。从整体上来说，消费分为生产消费和个人消费；从个体方面来说，消费仅指个人消费。消费这一行为的进行是人们满足自身对各种物质资料需求而必须要进行的实践活动，是现实活动中各经济主体进行再生产的前提，消费活动的中断直接影响经济的发展。消费作为经济运转的关键环节，可以有效促进商品流通、货币流通，间接增加就业机会，是国家税收的重要来源。

（2）消费的作用。①消费是满足个人生存和发展的前提。人类社会已经从原来的自给自足的小农经济转变为数字化的信息时代。个人的存在必须以与外界进行物质、信息交换为基础，个人不再是一个独立的个体，不可避免地会和其他个人或经济体发生联系。而这个联系的过程，不论是产品还是服务，都是消费的一部分。在这个消费的过程中，个人获取到需求的资料。②消费是经济发展的核心驱动力之一。消费在市场经济体制下，是扩大内需、优化经济体制改革的关键一步，是创造价值的必然途径。消费需求带动社会经济系统的运转，迸发出新的增长热点，对生产和流通环节至关重要，消费需求的变化也成为国家转变发展方式、产业转型升级、企业流程再造的引力，引导消费的健康发展也可以为优化资源配置、节约资源作出突出贡献。③消费助力缓解经济危机，稳定周期性经济波动。每当经济出现重大危机时，各国都会采取刺激消费的财政政策和货币政策，如建立新的信贷项目，完善信贷机制；为个人减税；为中小企业发放低息贷款，延长还款期限等，消费活动的进行有利于发挥资金的流动性和灵活性，以应对现有的危机。

（3）居民消费的影响因素。一般来说，影响消费者进行消费的因素有两类，分别是内因和外因，内因是指消费者进行消费决策的个人内部因素，而外因就是指影响消费者进行消费的外部环境因素，包括影响消费者进行消费决策的外部环境。随着消费理论的发展，后来逐渐划分为三种影响因素，包括社会、人文和个人因素。而随着实践推动消费的发展，影响因素日趋复杂化，我们把影响消费的因素划分为四种：

一是外部环境因素：

文化因素。文化是指一个国家和民族在长期历史和实践活动中积淀下来的精神产物。文化的内涵包括历史传统、人文习惯、风土人情等一系列具有传承性和积淀性的意识形态，这种因素对于居民消费的影响具有长期性、稳定性且不容易改变，例如饮食习惯、衣着打扮等。其中还有价值观、文化传统、宗教文化对人们的思想的深远影响。

政治、经济、法律因素。这三类因素是公民日常消费中的宏观环境因素，并且这三者相辅相成。其中，政治因素包括影响消费的潜在政治力量、有关政策和法规，经济因素包括经济体制、利率、通货膨胀、居民收入等，法律因素包括法律规定的法定权利与义务。有国家政策明令禁止或者限量出售的产品和服务必然对消费者造成一定影响，而国家提倡和推行的消费观和产品也会引导消费者行为发生改变。

社会消费基础。社会消费基础设施是指居民在具有消费需求后能够进行消费的外界基础条件，包括交通设施的便捷程度、购物渠道的选择、技术的支撑作用等。如果没有这些社会消费基础，即使消费者具有强大的购买能力和需求，也无法进行消费活动。交通设施的便捷程度可以加快人们消费的频率和范围，多样化的购物渠道为消费者带来不同场景的消费体验，提高回购率。而在如今电子货币加快替代纸币的消费时代，没有技术和网络的支撑，消费活动就难以完成。

家庭因素。家庭因素包括家庭的结构、规模、生命周期、决策模式等因素。家庭消费支出在国民经济中的比重很大，对拉动经济发展至关重要。其中，家庭及结构包括核心家庭、主干家庭、联合家庭、单亲家庭、残缺家庭。不同家庭的结构不同，其消费需求和能力也会发生变化。家庭规模的大小一般与消费能力的大小成正比。家庭生命周期一般大致划分为形成、稳定、收缩、空巢和解体五个阶段，在家庭生命周期中，所发生的婚姻、生育、死亡等事件与消费息息相关。家庭购买决策模式分为丈夫主导型、妻子主导型、联合型、自主型，而个人决策的消费决定权落在一个人手中，联合决策家庭中，成员相互商量、探讨，最终决定购买产品。影响家庭购买决策的因素包括家庭收入状况、家庭的民主氛围、购买时间、购买商品的重要性。

风险因素：从风险的基础本义来说，主要包括风险因素、风险事故和风险损失。从宏观和微观上来看，也有多种不同的类别和区分界限。我们主要从公共安全与卫生事件和公共卫生事件来分析风险因素对消费者造成的影响，消费者本身所处的公共安全与卫生环境存在很多不确定因素，如美国“9·11 事件”之类的恐怖事件和 SARS 病毒等公共卫生事件。风险具有不确定性和潜在的蔓延，使得消费者对未来预期产生不安全心理，这使得消费的信心减少，从而进行紧缩性消费，减少投资。

二是消费者个人因素：

社会群体。按照不同的要素如年龄、收入、职业、受教育程度把消费者分为不同的群体，受信息不对称和所处环境的不同影响，不同群体对于消费的倾向也趋向差异化。随着个体消费者自身经验和知识的积累，其消费需求随着自身素质的增长逐步发生变化，对产品和服务的性能认识逐步全面，要求也逐步提高，这对生产者也提出了考验。

情绪、认知、记忆。影响消费者情绪的因素主要包括购物环境、商品特性、销售人员的行动、消费者的个人情感。认知对于消费者的影响主要表现在：第一是时间的作用，对于需要即时消费的产品和服务，消费者的决策时间较短；第二是环境的改变，地点的迁移和消费环境的变化使得消费者也随之调整自己的消费时间观念；第三是产品的互补性，例如牙刷和牙膏，当消费者进行消费时，会考虑当前消费对自己带来的利弊；第四是补货性消费，是指人们在日常生活中，当认识到某一产品即将消耗完毕或者已经用完时所进行的消费，这种现象在生活中非常常见。消费者记忆的来源主要包括三个方面：一是从人际交往过程中获取的记忆，包括亲戚、朋友和同事等；二是从商业营销渠道中得到的记忆，包括各种产品本身、广告和网页的浏览界面；三是公共信息来源，包括新闻、记者会、发布会等。

个性和自我概念。目前来说，在消费者的个性特征和自我概念方面比较认可的有五大个性，包括神经质、外向性、开放性、宜人性、谨慎性。根据消费者自身个性和自我概念的不同，可以分为冲动型消费、习惯型消费、情感型消费、保守型消费和怀疑型消费。并且有关数据表明，消费者会趋向于购买和他们个性相一致的东西，从消费者购买的产品上面，我们也可以看出消费者本身的个性特征和偏好。

世代和生活形态。从世界范围来看，消费者跨越不同的种族、地域、气候和民族，并且每个国家和民族具有不同的历史跨度和时长，有着家族和地区文化的印记，具有长期稳定的生活习惯，这些世代留存下来的生活形态和文化对人们的消费习惯有着持久的影响。

三是消费群体因素：

对特定消费者产生影响的线上和终端群体。每个人都想得到别人的认同和理解，而在社会群体中，个人的消费行为也受到正式或非正式群体意见的影响，群体成员的反对可能对个体消费行为产生负面影响。

所处群体的价值观、偏好。人在做出决定时，往往以身边的群体为行为导向，群体的偏好和价值观对个体消费者的活动具有一定的影响力，这种影响力有时候是不易被察觉的。

四是其他因素：

市场营销的影响。市场营销因素包括营销要素和营销传播，营销要素包括产品和服务本身的性能、配置、价格、品牌美誉度和顾客忠诚度等。营销因素会对人们的消费心理产生影响，从而改变人们的消费行为。

消费方式的影响。经济发展至今，居民的消费方式日趋多样化，包括线上、线下相结合，在线虚拟体验、情景模拟等多样化的消费方式不断刺激新的消费热点出现。人们的支付方式由原来的粮票、布票，转变为现金支付，后转变为银行卡支付，再到现如今的电子货币，资金的便于携带性和流通性极大地加快了消费的速度和频率，提高了社会的生产效率。

（4）消费的动机。人的行动是基于某种动机的产物，是由于受到某种刺激而做出的反应。消费者的消费行为是为满足需要，而现实生活中的人的需求具有多样性，从而导致了消费动机的多样性。消费动机主要分为以下四种：

一是基于商品的使用价值。这是消费者进行消费活动最基础的要求，也是产品和服务提供者应满足消费者的最基本的要求，不涉及多样化的服务、附加值和营销手段，消费者只关注产品本身的属性，包括产品的质量、数量等刚性配置。

二是基于审美需求。这是更高一层的消费需求，是在商品的使用价值的基础上，消费者对产品的外观、设计风格、质感、样式等提出的更高需求，不仅满足于商品的实用性，更期望商品具有多样化的附加值，能够带来全新的消费体验和感官享受。

三是对于时代性的追求。消费者的行为和理念总是随着时代的变化而不断演进，消费者在进行消费时由于个人心理的影响，总在追求最优消费决策方案，希望自己消费的产品紧跟时代的潮流和方向，尤其是电子产品和女性消费品。对于电子产品，消费者追求其技术的前沿性。对于女性购买的奢侈品类、衣物类，消费者追求的是其新颖性、趋时性。除此之外，时代更新带来产品和服务的升级换代，使得消费者也必须跟随商品的时代性，更新消费行为。

四是对于服务的需求。在实际的消费活动中，我们不难发现，消费者对于服务的消费支出比重越来越大，尤其是第三产业。服务作为一种特殊的消费需求，迎合消费者的特殊需求，如被尊重和重视、身份地位的象征等。

（5）居民的消费趋势。产品个性化。消费者尤其是年青一代的个人品位独特化，不满足于对产品的基本需求，而更看重商品的个性特征和对展现自我的追求，从而达到精神上的满足。个性化消费更多的是感性消费，而非理性消费，当然两者也不是完全对立的。

范围全球化。各国的产品借助全球产业链和供应链进行快速流动，使得消费再也没有地区限制，产品在全世界范围内流通，目标顾客遍布各地。

方式数字化。数字智能技术不仅带来技术方面的革新，也改变了人们获取信息的方式、沟通方式、决策的时效和流程。数字化时代下的决策流程主要包括考虑、评估、购买、体验、互粉和互信阶段。而在这个过程中，增加顾客黏性是非常关键的，满意将会导致购买行为的再次发生，而不满意的后果远不只丢失单个消费者这么简单。数字化使得信息交互的速度加快，因此负面信息的出现也会被广大消费者即时发现，并被扩大。良好的口碑也会借助数字化信息传播途径，成为吸引新的消费者、增加顾客忠诚度的特殊广告。

环境虚拟化。消费的环境包括自然环境和社会环境，而社会环境的改变比自然环境的改变更加快速，自然环境的改变是一个漫长的过程，消费的社会环境随着大数据、5G 技术和智能制造的商业化发生巨大的改变，消费者的消费环境逐步脱离实体环境和工作人员的协助，不再拘泥于传统购买环境的限制，打破了时间和空间的限制，出现更虚拟化的场景和体验方式。

3.3.2 消费者心理理论

（1）消费者的态度及其影响因素。

消费者的态度。根据著名心理学家奥尔波特对态度的定义：态度是人们在后天的各种经历中学习到的看待某种事物和现象的一种偏好，基于这种偏好会做出特定的情绪和反应，这些情绪和反应有可能是积极的，也有可能是消极的。

消费者的态度由认知成分、情感成分、行为成分三部分构成，三者对消费的作用协调一致，消费者的态度表现为认知、情感、行为的统一。态度在消费者进行购买行为时具有特有的导向功能、识别功能、表现功能、自卫功能。导向功能能够使消费者在众多纷繁复杂的商品中，直接寻找到能够满足自己需求的产品或服务，使得消费行为具有自己独特的目的性。识别功能是指消费者在进行购买决策前，在态度的影响下，对即将要消费的产品和服务的信息进行广泛的收集和鉴别，提出其中的不确定性和迷惑因素，以做出适合自己的决策。表现功能是指消费者本身的态度能够体现出个人的消费偏好、价值观、个性，也反映出他可能做出的行动。

影响消费者态度的因素。影响个体消费者态度的因素有很多，文化背景、信仰、受教育程度、人生阅历都会对消费者的态度造成影响。甚至同一个体在不同情况下对同一产品的态度也会截然相反。我们把影响消费者的因素归结为以下四类：

一是对产品的观察，包括外在的观察以及对与本产品相联系的同品牌的其他系列产品的观察，还包括对竞争产品的观察。二是获得产品的信息，当然信息的性质有好有坏，当人们对某一产品的信息掌握越全面时，其消费决策时的态度随之改变，在面临多样化的选择时，具有异质性信息的产品，对其决策产生较大的影响。三是个人经验与相关群体、主流媒体的影响，消费者的态度起初来自于初次购买和使用产品所获得的直接经验。此外，家庭成员、公司同事、亲密好友的意见和推荐也会对消费者产生影响，尤其是同类产品在质量、外观、数量等性质差异化不大的时候，其他相关人员的意见影响作用尤其突出。四是个性因素，具有不同个性特征的消费者对于同样的产品仍然会保持不一样的态度。

（2）影响消费者心理的因素。消费者的消费态度在其进行消费活动时是必不可少的关键影响因素之一，这里我们研究除消费态度之外的其他因素，大致分为以下四类：

一是消费者群体。消费者群体是一种特殊的社会人群的集合体。消费者群体由于群体内部各成员间的相互作用，彼此相互联系，从而形成了一系列成文或者不成文的规范，这种规范使群体内各位成员迫于集体的压力，从而对个体的价值观和行为形成无形的约束力。其中成文的规范包括国家、政府、有关行政主体和机构颁布的制度规范、条令、命令、条例等，具有一定的强制性，正式规范个体的行为。不成文的规定涉及道德、传统文化、习俗、家庭教育等，它们不像正式规定对个人具有一定的强制约束力，但其独有的舆论和道德谴责作用，会对消费者的行为进行规范。

除此之外，社会消费群体内部成员之间的信息交流，会给消费者带来更广泛的商品和产品信息。消费者沟通的目的是与其他组织成员转告、分享、倾诉，得到他人的同情与理解，在这个分享产品和服务信息的过程中，如果传递的信息是积极的，对企业来说就是一种特殊的宣传和广告；如果是消极的，则会对企业造成负面影响，并且在传递的过程中，有可能被无数倍地放大、失真。对此，管理者要对其进行有效的口碑管理。

二是品牌影响。品牌要素可以帮助消费者从众多产品中辨别出产品的生产商、制造商、服务属性等基本因素，从而区别于其他产品，如果企业确实有质量可以保证的产品和服务，又或者本品牌的产品能带来其他的附加值，即使价格高或者购买手续复杂，那么也在消费者的可接受范围内，该企业的产品在价格和客户忠诚度方面占据优势，从而获取利润。然而，如果品牌效应带来的高额价格超出消费者的需求欲望，那么消费者就会变得精明起来，反而放弃其品牌效益。

三是营销组合。在经济学中有一类特殊商品组合的存在，即互补品。商家在对广大消费者进行营销时，互补商品的同时出售与买卖是很常见的，例如牙膏和牙刷、铅笔和橡皮等。这些在使用价值上有互补作用的商品，就可以进行合理营销组合。还有一种特殊的产品组合方式，例如奶粉和啤酒，看起来两者的使用并没有互补性甚至相矛盾，而在实际销售过程中发现将二者组合会使销售量大增，这是因为这种营销组合迎合了抚育婴儿的爸爸们的需求，爸爸们在给孩子买奶粉的过程中会买啤酒奖励自己。有时候从消费者的心理出发，意想不到的营销组合反而会创造出惊喜。

四是新型消费热点。消费热点的出现，一般来说，都会激发消费者的新鲜感和想要尝试的欲望。对于开放型的消费者来说，他们对新出现的消费热点心理接受能力比较强；而保守型的消费者尤其是年老的一代，新的消费热点的出现对其的冲击可能比较大，他们的接受能力也比较低。新的消费类型的出现一般伴随着高额的前期投入成本，商家希望收获高额回报率，因此出现新的消费热点产品，通常来说价格较高，这对消费者心理来说，也是一种考验。

（3）消费群体的群体类型。消费群体的形成是一种普遍存在的组织现象，是社会发展的自然结果，贯穿商业诞生后人类发展的全过程。消费群体的形成主要受消费者内在因素和外界环境相互影响，消费群体由具有共同消费心理和消费特征的消费者组成，在群体内部的消费者可能在购买产品的种类、地点、收入、消费习惯等方面存在许多相似之处，但是消费群体也会存在一定的差距，构成不同类型的消费群体。

根据地理因素的不同，可以将消费者划分为不同的类型。以中国来说，可以根据地理因素横向划分为东部、中部和西部，也可以从地理因素纵向分为南方和北方。以国际来说，可以根据洲、国界、国家发展水平等因素划分。不同消费群体的消费倾向、心理需求、个性特征、消费偏好都各有不同，例如，中国北方居民爱吃面食，而南方居民爱吃米饭；山东人爱吃咸食，而上海人爱吃甜食。

3.4 城市公共安全与卫生管理的理论范畴

3.4.1 安全、公共安全与卫生

（1）安全的定义。20世纪80年代之前，国际学术界对安全这个词的概念并不是十分明确，后来随着“二战”以及“冷战”的终结，其研究热度才不断上升。曼戈尔德认为“安全”与利益紧密相关，不能用狭窄的定义去确定安全的理念，而应该随着事件、地点而变化。安全的本意是指个体在成长和发展过程中没受到威胁，不存在危害，没有损失。这里的安全是指在人类的基本生存和生产的过程中，将各运行系统中可能对人类生命、财产、生存环境产生的损害控制在一个稳定的水平，且这种水平在人类的可接受范围内，它代表了人类与外界生存环境的一种相容性，是一种相对平衡的状态。安全是一个弹性很强的理论性概念，它的政治意义特别突出。由于外界环境中时刻存在着威胁现有系统安全运行的各种不确定性的危险因素，并且系统本身也有各种不协调的内部构造，一旦没

有及时发现和处理，任由其发展，不加管控，便会威胁到系统的安全。安全本身是事物发展过程中所处的状态，但要想使这种状态成为一种常态，必须时刻关注内部的运动状态，及时处理不协调的因素，防患于未然。同时又要密切关注外部环境的变化，积极做出调整，以适应环境的变化。

（2）公共安全与卫生的性质。所谓公共安全与卫生是指个体和整体在社会经济运行和发展的过程中，进行各种活动时所处的一种稳定的环境状态，包括个人的生命和财产安全、企业生产和经营活动的安全、公共场所的卫生安全、交通运输安全等涉及人们生存和经济发展的各个方面。公共安全与卫生事件的发生本身具有很大的不确定性，这也就导致其处理会有一定的延迟性，并且处理公共安全与卫生事件的准备工作需要花费一定的人力、物力和财力，这些东西的聚集需要花费一定的成本和时间。而在准备工作完成后，在处理公共安全与卫生的过程中，有可能伴随新的危机出现，也可能由单独一个领域的公共安全与卫生，蔓延到多个领域，甚至重大公共安全与卫生事件的出现可能影响到整个社会的经济发展和居民的人身安全。安全涉及的范围很广，在我国主要包括政治安全、经济安全、国土安全、环境安全、文化安全等。而公共安全与卫生和这些安全既相融又相互区别，公共安全与卫生本身可能不涉及如此多的领域，但重大的公共安全与卫生事件又会对经济、政治、文化造成影响和波及。如果重大公共安全与卫生的处理不当，就会对社会造成巨大的危害。而公共安全与卫生事件的解决也要依靠各种经济手段、法律的约束、社会文化的舆论压力。

3.4.2 城市、城市公共安全与卫生

（1）城市的本质。城市本身的定义区别于农村，是人口和基础设施在一定程度上的集中，其中不包含农业人口和农业产业本身部分，城市是工业生产基地、贸易中心、金融中心、信息中心、政治中心、服务中心的集合体，现代城市内部包括各种复杂而相互交织的关系网络，内部各种材料和产品的供应依靠紧密联系的网络和技术系统的支持。

（2）城市的特性。城市作为一个经济实体，和其他事物一样，具有自己的特点，城市自身的要素具有集聚性，包括城市人口的集中、基础设施的集中、知识以及相关人才的集中。城市的功能具有综合性，现代城市是一个高度复杂、多功能、综合性的有机整体，并且每座城市拥有自己独特的历史文化、发展背景，因此具有不可复制的特性。城市活动具有开放性，每个城市都不断与其他城市及

其外界环境进行物质、信息、能量的交换，与外界进行着技术、资金、设备等要素的合作交流。城市的生产功能具有智能化的特点，5G技术、人工智能、线上平台的技术革命使得城市建立起智慧的“城市大脑”，将信息的大数据快速整合，为城市的生产提供智能化的方案和系统规划。城市建设具有整体性，包括规划的整体性、建设的整体性、管理的整体性，用系统和整体性原理来建设、运营和管理城市的发展。

（3）城市公共安全与卫生的内涵。狭义的城市公共安全与卫生主要包括自然灾害（如地震、海啸等）、社会治安事故、网络犯罪、医疗卫生事故等一系列危害社会及公众利益的事件。公众在城市内部以及与城市进行交流的边缘地区这个范围内进行生产、工作、生活以及其他交流活动时处在一种稳定和谐的环境当中，这种环境是动态而平衡的，破坏这种动态平衡的事件就是广义的城市公共安全与卫生事件。它包括经济安全、卫生安全、信息安全、社会安全。城市公共安全与卫生是对自然灾害、突发事件、重大自然灾害和恐怖事件的发生具有一定的应急处理和控制的系统，形成城市公共安全与卫生特有的防范系统。合格的城市公共安全与卫生的维持和主导者应该是政府及其相关行政机构，完善而健全的城市公共安全与卫生远不仅包含法律和政策的约束力，还包括进行公共安全与卫生管理的应急机构、具有高度公共安全与卫生意识的民众和在城市内部得到广泛认同的公共安全与卫生文化常识和防范意识。只有具备以上因素，当真正的城市公共安全与卫生事件发生时，才能有效而及时地防控。

（4）城市公共安全与卫生管理的界定。城市公共安全与卫生管理的界定主要包括两个方面：主体和客体。这里所涉及的主体和客体在不同条件和事件下不是一成不变的，是随着城市公共安全与卫生事件的不同和事态的发展而变化的。

通常来说，城市公共安全与卫生事件的管理主体是政府，政府具有调动强大人力、物力和财力的能力，而一般公众的能力和影响范围有限，也受信息不对称的影响，这其中的公众不包括在城市公共安全与卫生事件一线的人员，因为他们之中除了受害者之外，有人员可以进行危机管理。因此，公共安全与卫生事件的主体趋向于多元化，除了政府和相关一线人员外，城市公共安全与卫生事件的主体还包括非政府组织、城市龙头企业、非营利组织、社会媒体等具有一定实力的组织，政府的人力、财力、物力以及影响能力在一定时间内是有限的，多方协作可以促进治理体系的完善，助力于危机前的预防、危机中的救助和危机后的治安恢复。

城市公共安全与卫生事件的客体也是变化的，主要的客体分为两类，一是具有自然属性的客体，包括地震、洪水、海啸，这种纯自然现象所带来的公共安全与卫生事件，如汶川大地震、日本的海啸等，除此之外，还包括瘟疫、疟疾、流行病毒等卫生疾病所带来的城市公共安全与卫生事件；二是具有社会属性的客体，这类因素不是由自然因素造成的，而是由人为因素引起的，比如美国的“9·11事件”等公共安全与卫生事件。总体来说，前一种客体是物，后一种客体是人，而对于这两种客体，要采取不同的管理方法。

3.4.3 城市经济发展、公共安全与卫生问题的逻辑关联分析

如图3-1所示，2010~2018年，我国城镇人口比例不断上升，城市化水平逐渐接近60%，城市经济水平发展稳步提升，这也从侧面说明了我国城镇人口比例在不断上升，城市的经济基础设施完善，而一旦发生公共安全与卫生事件，产生的危害也会扩大，相比10年前，当前公共安全与卫生事件造成的人身安全损失、财产损失范围会更大，损失会更严重。

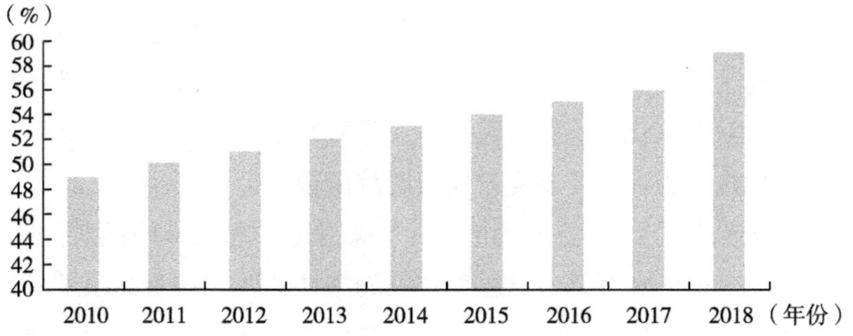

图3-1 2010~2018年我国城镇人口占比

资料来源：笔者自行整理。

近年来，城市公共安全与卫生事件成为学术研究的热点关键词，也成为经济发展的中心词。稳定的公共安全与卫生环境为经济发展提供了必要的外界条件，但与此同时，城市作为经济发展的内核子要素，一旦其运行过程出现重大安全事故，必然导致经济系统的紊乱。建立安全高效协同的城市公共安全与卫生治理体系是应对城市高危事件发生的重要途径，也是积极应对未来城市发展过程中存在的不确定性和不稳定性的必然选择。经济系统与城市公共安全与卫生的密切联系

使我们必须重视城市公共安全与卫生事件的妥善处理，而公共安全与卫生事件本身具有突发性、蔓延性、衍生性，可能波及周围的领域和区域，因此必须共同应对。要想加快经济发展，公共安全与卫生事件是不可逃避的话题。

利用 Arcmap 地理分析系统对 2018 年我国各地区的城镇人口的比重进行分析，从中可以看出，我国城市化水平较高的地区大都集中在中国的东部和中部，例如北京、天津、江苏、上海、浙江、广东等省份，且城市化水平高达 75% 左右，城市发展日益迅速，经济水平不断提升。而近年来我国发生的重大公共安全与卫生事件例如上海外滩的踩踏事件、汶川大地震等大都集中在这些城市化水平较高的城市，城市防灾减灾系统的完善构建有助于城市经济发展，为经济发展提供稳定的公共安全与卫生环境。

3.4.4 城市公共安全与卫生管理的主要理论资源

（1）国际政治学中的国家安全理论。国际政治学中的国家安全理论主要以国家安全和国际安全为主要研究对象。在国际政治学中，国家安全理论主要从国家与国际环境正反相互作用来突出国际安全的重要性，其包括三个层次：国家安全、国际安全、世界安全。国家安全是一个国家生存和发展的基础和前提，在这个过程中，依靠国家的实力和提高国际地位为手段维护国家安全，以国家主权作为保障，在国际实现多赢的前提条件下进行国际合作，以主权作为国家经济的主要依托，使用国际市场贸易规则，为国际合作搭建平台，实现资源利用和效用的最大化。国家是一个独立自主的集合体，国家安全是国家的根本利益。国际安全主要包括多个国家的地区之间的相互关系带来的安全问题，国际安全关系的健康与否关系到国家安全与世界安全，尤其是超级大国和经济实力较强的强国之间的关系对世界格局有着重要影响，例如美苏争霸时期的"冷战"格局和军备竞赛给世界安全带来深刻影响。如图 3-2 所示，国家安全、国际安全与世界安全如发动机的启动装置，层层环绕，相互影响。国家安全影响国际安全的运行和维持，同时又间接影响到世界安全，牵一发而动全身。

如今，根据国家安全理论关注的因素不同，一般分为传统国家安全理论和非传统国家安全理论，后随着实践的发展，有学者提出低级非传统国家安全理论和高级非传统国家安全理论，逐步丰富和发展了国家安全理论。传统的国家安全观受"二战"历史的影响，以国家层面的安全因素为关注点，主要关注影响国家安全的战争和军事因素，认为国家安全深刻受到国际政治安全和军事安全的威胁，并且一旦失去军事安全的保障，国家便会岌岌可危，当然这是毋庸置疑的。

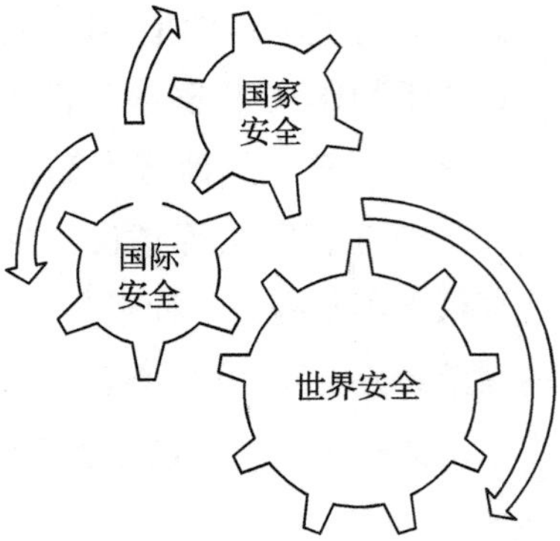

图 3－2　国家安全、国际安全、世界安全的关系

随着世界进入和平与发展的时期，“两极”格局结束，非传统的安全问题例如公共安全与卫生问题、环境问题、恐怖主义袭击、网络安全问题逐步引起人们的关注和研究。非传统的国家安全理论认为传统安全理论提及的军事因素仅仅是影响国家安全的一个方面，当国家发展成为各个国家的中心任务后，国家安全问题的研究应该扩大到多个方面和领域，包括经济安全、环境安全、卫生安全、网络安全等。非传统安全理论提出国家应该注意到在全球化的时代发展背景下，国家安全涉及的主体具有多样性和复杂性的特点，涉及范围广泛，跨越不同的国家和地区，具有非军事性的特点，但是斗争多样化的形式所带来的危害比军事战争更具破坏性，国际经济安全问题的凸显背后可能隐藏着多样化的安全因素，各个领域之间的安全问题具有关联性。除此之外，非传统的安全理论还提出国际安全问题的解决仍然依靠国际间的合作和共同努力，单方面的国家努力是有限的。

公共安全与卫生是国家安全下面的一个子概念，且又介于地方安全与国家安全两者之间，与国家间的经济安全、政治安全、卫生安全等各个方面的安全问题也存在交集。

（2）公安学中的公安管理、治安学理论。从总体上来看，公安学中的公安管理毫无疑问是公共安全与卫生管理的一部分，但又不完全相同，二者存在一定的差别和不同。公安管理学根据其活动范围和性质可以定义为：是研究公安组织的有关部门预警系统，从而使其高效履行公共安全与卫生管理使命、维护社会治安的综合性、交叉性学科理论体系。公安管理主要包括两个方面：一是公安机关以及有关行政机构对自身的管理；二是公安机关和有关部门人员依照国家法律法规，利用现代科学和管理手段对公安系统和社会公众进行管理。公安部门是按照国家行政系统依法设定的管理机构，立足于维护公共安全和人民安全，从而进一步维护国家安全。具体来说，公安机关必须以维护社会整体利益为基础，利用各种管理手段和平台对各类违法犯罪活动进行预防、制止和惩治。公安管理的公共安全与卫生活动具有5个特性，包括治理权利的合法性、治理主体的代表性、治理方式的法定性、治理性质的多重性、治理结果的公益性。在一定程度上，公安管理具有法律的强制性。

在经济发展的基础上，我国逐步形成了治安管理学，简称治安学。治安管理涉及的内容具有综合性和多样性，非常广泛而复杂，包括治安学本身的学科建设与教育、治安学管理基础理论、社会具体地区警务改革、社会治安防控体系的完善、地区户籍制度规划、社区警务的配备、治安行政执法、群体性突发事件预防与处置、行政教学与改革等，这些都是治安学中的热点问题，并且具有一定的管理难度。治安学与公安管理、涉外警务、保卫国家边防安全、警务战术与指挥、公安情报的收集与处理、社会犯罪活动的管理、边防安全管理、警卫学息息相关，而在具体的治安管理和现实的公共安全与卫生事件中，公共安全与卫生的治理不能只是依靠权威性行政机关例如司法机关、监察机关等，还必须依靠各组织部门、各企业和公众高度的公共安全与卫生意识和协调配合，强化公安管理内外的改革、创新和交流，运用社会学、管理心理学、统计学和运筹学等多门学科的管理手段和技术。综上所述，公安管理的所有内容与公共安全与卫生管理并不是完全重合，公安管理与治安管理是公共安全管理的一个方面，公安管理更多偏重于社会人员的公共安全与卫生，而没有涉及自然灾害等更多的方面，其在维护社会安全和治安环境方面发挥了积极的作用。

（3）安全科学中的安全科学技术理论。我国安全科学的发展大致可分为5个发展阶段：第一阶段，从1949年到20世纪70年代，由于国家注重重工业发展的同时并注重劳动保护，安全科学技术作为劳动保护的技术支持在这个阶段开始逐步发展起来，在此期间，我国发展并应用了矿山技术，冶金技术，防暑、防尘、防炸等多种安全科学技术，并且成立了多个安全技术研究所和研究机构。第二阶段，20世纪70年代初期到90年代，借助改革开放步伐，我国成立多所大学和大专院校，并开设了安全技术有关的课程和专业，安全科学技术教育体系初步形成，并且相关技术人员毕业后，都投入到了具体的安全生产的建设中，许多安全技术重点实验室和研究院成立，科研队伍和体系初具规模。并且国家在20世纪80年代初期引进了安全系统。在这个初期阶段，安全系统工程的引入引起了有关研究机构和管理部门的重视，我国逐步建立起各行业的标准化安全体系并逐步投入于企业安全管理实践中。在人与机器的工业环境下，我国在致力于提高设备安全利用率、改善工业的安全作业条件的同时，也在不断提升预防事故的意识，防止人为操作不当造成的安全隐患和故障。第三阶段，自20世纪90年代以来，安全科学技术在我国的发展提升到了一个新的阶段，一系列有关安全科学技术的法律和法规不断被完善，国家陆续颁布“八五”“九五”计划纲要，在纲要中列入了许多有关安全科学技术的科研项目和方法。第四阶段，这一时期关于安全科学技术的成果已相当丰富，在火灾、爆炸、机械装备、水利工程、有毒物体等方面开发出了一系列的安全科学技术措施和管理体系，安全科学技术理论得以大力发展，已初步形成了具有我国特色的安全技术法规和安全管理标准体系。第五阶段，也就是进入21世纪以来，学术界逐步形成安全科学理论体系和方法论，夯实理论基础，使该学科科学性不断加强。安全科学本身是复合型科学，不断吸纳和借鉴其他学科的理论知识，形成了自己独特的方法体系。21世纪安全科学工程进一步深化和扩展，将致灾因子理论、过程控制理论和安全工程技术方法综合在一起，借鉴别的领域最新技术和研究成果，以深入研究信息、社会、环境、技术、卫生为核心，为生产实践注入动力。安全管理基础理论与应用技术研究将以完善市场经济为导向，以生产实践监察和监督为核心，逐步形成一系列为实践服务的安全科学管理体系。安全科学技术以预防和控制工伤安全事故为中心，安全技术产业发展的目的和公共安全与卫生管理还是有所不同的，其旨在提升我国人民具体操作时的安全指数和技术水平。

总体来说安全科学技术理论能够应用到的范围和实践领域比较广泛，远远超过公共安全与卫生管理的应用范围，涉及生产制造、加工改建等众多方面，系统发展也比较完善。因此，可以借鉴安全科学中的安全技术理论，为公共安全与卫生治理提供技术支持和科学指导。

（4）管理学中的危机管理理论。所谓危机是指对个体或社会系统的正常运行可以产生威胁，并且在时间紧迫和具有不确定性的条件下，必须对其尽快进行处理和做出决策的事件，否则可能产生更大的危害。危机本身具有客观性、损害性、变化发展不确定性、公共性、突发性、信息的有限性和传播途径的多样性。按照国际研究的一般看法，危机是指在社会生活中突然发生的、严重危害经济社会的重大事件。

危机管理以危机作为主要研究对象，也具有不确定性、应急性和预防性等特点。危机管理中的应急管理措施具有暂时性和临时性，一旦危机过去，就应恢复到原来的秩序。在应对危机的过程中，政府和领导者拥有更多的处置权和限制权，对社会团体和公民行为进行约束，如此次新型冠状疫毒肺炎疫情中的封锁和限制交通等形式。危机管理的程序不同于一般的行政管理，突发事件需要解决措施的高效率，因而必须简化常规的法律程序，制定更具有灵活性和弹性的措施，应急行政权力的集中倾向更为明显，应急管理的法律法规赋予主体更多的紧急权限，其目的是尽快恢复到往日的正常社会秩序，及时消除和控制危机和突发事件的蔓延和危害。

危机本身具有生命周期的特性，大体可以分为四个阶段，即潜伏期、爆发期、相持期、恢复期。与此相对应的是，危机管理在具体实施过程中具有检测预防、紧急处理、持续削弱和监督评估四项职能。根据时间序列来看，针对危机的认知和管理，学术界具有以下的划分：一是诺曼·奥古斯丁的六阶段理论。诺曼·奥古斯丁从危机整体角度出发，把危机管理划分为六个阶段，包括危机源头的产生、应对危机管理的预测、看清危机、危机管理、危机的处理、吸取教训。二是罗伯特·希斯的4R模式。他认为从危机的全过程来说，危机管理分为四个过程，简称4R模式，即减缩阶段、预备阶段、反应阶段、恢复阶段。三是米特洛夫和皮尔森的模式。他们将危机管理分为五个阶段，即危机信号侦测阶段、危机准备与预防阶段、危机损失控制阶段、危机的恢复阶段、学习阶段。总结各种学者的危机管理的理念后可以发现，这些理论都比较注重危机处理的反应迅速、协作有力、信息传播、持续用力，为危机过后的重建与恢复提供人员和技术支持，为社会公众进行心理危机的干预。

（5）城市管理中的综合防控减灾理论。现代城市的经济建设和基础设施相对农村来说都比较完善，城市建筑和住宅区的密度也比较大，涉及的人员生命安全和财产安全的价值也很大。因此现代城市具有明显的脆弱性，表现为人的脆弱性和建筑的脆弱性两个方面，在危机的压力面前，最易受到影响的人群包括婴儿、老年人和免疫系统脆弱者。建筑的脆弱性是指建筑物被危险因素损坏和摧毁，建筑设计的地理位置和建筑材料都是其影响因素。建筑物的作用是为了防范人员和财产受到自然灾害的影响和危害，但是并不是所有的自然灾害都能被建筑物本身所抵挡，如果遇到某些不可抗力的时候，建筑物就会变得异常脆弱，例如，洪水、海啸、地震等重大自然灾害。

针对城市发生的众多灾害和危机，应建立包括社会整体响应、报警、疏散、搜索和营救等步骤的应急体系。在已经发生的城市灾害中，要注意减灾的绩效，包括评估人员的绩效，评估城市应急管理机构和应急管理委员会，评估训练、演习与突发事件，评估培训和风险沟通计划等方面的绩效。

城市综合减灾理论的第一个研究方向是灾害链的减灾管理。灾害链主要是指由主要灾害而引起的次生灾害的整体链条，例如地震这种灾害就会引发洪水、泥石流，甚至后期的传染病危害等，带来一系列的衍生性危害。城市减灾理论从灾害的预防、检测、控制和灾后处理切入进行研究，注重过程性的减灾方法，并且及时预防次生灾害的发生。

城市减灾理论的第二个研究方向是灾害群的综合管理。我国沿海地区包括台湾、福建等在每年的夏、秋两季经常遭受台风的影响。针对不同的灾害群，分析其致灾因子的不同，制订不同的城市减灾方案，有规律地提醒当地的城市居民进行紧急物资储备和避灾。除此之外，每年在灾害群所在城市新建的建筑物都必须符合防震减灾的规定和要求，并且要对城市中的受损害建筑物进行及时维修和拆除，做好灾后重建工作。

城市减灾理论的第三个研究方向是应急性综合管理。应急性综合管理主要针对城市中突发性的灾害，而当突发性灾害突然发生时，必须调动紧急机构和部门成立针对突发灾害的应急管理小组，进行紧急预案和加紧部署，进而组织社会各界进行抗震减灾的各项工作和业务。

城市减灾理论的第四个研究方向是灾害和致灾因子的综合治理。城市灾害主要包括寒冷、酷暑、龙卷风、洪水等致灾因子，需针对各类致灾因子采取不同的控制措施，具体包括选择行动性保护、对受影响人群发出警报、实施保护行动、控制致灾因子暴露、控制和限制灾害影响地带的进入、接受和关爱灾民、陆续展开搜救行动、提供应急医疗服务。城市减灾理论认为在加强自然灾害管理时首先要对致灾因子进行管理和处理，使花费在危险区域的时间尽可能地缩短，根据需要远离致灾因子并与致灾因子进行隔离。

（6）城市公共卫生事件管理相关法律。在我国的法律体系中有关城市公共卫生管理的相关法律有很多，其中最基本的就是《宪法》，《宪法》是我国的根本大法，具有最高的法律效力和指导意义。

除了《宪法》这个主干外，还包括其他的相关公共卫生的法律法规，如

《中华人民共和国传染病防治法》《中华人民共和国献血法》《食品卫生法》《动物防疫法》《中华人民共和国药品管理法》《中华人民共和国母婴保健法》等，除了相关的法律法规，国家还颁布了许多公共卫生的行政法规，包括《公共场所卫生管理条例》《突发公共卫生事件交通应急规定》《突发公共卫生应急条例》，还包括一些部门颁发的关于公共卫生的规章制度，如《医院感染管理办法》《突发公共卫生事件与传染病疫情监测信息报告管理办法》等。

除此之外，还包括一些国家规范性文件，包括《国家突发公共事件应急预案》《全国自然灾害卫生紧急预案》《地震灾后卫生防病应急技术指南》等。总体来说，我国关于城市公共卫生的法律法规体系还是相当完善的。

（7）公共安全与卫生（包括疫情）对居民消费的影响。公共安全与卫生包括的内容和内涵很广泛，不仅涵盖大多数人的生命安全、财产安全和公共秩序的稳定，更涵盖了全体社会成员包括社会整体和公民个人在进行基本生活和工作时涉及的公共活动的正常，以及所需要的稳定的外部环境和秩序。而公共安全与卫生管理，则是以国家行政机关和有关权力机关为主体，以维护社会的公共安全秩序、经济系统正常运行和保障公民的利益为目的，对社会各项活动做出的各种行政规范的集合。公共安全和卫生事件本身与政府针对公共安全和卫生事件的管理举措都会对居民的消费产生影响，而公共安全与卫生事件本身的影响一般来说是消极的，而政府的举措一般在不同时段会产生不同的效果，甚至产生波及效果。

公共安全与卫生事件对居民消费主要有三个方面的影响：一是引发供需市场的不均衡导致相关用品价格飞涨；二是引发消费者的不安全心理从而影响消费行为，紧缩开支；三是重大的公共安全和卫生事件引发企业与消费者本身的收入降低，收入的减少直接影响消费行为和社会再生产，从而进一步影响消费，形成恶性循环。

一是公共安全与卫生事件往往会造成市场需求和企业的供给失衡，如“非典”时期的食品争夺购买和此次疫情中口罩的供不应求等。在突发事件下，如何解决需求和供给能力失衡的问题至关重要，如为防止新型冠状病毒肺炎疫情的继续扩散，防止人员流动，国家对交通线和车辆进行限制，而在全球供应链的大趋势下，这无疑会关系到基本消费品的供应，使得产品供应链中断，而市场上的原材料物品供应量减少，从而引起市场的供应减少甚至中断。

二是马斯洛需求理论——“需求层次理论”中，生理、安全需要如衣、食、住、行等是人类的基本需要，是人们进行其他社会活动的基础。当前，在影响消费者购买行为的诸多因素中，人类基本的消费安全问题越来越突出。现实中，重大不良公共安全与卫生事件的发生必然会引发民众的不安全心理以及对未来的担忧。消费者的购买行为主要包括购买欲望的出现、确定目标、搜集信息、选择评价方案、确定消费方案、售后体验评价等几个环节。消费者在做出决策时，都会充分考虑购买行为会引发不同程度的不确定性风险，从而产生不同程度的担忧，而重大的危机感就成为制约消费行为的重要影响因素。

三是拥有充足物质条件是进行消费活动的前提和基础，收入在一定程度上对消费起决定作用。公共安全与卫生事件如果涉及范围比较广、持续时间长、破坏性大并且伴随传染性，那么会直接对社会中的各产业、各行业产生长期影响，从而对居民收入产生不良影响，进而影响未来消费。收入不仅包括现有收入，还有可支配收入和对未来收入的预期，人们对未来收入预期持乐观态度的话，会增加现有消费量；而如果居民对未来收入预期持悲观态度，居民则会减少消费量。

3.5 我国现阶段公共安全与卫生管理的现状、存在的问题及其原因

3.5.1 我国现阶段公共安全与卫生管理的现状和问题

（1）现阶段公共安全与卫生治理体系不断完善，但整体仍有待加强。从1954年推行戒严制度，到2003年暴发“非典”疫情，再到2014年上海外滩踩踏事件，我国政府已经越来越意识到公共安全与卫生事件发生的严重危害性，并逐步建立起一系列的法律体系进行公共安全与卫生管理。国家出台一系列的法律法规之后，各地政府又根据自己的实际情况和发展特点制定地方的公共安全与卫生管理体系。主要颁布的法律法规有以下几类：①应对战争和恐怖主义袭击的法律法规，如《国防法》《兵役法》《国防教育法》等。②自然灾害类，如《中华人民共和国防震减灾法》《中华人民共和国消防法》《地质灾害防治条例》等。③生产事故灾害类，如《中华人民共和国安全生产法》《生产安全事故报告和调查处理条例》等。④公共卫生类，如《中华人民共和国卫生法》《中华人民共和国传染病防治法》《公共场所卫生管理条例》《突发公共卫生应急条例》等。以

上所有的法令条例都代表着我国已经逐步建立起一套应对公共安全与卫生事件的法律体系，这些法律体系有针对性地应对各种公共安全与卫生事故，为进行危机处理和稳定公共安全与卫生秩序提供了基本的法律保证。

总体来说，我国关于公共安全与卫生治理的法律体系在实践中逐步完善，但在某些领域仍存在空白。

（2）政府对公共安全与卫生建设的重视程度加深，但有关资金的投入力度不够。如表3－1所示，我国对公共基础设施包括铁路建设、民航建设、港口建设等资金投入的力度都比较大。我国对于城市公用事业的相关支出预算数是1.78亿元，而决算数为0亿元，在城市公用事业方面的资金投入力度不够，这间接导致我国城市公共安全与卫生建设的基础薄弱，缺乏相关的应急设备和管理体系，在应对重大公共安全与卫生事件时，必然导致事故处理的延迟性和伤害的进一步蔓延。

表3－1　2018年我国政府性基金支出决策（部分）

项目	预算数（亿元）	决算数（亿元）	决算数为预算数的百分比（%）	决算数为上年决算数的百分比（%）
1. 农网还贷资金支出	203.52	202.33	99.4	113.1
2. 铁路建设基金支出	565.34	565.34	100.0	134.6
3. 民航发展基金支出	520.28	476.72	91.6	155.7
4. 海南省高等级公路车辆运行附加费以及其他	53.16	33.79	63.6	86.3
5. 港口建设费相关支出	241.67	209.78	86.8	101.1
6. 新型墙体材料专项基金支出	0.06	—	—	—
7. 旅游发展基金支出	17.06	20.31	119.1	189.6
8. 国家电影事业发展专项资金支出	31.79	26.43	83.1	105.6
9. 城市公用事业附加相关支出	1.78	—	—	—

资料来源：笔者自行整理。

（3）社会公共安全与卫生治理系统反馈不及时，智能化、数字化程度低。以此次的新型冠状病毒肺炎疫情为例，调查2020年1～2月的数据，这一时期除了湖北以外，全国确诊人数最多的是浙江省，作为全国确诊人数排名第二的省份，浙江省的杭州市却是疫情开始后第一个开放旅游景区——西湖的城市，这得益于杭州市智能化的“城市大脑”。杭州市从2010年左右开始城市智慧大脑建设，交通堵塞率从全国排名前3降为第57名，这所有的一切都归功于智能技术和数字技术的支撑，城市内的政府机构、企业组织、营利性组织建立在线服务平台，实施公共安全与卫生数据的共享，把公共安全与卫生系统整合，进行全民覆盖、动态管理。

在疫情当中，也不缺乏反面教材，有些城市间打破了地理空间上的隔断，却仍存在“信息孤岛”。在限制人员接触的条件下，由人工智能代替人类进行活动必须建立在拥有快速整合大数据的信息技术的基础上。在新的公共安全与卫生事件发生之前，构建智能化的“城市大脑”是非常紧迫的。危机信息的传播速度和处理公共安全与卫生事件的反馈很大程度上都在与时间赛跑，信息的不对称性会导致错失处理公共安全与卫生事件的最佳机会。全覆盖的“城市大脑系统”将城市的交通系统、卫生系统、信息系统、经济系统、政治系统联合在一起，提高危机防范意识和及时处理的能力，将各环节紧密衔接。

（4）公共安全与卫生危机预警观淡漠、管理意识薄弱。针对公共安全与卫生事件的危机预警观是减少公共安全与卫生问题的基础，是公共安全与卫生管理的第一要义，公共安全与卫生事件预警观要求针对可能发生的公共安全与卫生事件，建立全面有效预测、防范的机制，建立起对突发公共安全与卫生事件的预警监测机制，定期、定点对公共安全与卫生事件的发生以及可能波及的领域和范围进行科学预测，防患于未然，争取把危害范围降至最低。公共安全与卫生危机预警观的建立包括全体社会成员，从政府主体的领导人员、执行者，到社会各阶级，以至最基层的公众都要树立强烈的公共安全与卫生危机意识，不论是危机发生之前，还是危机发生之后。尤其是危机发生时，上层的政策措施能够落实与否，与每一个公众相关。在重大公共安全与卫生事件发生时，都存在不少社会人员和机构发“国难财”“事不关己，高高挂起”“我行我素”等现象，这些人员和机构只注重个人利益，漠视安全防护，从而引发公共安全与卫生事件进一步恶化，导致公共安全与卫生管理效率低下。

（5）安防工作偏重于社会安全治理，而应急管理所针对的公共安全与卫生范畴则远大于安防工作。

如图3-3所示，公共安全与卫生事件包含众多因素，而我国公共安全与卫生治理事业偏重于社会安全治理，应急管理所针对的公共安全与卫生安全实际涉及影响范围远大于此，参考中商产业研究院的预测数据，2019年我国对安防事业投入近 7200 亿元。根据国内应急管理顶级权威机构清华大学公共安全与卫生研究院对于公共安全与卫生的定义，公共安全与卫生包括事故灾难、自然灾害、公共卫生、社会安全四大部分，需要对其的发生进行预测预警、响应救援、预防准备、灾难恢复等多项举措，而远不只仅仅关注于社会治安的维持，社会安全治理是公共安全与卫生系统里面的子集。

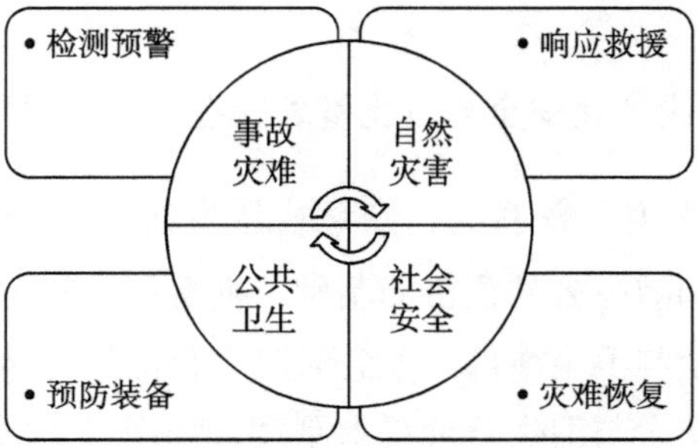

图 3－3　公共安全与卫生事件流程

（6）公共安全与卫生体系中工业安全领域问题突出，城市恶性事件屡次发生。工业安全是公共安全与卫生所涉及的一个方面，总结 2020 年上半年的部分工业安全数据如表 3－2 所示，工业安全事故的高发频率触目惊心，所造成的人员伤亡和财产损失非常严重。虽然这些工业安全事件影响的范围和力度远比不上新型冠状病毒肺炎疫情和地震这种大型公共安全与卫生事件，但其频率高，数量多，涉及的企业部门和人员广，是公共安全与卫生治理领域的一个突出问题。

表 3－2　我国 2020 年上半年工业安全事件

事故发生时间	事件概况	伤亡情况
2020 年 1 月 7 日	四川省市攀钢集团公司发生液化器泄漏爆炸事故	造成 1 人死亡
2020 年 2 月 7 日	广东省石油化工有限公司发生火灾事故	未造成人员伤亡
2020 年 2 月 11 日	辽宁葫芦岛经济开发区车间发生爆炸事故	造成 5 人死亡，10 人受伤
2020 年 2 月 14 日	瓦房店市某货车和油罐车相撞发生漏油事故，油渍绵延十几米	未造成人员伤亡
2020 年 3 月 3 日	位于临沂化工产业园的临沂福德化工公司发生爆炸	造成 1 人死亡，1 人重伤，直接经济损失约 260 万元

续表

事故发生时间	事件概况	伤亡情况
2020 年 3 月 4 日	河北省保定市黄体酮车间发生爆燃事故	未造成人员伤亡
2020 年 4 月 1 日	上海金山区化工厂发生爆燃并伴有较大声响	事故未造成人员伤亡，亦未对周边环境造成影响

资料来源：笔者根据热点新闻整理。

3.5.2 我国现阶段公共安全与卫生管理存在问题的原因

（1）从公民方面来说，普遍的公众危机预警观和意识淡薄，树立强大的危机预警观是有效处理和减少公共危机的基础，拥有强大的危机预警观的公民和机构即使在发生公共安全与卫生事件的危急时刻，仍能保持清醒的头脑和安全处理意识，能够遵循公共安全与卫生管理规章制度，利用科学的手段和程序最大限度地减少公共安全与卫生事件所带来的危害。例如，在三鹿奶粉事件中，虽然消费者及时发现了儿童奶粉的危害并且上报给有关部门，而相关部门人员和消费者本身危机意识淡漠，没有及时处理，导致危机的严重性进一步蔓延。

（2）从政府和有关部门机构来说，信息沟通滞后，信息公布缓慢，重要的公共安全与卫生信息在一层层信息沟通渠道传递过程中失真，耽误最佳的决策时间，例如“非典”时期，从 2002 年 11 月广东省首次发现病例到 2003 年 2 月广东省政府彻底公开发布疫情，时间竟然已经过去了两个月之久，信息沟通的速度和效率非常低下。不仅耽误了决策的最佳时间，而且使疫情得以蔓延。政府各部门和机构之间缺乏协调，众多的政府机构部门之间很少进行有关重大公共安全与卫生事件的应急合作，横向的沟通和联系较少。除此之外，问责追究松散，领导集体缺乏问责观念，责任追究体制不健全，出现事故时往往出现相互推诿、权责不明、上下级关系混乱的现象。

（3）从整个社会的公共安全与卫生系统来说，公共安全与卫生问题的防范及处理能力低下，缺乏见微知著、有预见性的能力，公共安全与卫生管理计划不善，快速处置观薄弱，快速处置能力欠缺。在公共安全与卫生事件发生之前或刚开始的阶段，很少能够及时发现致灾因子并将其扼杀在摇篮里，一般发现公共安全与卫生事件时，已经是危机的成长期，情况已经不容乐观。

（4）从国家层面来说，可以从两个方面来分析，一方面，国家对于公共安全与卫生的基础建设和服务的资金投入力度仍然不够，有关的实体建设和公共安全与卫生配备仍然缺乏，公民的公共安全与卫生防范意识仍有待加强，国家需要在公共安全与卫生实际建设、公民和国家公务人员思想道德素质提高方面加大投入，包括开展线上和线下的思想教育和惩罚。另一方面，国家关于公共安全与卫生管理的条例和法规仍有待完善，而法律的制定只是进行公共安全与卫生治理的起点，这些法律的向下落实是重中之重，需要各级政府和公民通力合作，环环相扣，因此公共安全与卫生治理的终点是现实中公共安全与卫生事件的减少和有效治理。

3.5.3　我国现阶段公共安全与卫生管理宏观环境的 PEST 分析

PEST 分析是指宏观环境的分析，P 是政治（Politics），E 是经济（Economy），S 是社会（Society），T 是技术（Technology），具体如图 3－4 所示。笔者从政治、法律环境，技术环境，经济环境，社会文化、自然环境四个方面来分析我国现阶段公共安全与卫生宏观环境，总结我国现阶段进行公共安全与卫生管理的助力和阻力、动力和不足，为下一步的完善和改进做准备。

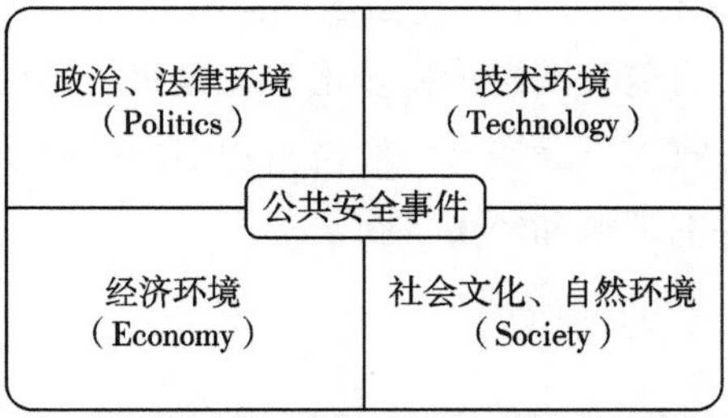

图 3－4　PEST 环境分析流程

（1）P（Politics）是指政治、法律环境。政治环境主要包括政治制度与体制、权威机构、政府对公共安全与卫生事件的态度等；法律环境主要包括有关公共安全与卫生事件的法律、法规。从对我国现阶段的公共安全与卫生管理现状的分析可以总结得出：我国国家政府对相应的公共安全与卫生治理重视程度很高，自从 2003 年“非典”疫情暴发以来，国家相继出台多个法律体系和文件加强对公共安全与卫生事件的管理，并且各级政府紧密配合中央的步伐，也相继颁布了适合地方的法律法规，总体而言，政治、法律环境从大体上来说对于构架公共安全与卫生治理体系、维护社会公共安全与卫生是有利的。但是也存在一部分缺陷，以三鹿奶粉事件为例，从 2007 年 12 月开始，石家庄三鹿集团奶粉就接到消费者反映，说婴儿食用奶粉出现不适的症状，2008 年 6 月已经检测出奶粉中含有三聚氰胺的成分，却未公示。有关政府和工作部门也相继收到顾客投诉，却也未采取补救措施，导致事态进一步蔓延及恶化，直到 9 月 9 日有关部门才向河北省政府汇报。信息的迟报、隐瞒和处理不力导致了事态的严重性。一方面，侧面反映了国家机构日常监管（尤其是对于认证后食品）的不利和失控，三鹿获得国家食品安全认证之后，相关监管部门就放松了其审核力度，导致三鹿集团后期生产部门出现问题也未被及时发现。另一方面，管理体制的分散，我国食品安全监管部门包括质检、工商、卫生、食品药品等十几个部门，政府部门的冗杂导致了管辖权的混乱和重叠，信息在传递过程中经历较多的环节，决策时间较长，错失最佳决策时间，部门之间难以形成协调配合、高效运转的管理体制。除此之外，政府对有关公共安全与卫生的资金投入也较少。

（2）E（Economy）指经济环境。构成经济环境的关键要素：国民生产总值、利率、汇率、货币政策、财政政策、通货膨胀、失业率、居民收入、市场供给与需求等。

如图 3 –5 所示，2010 ~2018 年我国国民总收入和国民生产总值一直处于上升趋势，从总体来看，目前我国经济稳步增长，是世界第二大经济体，社会总体财富不断聚集，国民总收入不断攀升，经济上稳定而持续的发展为公共安全与卫生管理提供了稳定的外部环境和经济支持。

图 3 –5　2010 ~2018 年我国国民总收入和国民生产总值

经济方面有一个值得关注的问题就是网络经济安全，随着近年来互联网技术的发展，互联网经济为我国经济发展作出了巨大的贡献，且互联网经济发展促进安全大数据系统持续升级。目前我国网络安全市场有运营商市场、公共安全与卫生类市场、政企市场、个人市场等，每个市场都涉及丰富而广阔的信息数据和安全信息，包含国家安全、政治安全、经济安全的各个方面，而经济发展背后蕴藏安全问题，例如网络诈骗形势日益严峻、隐私问题暴露严重等隐患。近年来，我国公安机关侦办网络违法案件数量日益增多，罪犯抓捕难度也随之提升，网络经济发展的同时带来了一系列的问题。

（3）S（Society）指社会文化环境。社会文化环境中影响最大的是人口环境和文化背景。人口环境主要包括人口规模、年龄结构、性别比例、人口分布及收入分布等因素。从人口方面分析，目前，我国人口基数大，但增长率低。2015年10月我国全面“二孩”政策放开，但出生率也未达到国家预期水平，而老龄化问题日益突出，这也就意味着我国人口中的中年一代社会压力较大。除此之外，我国男女比例失衡的问题也较为明显，男女比例接近1.4：1，且比例仍在不断上升，男女失衡带来的低结婚率，也会间接导致社会不良流动人员的增多和公共安全与卫生问题的出现。除此之外，人均收入拉大、地区发展水平的不均衡仍然是普遍存在的问题，而由此导致的公共安全与卫生问题仍存在但不是十分突出。而我国随着教育普及程度的提高，国民素质不断提升，公民的公共安全与卫生意识和文化修养不断提高，这为打造良好的公共安全与卫生治理体系提供了良好的思想准备。

（4）T（Technology）指技术环境。技术环境包括国家或地区的技术水平、技术创新能力和自主研发能力等，如现在新兴发展的5G技术、人工智能、先进制造业、智慧服务业等。目前，我国信息技术的支撑不断升级换代，数据智能时代到来推动新基建发展，许多高新技术逐步社会化，投入到社会管理和治理体系中。如此次疫情中，智能医疗机器人、红外测体温仪器、城市健康码等都属于信息技术在社会公共安全与卫生管理方面的应用，为控制疫情和恢复生产提供了重要的技术支持。虽然目前我国基于信息、融合、创新的基础建设在逐步发展，但产学研的紧密结合程度还不是很高，许多专利成果和技术与现实中的治理环节衔接不够紧密，许多科研成果还停留在理论阶段，没有落地。

3.5.4 我国现阶段构建公共安全与卫生管理体系的方向

我国现阶段构建公共安全与卫生管理体系的方向包括：

（1）注重公共安全与卫生管理平台的智能化。从我国此次针对新型冠状病毒肺炎疫情所进行的阻击战的成功来看，此次抗疫很大程度上借助了互联网5G技术和人工智能的创新应用和实践成果，互联网技术在临床医疗、物资配送、智能看护、远程监控等方面发挥了重要的作用，疫情在一定程度上促进了我国智慧制造业和网络平台发展，萌生了许多新的技术成果，而在后疫情时代，这些智能化的成果和服务仍将可以为我国建设公共安全与卫生管理平台提供技术支持，塑造智慧化的城市公共安全与卫生管理大脑，利用智能化的公共安全与卫生管理平台将卫生系统、信息系统、交通系统的资源整合起来。

由于现阶段我国公共安全与卫生管理体系存在信息沟通不及时、反馈速度慢的问题，而利用智能化的信息技术构建的现代化的公共安全与卫生治理体系，能够有效解决这一问题，网络技术和智能制造能够有效避免信息传输路径过长这一问题，极大地保证时效性以便于利用最佳决策时间，提高对突发危机应急管理的速度。

此外，虽然利用人工智能为我国建设公共安全与卫生管理平台在建设初期投入成本较高，但建成后却可以快速识别和解决公共安全与卫生问题中的致灾因子。并且在这一过程中，可以逐步实现执行过程的无人化、管理的少人化、决策的集中化。

（2）注重公共安全与卫生管理环节的系统化。通过上面的总结，我们不难看出，我国进行公共安全与卫生管理的各环节缺乏紧密的连接和融合，尤其是在率先发现问题的人员在与上级进行反馈的这条信息沟通渠道上，出现层层的沟通断裂和反馈不及时，需要将整个反馈渠道系统化。

系统化的原理就是将事物的各个部分进行有效的整合和优化，将它们看作一个整体来进行处理，而不是间隔化，以便提升整条信息沟通渠道的效率，减少信息的失真。公共安全与卫生治理系统包括基础的公民，中间的企业、非营利组织、各界新闻媒体和政府在应对重大公共安全与卫生事件的时候，能够从整体出发，协调各方的力量与长处，以达到整体最优，在问题发生以后，做到不瞒报、及时反馈、及时处理。并且在此过程中，建立相互的监督体制，进行信息的公开化，提升各个工作部门的透明度。

（3）注重公共安全与卫生管理重点的均衡化。我国现阶段的公共安全与卫生管理体系应该覆盖包括事故灾难、自然灾害、公共卫生、社会安全四大部分，我国安防工作偏重于社会安全治理，而应急管理所针对的公共安全与卫生范畴远不止于此，社会安全治理仅仅是公共安全与卫生治理体系中的一个子集。所以，在构建我国公共安全与卫生治理体系时应该注重管理重点的均衡化，例如此次的疫情所属的公共卫生管理也应该是公共安全与卫生治理体系中的一个重要组成部分，在日常的公共安全与卫生管理中忽略的部分往往是公共安全与卫生治理中的薄弱环节，因此在构建公共安全与卫生治理体系中，应该均衡发力，注意政府投资和力量的均匀分布，注意公众在日常的工作、学习、社交领域容易忽略的公共安全与卫生盲区。

（4）注重公共安全与卫生管理体制的法制化。在进行公共安全与卫生管理时，各个公共安全与卫生管理的部门工作经常中断，仅仅依靠各自的协调是不够的，必须建立完善的法律体制使有关部门的工作进行有效的衔接，依靠法律的强制性保证各部门具体实际行动的落实。除了管理部门之外，非营利组织、企业、公众也必须依靠法律进行科学的管理，依靠法律规范个人和集体在发生重大公共安全与卫生事件时的行为，利用法律手段在全社会进行公共安全与卫生意识的强化。维护公共安全与卫生是每个公民的责任和义务，国家需要在社会文化和教育领域营造这种氛围和基本观念。

公共安全与卫生管理体制的法制化不仅表现在国家和政府对公共安全与卫生单方面的制度管理上，还包括要加大资金和技术的投入，以及利用法律手段倡导公共安全与卫生技术创新和学术研究，为构建智能化的公共安全与卫生管理平台提供保障。

3.5.5　国际公共安全与卫生管理的成功经验

日本受地理位置以及气候的影响，经常遭受地震、火山、海啸等多种自然灾害的影响，例如1995年的阪神地震。日本处于地震带上，发生自然灾害类型较多并且发生的次数也比较频繁，灾害损失严重。“二战”时期日本又遭受到原子弹的轰炸，本身国土面积狭小，而适应居住的面积就更小，所以日本的危机管理和公共安全与卫生管理意识特别强烈。日本的危机管理体系的形成大致可以分为三个阶段：第一个阶段是在20世纪50年代前后，在这个时期日本的灾害治理主要依靠单一防灾的管理体制。20世纪60～90年代是第二个阶段，此时日本的灾害治理逐步从单一的自然灾害防灾治理转为多种灾害的综合防灾治理，1961年日本推出《灾害对策基本法》，成为日本防灾的指导性法律，后来为了配合此法律的落实，日本相继推出了一系列的防灾法规，与此同时，日本设立以首相为负责人，享有高层危机管理权的防灾减灾多种管理机构，还成立多所灾害研究所。日本减灾防灾管理体系的第三阶段是在阪神地震的冲击下形成的，日本的灾害管理体制从综合防灾管理体系向新型综合性危机管理体系转型，逐步形成了减灾防灾、危机管理、国家安全保障三位一体的灾害管理系统。而进入 20 世纪 90 年代以后，日本也逐步把经济、政治等领域的问题加入到危机管理的范畴中。

虽然日本在上述三个阶段的发展过程中侧重点不同，应对自然灾害的措施也不同，但总体来说，其公共安全与卫生危机管理运作程序主要包括三个步骤：第一是确认情报，第二是确定对策体制，第三是国家确定对策体制。

日本危机管理对我国的启示与借鉴主要表现在以下几个方面：

（1）不断完善预警体制。以应急自然灾害为例，近年来，为了加强地震监测预警和预测，日本在全国尤其是气象灾害常发的地区设立 3000 多个监测点，加强气象自然灾害的预防与监控，包括在首相官邸也建立了危机管理中心，实时转播日本各地的灾情，目的是广泛收集自然和社会环境中发生危机的征兆信息，对社会公共安全与卫生活动中的负面信息进行捕捉，而在这个过程中不断发现各种致灾因子和隐患，预测灾害的未来走势。

（2）设置机构专门化。日本在不断完善治灾管理体系的过程中，逐步建立起专门治理各种综合性灾害的管理机构，而且大多数机构都是首相负责制，具有较强的管理效率和决策能力，与此类似的是，美国、澳大利亚和俄罗斯都有相同的应急处理措施和机构，美国实行的是行政首长领导、中央协调、地方负责制度；俄罗斯以国家首脑为核心，相应部门为主力。这些国家在以国家主要领导人为主要负责人的同时，设立专门的应急管理机构，主要分为两类：一是超事业部制的中央指挥系统，如俄罗斯联邦安全协会、美国国家安全委员会等；二是常设性的公共安全与卫生管理综合协调部门，如美国的联邦紧急救援总署、日本的危机管理首相负责制的中央防灾会议、俄罗斯的突发事件国家委员会、加拿大的联邦民防组织等。

（3）应急处理法制化。完善的公共安全与卫生管理应急处理体系是进行公共安全与卫生管理的法律保障，它对减少危机中的人民生命安全、财产损失，维护国家安全具有重要意义，借助于法律手段，打开应急管理的便利之门，可以加快公共安全与卫生管理的效率和速度。例如，日本的《灾害对策基本法》是后来颁布的，而此前日本还于 1880 年颁布《备荒储存法》，1947 年颁布《灾害救助法》，2002 年颁布《武力攻击事态对应法案》。英国的应急管理体系相对更加完善，有关公共安全与卫生管理的法律法规达30多部。英国于1920年颁布《紧急状态权利法案》，1948年颁布《民防法》，1987年颁布《民防法规》……公共安全与卫生管理应急体系逐步得到完善。

（4）应急建设文化常规化。进行公共安全与卫生的管理和建设，仅仅停留在理论阶段和高层层面是不够的，不仅要把公共安全与卫生管理的具体实践落实下来，更要把公共安全与卫生提升到社会文化的层次，在整个社会中形成一种危机自我管理的意识和能力，争取人人做到一线应急工作人员的水平，在出现公共安全与卫生事件时可以首先进行自我救助，其次可以随时成为特殊的一线救护人员。以以色列为例，在以色列的教育领域，有关恐怖主义范畴的公共安全与卫生事件的教育非常普遍，例如在受伤之后如何自救、包扎、挪动伤员、人工呼吸等，并且进行现场演习，而反恐的专家也经常到全国各地的政府部门进行知识讲解。

3.6 我国目前居民消费状况分析

如图3－6所示，2010～2018年我国居民的消费水平一直呈上升趋势，图中的居民消费情况从侧面说明了我国居民的生活水平在逐年改善，人均收入稳步增长，居民消费的稳定增长为我国经济发展的转型升级和扩大内需提供了内部驱动力。

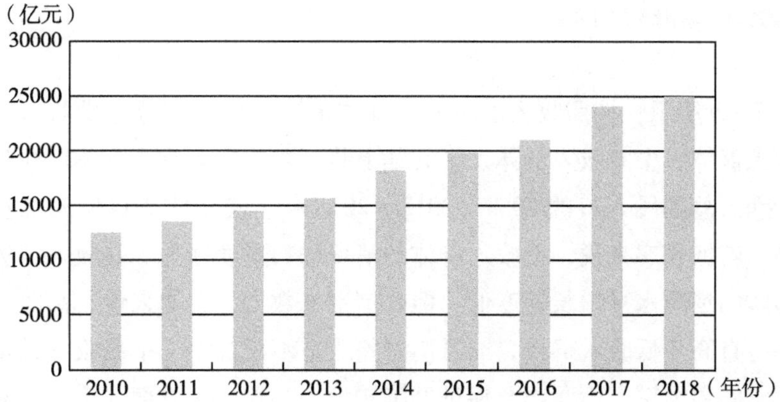

图3－6 2010～2018年我国居民消费水平

资料来源：国家统计局统计年鉴。

如图3－7所示，2010～2018年的城市和农村居民消费水平都呈递增的发展趋势。总体来说，我国经济发展的总体水平在不断提高，带动了国内居民的消费热情的提高。但与此同时，也存在一定的不足：一是农村居民的消费水平一直远远低于城市居民消费水平；二是农村居民消费的增长速度一直慢于城市居民消费的增长速度；三是农村与城市的居民消费水平差距不断拉大。这从侧面说明我国城市与农村的经济发展水平、收入差距仍在不断拉大，贫富差距悬殊在一定程度上会带来社会矛盾的加剧，并且会抑制消费。

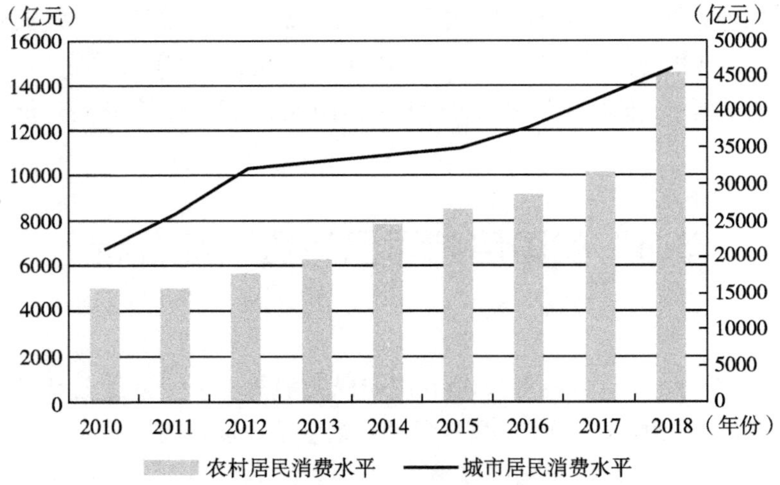

图3－7　2010～2018年我国农村和城市居民消费水平

资料来源：国家统计局统计年鉴。

如表3－3所示，按照收入的不同，我国消费群体可划分为低收入群体、中间偏下收入群体、中间收入群体、中间偏上收入群体、高收入群体。而这五个收入群体分别占总国民人口的20%，2013～2018年，各个收入群体的消费水平呈上升趋势，就增长率来说，低收入群体的消费增长速度远高于高收入群体，虽然高收入群体的消费水平增长速度低，但是消费基数大，总体来说，高收入群体的消费水平一直高于低收入群体，而且消费差距在不断拉大。中高收入的消费群体是经济消费的主力军，而我国要促进经济转型，必须从两方面入手：一是提高低收入群体的收入，提升消费水平和能力；二是刺激高收入群体的消费能力，为其提供新的消费热点、服务体验、消费场景，进行营销方式的创新，拉动高收入群体的消费。

表3-3 2013~2018年我国不同收入群体的消费水平 单位：元

	2013年	2014年	2015年	2016年	2017年	2018年
低收入户（占20%）	9895.9	1219.3	12230.9	13004.1	13723.1	14386.9
中间偏下户（占20%）	17628.1	19650.5	21446.2	23054.9	24550.1	24856.5
中间收入户（占20%）	24172.9	26650.6	29105.2	31521.8	33781.3	35196.1
中间偏上户（占20%）	32613.8	35631.2	38572.4	41805.6	45163.4	49173.5
高收入户（占20%）	57762.1	61615.0	65082.2	70347.8	77097.2	84907.1

资料来源：国家统计局统计年鉴。

利用Arcgis软件对2018年我国各地区的消费支出进行分析，把我国不同地区的消费水平按省份进行区分，颜色越深，地区消费支出越多。不难看出，北京、天津、上海等地区的消费支出和消费需求较大，居民进行消费的潜力巨大，我国东部、中部、西部地区的消费支出差异较大，我国东部地区的消费能力处于中上游水平，并且中部地区局部差异不是特别大，而越往内陆延伸，例如我国西部地区的新疆、西藏、青海等地区，消费支出越少，并且地区消费总量不如东部发达地区的一半。沿海地区和内陆地区的消费也存在一定的差距，虽然都位于东部地区，而沿海与非沿海地区的地区消费支出不尽相同，沿海经济的交通便利和内外联动加大了地区经济发展和消费欲望，从中我们可以看出，同处于东部沿海的上海、天津、江苏等地的消费水平高于辽宁、吉林等地的消费水平。

我国居民消费情况可以概括为四点：一是近年来，我国居民消费水平不断提升，整体呈上升水平；二是虽然整体水平都在提升，但城乡区域存在差距；三是由于居民收入水平的不同造成居民消费水平存在差距，贫富差距拉大对居民消费产生影响；四是我国各地区的消费水平存在差异，沿海与内陆，东部、中部与西部都存在消费支出的差异。

截至2020年8月，新型冠状病毒肺炎疫情共造成全球百万人感染，超过10万人因此死亡，国内经济同样因疫情影响受到严重冲击。疫情冲击下，短期内消费下降成为大概率事件。但从长期来看，市场仍然是乐观的，当前消费市场逐步回暖，第三行业收入明显回升，新型消费点不断迸发，并继续保持快速增长，这主要体现在以下几个方面：

（1）5G智慧商业圈正在孵化，并不断辐射带动新基建以及各大行业转型，虽然新型冠状病毒肺炎疫情的发生给经济体造成了一定的冲击，众多中小型企业尤其是服务业由于顾客数量的大幅度减少而营业额下滑，大型企业艰难维持，但也激发数字经济异军突起带来新的发展机遇。网上直播带货、云团购、云旅游等新型经济发展模式展现出强大的活力，激活消费市场的全新活力。互联网直播成为中国互联网公司的最具特色的风景线，为消费者提供全新的消费体验和观感，直播的边界正在被不断打破，形成了“直播+”互联网营销新模式，包括在线教育、远程医疗、网络办公、直播电商、实时品牌发布大会等形式。数字经济能够在居民消费的各领域根据行业的特殊需求设置，在标准化的基础上加入定制化因素，丰富消费形式与途径，引发一系列数字消费。数字经济这个催化剂正在加速使得各大行业服务在线化、平台化，也使得平台依靠数据支持，不断趋向“数字巨型化”，也使得实体经济不断被重塑。

（2）经济在夜间“热”起来，地摊经济崛起。受到新型冠状病毒肺炎疫情的影响，当前全球经济总体发展状况受到冲击，中国经济的各个方面也面临复工复产，就业岗位的紧缺导致自主创业成为更好的选择，地摊经济由于无须各种复杂地租成本和手续，迅速发展。目前全国各地都在复工复产，我国经济仍需消费这辆领头马车拉动，地摊经济对于居民消费来讲，能够大大减少中间商流通费用，降低生活用品采购成本，刺激居民消费欲望。但同时地摊经济缺乏标准化和制度化的管理和规范，对于市容整洁、环境卫生也会造成一定的影响。

（3）疫情促进消费线上化进程的推进。与疫情发生之前相比，日常生活产品和服务的线上消费类型变动较大。商品类消费中，日用百货类商品、食品类商品、医药及医疗用品类商品的线上消费比例增大，有些产品增长幅度惊人。疫情防控期间，空间和地理位置的局限，促使消费者基本生活开支加速向线上方式转移。值得注意的是，线上消费消费者主要遇到“商品缺货”“商品断货”“高抬物价”“发货速度慢”“未收到货”等不良问题，这类问题对消费者的购买欲望将会造成一定的影响，并促使其购买方式发生转变。

老年线上消费飞速发展，网络购物如送货上门等服务属性，有效满足了老年消费者对便利性消费的需求，加之老年群体活动的不方便性，引起了其线上消费的欲望。根据京东平台有关数据，老年群体消费额高速增长，老年商品销售额比例增速高于平台整体销售增速，这是当前线上消费增长的一大突出亮点。并且随着线上消费本身的模式和体验方式越发多样化，将会吸引更多的消费群体，各大平台老年群体消费额均有所攀升，这也是2020年第一季度京东销售额未受到疫情大规模冲击的原因之一。除此之外，老年消费群体多呈现买用分离、以医药保健类为主，且偏爱国产产品的特征。

（4）新型冠状病毒肺炎疫情促使智能制造业尤其是智能机器人迅速向前推进，抗疫智能产品的增多也推进了我国智能制造业的发展。其中，服务机器人、大数据分析系统和人工智能识别产品名列前茅，计算机视觉、语音、远程识别、5G技术等先进科学技术发展逐步完善，使用领域宽广，技术领先程度高，并且其代表产品在疫情隔离、无接触式治疗中发挥了极大的作用。近年来，我国智能行业市场规模逐年增长，其中，涉及智能家居、智能医疗和智能服务业的人工智能市场潜力巨大，发展前景良好。

第4章　公共安全与卫生事件对城市居民消费及经济发展影响机理研究

4.1　公共安全与卫生事件对城市居民消费影响的要素构成与内涵分析

4.1.1　公共安全与卫生事件对城市居民消费影响的要素构成分析

公共安全与卫生事件对居民消费的影响要素如表4－1所示。

表4－1　公共安全与卫生事件对居民消费的影响要素

序号	一级要素	二级要素
1	消费品要素 X1	替代品 X11
		互补品 X12
		日常消费品 X13
		高档消费品 X14
		刚性需求品 X15
		弹性需求品 X16
2	消费支出来源要素 X2	个人收入水平 X21
		家庭成员收入水平 X22
		财政补贴力度 X23
		信贷消费水平 X24

续表

序号	一级要素	二级要素
3	消费途径偏好要素 X3	线上交付率 X31
		线下交付率 X32
4	消费动机要素 X4	商品的使用性价值 X41
		商品的服务性价值 X42
5	消费个人要素 X5	个人风险担忧程度 X51
		消费偏好的变化程度 X52
6	消费心理要素 X6	消费群体影响 X61
		公共健康影响 X62
		消费品来源 X63
		市场开发和营销 X64
7	金融环境要素 X7	银行储蓄水平 X71
		保险投资水平 X72
		风险投资水平 X73
8	家庭要素 X8	幼龄化程度 X81
		老龄化程度 X82
9	外部环境要素 X9	社会消费基础的完善程度 X91
		消费文化水平 X92
		政府市场引导力度 X93
		智能化发展水平 X94
		国际贸易水平 X95
10	消费市场要素 X10	供给市场平衡性 X101
		供应链完整性 X102

资料来源：笔者自行整理。

4.1.2 公共安全与卫生事件对城市居民消费影响的要素内容

消费品要素 X1。根据政治经济学的消费理论可知，消费者对一种商品的需求量受到相关替代品和互补品的影响。例如在同为正常品的前提条件下，一种商品价格的上升，会导致其替代品的需求量上升，其互补品的需求量会下降，基于经济学中的理性人假设，消费者对价格的敏感性会改变其产品需求量，时刻谋求期望效用的最大化。消费者的收入增加时，消费者的预算线会在斜率不变的情况下向右平移，进而增加对自己喜爱的产品例如高档消费品的购买，而对自己不喜爱的低档品劣质品减少消费，当发生重大公共安全与卫生事件（疫情）时，在不考虑其他因素影响的条件下，消费者的收入会减少，进而减少高档消费品的消费。对于刚性的消费品如基础的米、面、油等来说，疫情等公共安全与卫生事件对其影响的变化幅度很低，弹性消费品则变化很大，收入减少时，弹性商品的需求量急剧下降。

消费支出来源要素 X2。居民消费水平的高低受到消费来源的影响，而收入来源包括个人、家庭成员、政府、企业和信贷机构五个方面。当家庭成员中的主要人员的收入减少时，不仅会使个体消费减少，家庭整体消费水平也会下降，进而影响社会整体消费水平。消费水平受家庭成员结构影响，当家庭成员的收入变化时，尤其是联合型结构家庭中，依靠父母双方的收入进行消费支出时，其中一方的收入减少或者失业，家庭整体的消费水平便会降低。消费来源除了靠个体努力劳动所得之外，还包括社会补助和企业额外津贴，这会在一定程度上减轻消费者负担，进而刺激消费。除此之外，还包括社会信贷水平的完善程度，当金融机构建立完善的信贷机制，为消费者提供消费的资金来源时，有助于提高资金的流动性进而拉动消费，这也是美国等资本主义国家发生经济危机时的主要应对思想，也就是提高社会整体的资金流动性。

消费途径偏好要素 X3。疫情防控期间，为限制人员流动和病毒的传播，消费者的购买行为和地点受到限制，线下的购买行为受限，而线上的物流运输也存在一定程度的中断。疫情过后，线上和线下渠道的全面开放将会进一步拉动消费。在综合疫情防控期间线上和线下的消费情况后，明显发现，虽然线上消费受到一定的限制，但在人员流动性减少的情况下，线上消费依旧激活了市场消费新活力，各大互联网平台的销售额均有上升，新的线上消费形式不断出现，为消费者提供了新的消费场景和模式。并且在疫情发展的后期，居民消费的渠道和形式由于受疫情前的影响，也会产生深刻变化。

消费动机要素 X4。一般来说，消费者对于实际消费品的消费动机可以分为两种：一是商品的实际使用价值，二是在消费活动中产生的服务，两者分别对应消费活动中的产品和服务。居民的消费水平与两者呈正相关关系，提升产品的质量和服务水平有助于拉动消费，刺激经济的良性发展。

消费个人要素 X5。消费者的个人因素涉及很多方面，包括情感、个人记忆、经验、感知、个人偏好等许多影响因素，消费者在进行决策时，往往是一种专权式的决策，个人会根据自我偏好进行最大的利己化选择。

消费心理要素 X6。受疫情的影响，消费者越来越关注消费品的来源问题。

金融环境要素 X7。当发生重大公共安全与卫生事件时，一般来说，居民的消费热情会受到一定程度的打击，从而进行紧缩性消费，避免风险性投资，转而进行银行储蓄，并且购买保险从而为自己的生命安全和财产提供保障。

家庭要素 X8。除去家庭中的日常生活开销，占家庭支出比重最大的是孩子的教育支出和医疗支出。在这一部分的消费中，家庭中的子女人数和老人人数会对消费产生重要的影响。

外部环境要素 X9。在疫情发展的过程中，各种新情况接连不断发生，引起新的消费文化兴起。除此之外，在外部环境中，其他国家疫情的发生和蔓延以及国际关系的变化对消费也产生了影响，同时也带来了新的机遇。

消费市场要素 X10。消费市场的两个主要方面，就是供方和需方，当供不应求或供过于求时，都会对价格和消费决策产生双重影响。

4.1.3　公共安全与卫生事件对城市居民消费影响要素的提炼

笔者根据表 4－1 的分析设计问卷（见附录 1、附录 2），并采用网上收集调查的形式，向全国各地（可以按全国 31 个省份地区发放问卷，也可以按全国东部、中部、西部地区发放问卷）不同类别的居民分发问卷进行调查，问卷可度量等级为 5，分别为影响非常大、影响比较大、一般、影响不大和基本无影响五个等级，对应评分为 9、7、5、3、1。在回收问卷后根据不同的分析方法与标准对问卷进行数据收集与数据信效度分析（见附录 3）。收集数据如表 4－2 所示。

表 4－2　居民消费调查问卷的各级要素数据

序号	一级要素	二级要素	级别	频率	占比（%）
1	消费品要素 X1	替代品 X11	3	166	32.74
		互补品 X12	3	208	41.03
		日常消费品 X13	3	185	36.49
		高档消费品 X14	3	147	28.78
		刚性需求品 X15	3	155	30.57
		弹性需求品 X16	5	174	34.32

续表

序号	一级要素	二级要素	级别	频率	占比（%）
2	消费支出来源要素 X2	个人收入水平 X21	3	182	35.90
		家庭成员收入水平 X22	3	186	36.69
		财政补贴力度 X23	1	221	43.59
		信贷消费水平 X24	1	181	35.70
3	消费途径偏好要素 X3	线上交付率 X31	3	217	42.80
		线下交付率 X32	3	123	24.46
4	消费动机要素 X4	商品的使用性价值 X41	4	188	37.08
		商品的服务性价值 X42	3	220	43.39
5	消费个人要素 X5	个人风险担忧程度 X51	3	208	41.03
		消费偏好的变化程度 X52	3	207	40.83
6	消费心理要素 X6	消费群体影响 X61	3	212	41.81
		公共健康影响 X62	4	161	31.76
		消费品来源 X63	4	175	34.52
		市场开发和营销 X64	3	214	42.21
7	金融环境要素 X7	银行储蓄水平 X71	3	213	42.01
		保险投资水平 X72	3	217	42.80
		风险投资水平 X73	3	168	33.14
8	家庭要素 X8	幼龄化程度 X81	3	204	41.03
		老龄化程度 X82	3	221	41.62
9	外部环境要素 X9	社会消费基础的完善程度 X91	3	222	43.79
		消费文化水平 X92	3	233	45.96
		政府市场引导力度 X93	3	221	43.59
		智能化发展水平 X94	3	224	44.18
		国际贸易水平 X95	3	229	45.17
10	消费市场要素 X10	供给市场平衡性 X101	3	214	42.21
		供应链完整性 X102	3	222	43.79

资料来源：笔者自行整理。

4.1.4 公共安全与卫生事件对城市居民消费影响要素的主成分分析

（1）KMO 和 Bartlett 球形检验。使用因子分析将全部信息进行处理，从表

4-3中可以看出：KMO为0.917，大于0.6，满足因子分析的前提要求，意味着数据可用于因子分析研究。p值为0（$p<0.05$）说明研究数据通过信效度检验（见附录3）适合进行因子分析。使用主成分分析进行信息浓缩研究，首先分析研究数据是否适合进行主成分分析，从表4-3可以看出：KMO为0.917，大于0.6，满足主成分分析的前提要求，意味着数据可用于主成分分析研究。p值为0（$p<0.05$），说明研究数据适合进行主成分分析。

表4-3 KMO和Bartlett球形检验

KMO值	0.917	
Bartlett球形检验	近似卡方	8599.328
	df	496
	p值	0

资料来源：笔者通过SPSS对所获得的数据进行处理所得。

（2）方差解释率。对因子提取情况以及因子提取信息量情况进行分析，因子分析一共提取出18个因子，此18个因子旋转后的方差解释率分别是8.152%、7.691%、7.332%、6.596%、6.024%、5.723%、5.719%、5.006%、4.348%、4.120%、3.702%、3.683%、3.514%、3.315%、3.244%、3.225%、3.222%、1.800%，旋转后累计方差解释率为86.418%，超过经验法的80%，符合标准，覆盖调查问卷10个一级指标的信息。具体如表4-4所示。

表4-4 方差解释率

因子编号	特征根		旋转前方差解释率			旋转后方差解释率		
	特征根	方差解释率（%）	累计百分比（%）	特征根	方差解释率（%）	累计百分比（%）	特征根	方差解释率（%）	累计百分比（%）
1	10.834	33.857	33.857	10.834	33.857	33.857	2.609	8.152	8.152
2	2.779	8.686	42.542	2.779	8.686	42.542	2.461	7.691	15.843
3	2.183	6.821	49.363	2.183	6.821	49.363	2.346	7.332	23.175
4	1.537	4.803	54.167	1.537	4.803	54.167	2.111	6.596	29.772
5	1.235	3.860	58.027	1.235	3.860	58.027	1.928	6.024	35.796
6	0.965	3.016	61.043	0.965	3.016	61.043	1.831	5.723	41.519
7	0.912	2.851	63.894	0.912	2.851	63.894	1.83	5.719	47.238

续表

因子编号	特征根			旋转前方差解释率			旋转后方差解释率		
	特征根	方差解释率（%）	累计百分比（%）	特征根	方差解释率（%）	累计百分比（%）	特征根	方差解释率（%）	累计百分比（%）
8	0.858	2.683	66.576	0.858	2.683	66.576	1.602	5.006	52.244
9	0.805	2.516	69.093	0.805	2.516	69.093	1.391	4.348	56.593
10	0.766	2.395	71.488	0.766	2.395	71.488	1.318	4.120	60.713
11	0.754	2.357	73.845	0.754	2.357	73.845	1.184	3.702	64.414
12	0.671	2.097	75.942	0.671	2.097	75.942	1.179	3.683	68.097
13	0.639	1.996	77.938	0.639	1.996	77.938	1.125	3.514	71.612
14	0.617	1.930	79.868	0.617	1.930	79.868	1.061	3.315	74.927
15	0.574	1.792	81.660	0.574	1.792	81.660	1.038	3.244	78.171
16	0.532	1.662	83.322	0.532	1.662	83.322	1.032	3.225	81.396
17	0.518	1.618	84.940	0.518	1.618	84.940	1.031	3.222	84.618
18	0.473	1.478	86.418	0.473	1.478	86.418	0.576	1.800	86.418
19	0.466	1.457	87.875	—	—	—	—	—	—
20	0.432	1.349	89.224	—	—	—	—	—	—
21	0.406	1.270	90.493	—	—	—	—	—	—
22	0.384	1.200	91.693	—	—	—	—	—	—
23	0.370	1.155	92.848	—	—	—	—	—	—
24	0.353	1.102	93.950	—	—	—	—	—	—
25	0.321	1.003	94.953	—	—	—	—	—	—
26	0.306	0.956	95.909	—	—	—	—	—	—
27	0.284	0.888	96.797	—	—	—	—	—	—
28	0.258	0.805	97.602	—	—	—	—	—	—
29	0.247	0.772	98.374	—	—	—	—	—	—
30	0.205	0.641	99.015	—	—	—	—	—	—
31	0.185	0.579	99.594	—	—	—	—	—	—
32	0.130	0.406	100.000	—	—	—	—	—	—

资料来源：笔者通过 SPSS 对调查问卷所获得的数据进行处理所得。

（3）方差解释率。笔者共提取出 8 个主成分，方差解释率分别为 43.456%、9.482%、8.706%、5.144%、4.246%、3.702%、3.468%、2.961%，累计方差解释率为 81.164%。另外，本次分析共提取出 8 个主成分，它们对应的加权后方差解释率权重依次为：43. 456/81. 164 = 53. 54%，9. 482/81. 164 = 11. 68%，8. 706/81. 164 = 10. 73%，5. 144/81. 164 = 6. 34%，4. 246/81. 164 = 5. 23%，3. 702/81. 164 = 4. 56%，3. 468/81. 164 = 4. 27%，2. 961/81. 164 = 3. 65%，并且这 8 个主成分的累计方差解释率为 81. 164%，超过标准的 80%，覆盖本次调查问卷的 10 个一级指标所反映的信息。具体如表 4 – 5 所示。

表 4 – 5 方差解释率

编号	特征根			主成分提取		
	特征根	方差解释率（%）	累计百分比（%）	特征根	方差解释率（%）	累计百分比（%）
1	13. 906	43. 456	43. 456	13. 906	43. 456	43. 456
2	3. 034	9. 482	52. 938	3. 034	9. 482	52. 938
3	2. 786	8. 706	61. 644	2. 786	8. 706	61. 644
4	1. 646	5. 144	66. 787	1. 646	5. 144	66. 787
5	1. 359	4. 246	71. 033	1. 359	4. 246	71. 033
6	1. 185	3. 702	74. 736	1. 185	3. 702	74. 736
7	1. 110	3. 468	78. 203	1. 110	3. 468	78. 203
8	0. 947	2. 961	81. 164	0. 947	2. 961	81. 164
9	0. 817	2. 553	83. 717	—	—	—
10	0. 718	2. 243	85. 960	—	—	—
11	0. 585	1. 829	87. 789	—	—	—
12	0. 572	1. 788	89. 578	—	—	—
13	0. 463	1. 446	91. 024	—	—	—
14	0. 424	1. 326	92. 350	—	—	—
15	0. 342	1. 070	93. 420	—	—	—
16	0. 313	0. 979	94. 399	—	—	—
17	0. 277	0. 866	95. 265	—	—	—
18	0. 239	0. 748	96. 013	—	—	—
19	0. 209	0. 652	96. 664	—	—	—
20	0. 187	0. 584	97. 248	—	—	—
21	0. 165	0. 515	97. 763	—	—	—
22	0. 160	0. 499	98. 262	—	—	—
23	0. 128	0. 401	98. 663	—	—	—
24	0. 112	0. 350	99. 013	—	—	—

续表

编号	特征根			主成分提取		
	特征根	方差解释率（%）	累计百分比（%）	特征根	方差解释率（%）	累计百分比（%）
25	0.088	0.274	99.287	—	—	—
26	0.063	0.196	99.482	—	—	—
27	0.056	0.176	99.659	—	—	—
28	0.043	0.134	99.793	—	—	—
29	0.034	0.105	99.898	—	—	—
30	0.014	0.045	99.943	—	—	—
31	0.011	0.035	99.978	—	—	—
32	0.007	0.022	100.000	—	—	—

资料来源：笔者通过 SPSS 对调查问卷所获得的数据进行处理所得。

根据表 4-5 可知，各成分中有 8 个主成分可以覆盖调查问卷的 80% 的信息。在此基础上再次进行主成分分析，选取 8 为主成分分析个数，得到成分得分系数矩阵，这是进行全国各省主成分指标分析的基础。具体如表 4-6 所示。

表 4-6　成分得分系数矩阵

名称	成分							
	成分 1	成分 2	成分 3	成分 4	成分 5	成分 6	成分 7	成分 8
日常消费品	0.030	0.010	0.087	0.277	0.221	-0.257	-0.139	0.115
高档消费品	0.037	-0.063	-0.159	0.139	0.248	0.072	0.296	-0.082
替代品	0.049	-0.114	0.076	0.045	0.119	-0.017	-0.008	0.383
互补品	0.051	0.013	0.074	0.245	-0.002	0.236	0.081	-0.263
弹性消费	0.036	-0.201	-0.041	0.104	0.058	0.086	0.125	0.242
刚性消费	0.046	0.010	0.010	0.267	0.194	-0.175	0.064	-0.292
个人的收入	0.054	0.054	0.141	-0.036	-0.051	0.100	0.215	-0.083
家庭成员收入	0.047	-0.021	0.219	-0.081	0.006	0.139	-0.036	0.019
政企津贴	0.035	0.186	0.012	-0.066	0.300	0.002	-0.019	0.381
信贷消费	0.033	0.121	0.125	-0.194	0.201	0.026	0.287	0.203
线上消费途径	0.047	-0.177	0.038	-0.075	0.074	-0.181	-0.069	-0.077
线下消费途径	0.052	-0.009	-0.057	-0.067	-0.054	-0.385	0.186	0.041

续表

名称	成分							
	成分1	成分2	成分3	成分4	成分5	成分6	成分7	成分8
商品的生产性价值	0.047	-0.197	0.04	-0.111	0.054	0.070	0.047	-0.051
商品的服务性价值	0.043	-0.097	0.085	-0.050	0.128	0.339	-0.305	-0.017
个人感知	0.050	0.006	-0.037	-0.230	0.069	-0.164	-0.210	-0.026
个人偏好	0.049	0.053	-0.018	-0.228	0.226	-0.191	-0.044	-0.281
消费群体	0.050	0.065	0.100	0.099	0.009	-0.201	-0.051	-0.390
公共健康	0.049	-0.184	-0.011	-0.030	-0.059	-0.003	-0.046	0.129
消费品的来源	0.048	-0.103	-0.135	0.020	-0.029	0.103	0.233	-0.140
市场开发和营销	0.061	0.020	-0.006	0.008	-0.114	-0.186	0.155	0.171
银行储蓄	0.051	-0.027	-0.021	-0.038	-0.059	-0.107	-0.525	-0.005
保险	0.044	-0.069	0.188	-0.041	-0.135	0.153	0.048	-0.019
风险投资	0.034	0.188	0.125	0.196	0.103	0.134	-0.100	0.072
家庭子女的个数	0.060	0.093	-0.016	-0.002	-0.25	0.065	-0.102	-0.074
家庭的老龄化程度	0.057	0.095	0.033	0.012	-0.295	0.075	0.091	0.092
社会消费基础	0.061	0.021	-0.012	0.011	-0.245	-0.116	0.101	-0.015
消费文化	0.053	0.037	-0.147	0.170	-0.045	0.113	-0.077	0.087
政府政策变化	0.047	0.032	-0.194	0.165	-0.069	0.083	-0.219	0.087
智能制造	0.046	0.037	-0.210	-0.071	0.072	0.089	-0.023	0.141
国际关系	0.030	0.113	-0.133	-0.069	0.154	0.209	-0.005	-0.054
供需平衡	0.045	0.059	-0.107	-0.260	0.055	0.205	0.032	-0.282
供应链完整性	0.051	0.096	-0.025	-0.028	-0.236	-0.100	0.041	0.191

资料来源：笔者通过SPSS对调查问卷所获得的数据进行处理所得。

笔者将表4-7与调查问卷的一级指标相结合，选取可量化的相关数据指标进行量化分析，包括10个指标，指标1为第三产业法人个数，指标2为居民人均可支配收入，指标3为邮政业就业人数，指标4为货物周转量，指标5为网上零售额，指标6为社会消费品零售总额，指标7为货物进出口总额，指标8为家庭户数，指标9为原保险保费收入，指标10为企业科研人员数量。

表 4 – 7　成分得分系数矩阵

名称	成分							
	成分 1	成分 2	成分 3	成分 4	成分 5	成分 6	成分 7	成分 8
社会消费品零售总额（亿元）y1	0.030	0.010	0.087	0.277	0.221	-0.257	-0.139	0.115
居民人均可支配收入（元）y2	0.054	0.054	0.141	-0.036	-0.051	0.100	0.215	-0.083
网上零售额（亿元）y3	0.047	-0.177	0.038	-0.075	0.074	-0.181	-0.069	-0.077
第三产业法人个数（个）y4	0.043	-0.097	0.085	-0.050	0.128	0.339	-0.305	-0.017
原保险保费收入（亿元）y5	0.044	-0.069	0.188	-0.041	-0.135	0.153	0.048	-0.019
家庭户数 y6	0.060	0.093	-0.016	-0.002	-0.25	0.065	-0.102	-0.074
企业科研人员数量（人）y7	0.046	0.037	-0.210	-0.071	0.072	0.089	-0.023	0.141
货物进出口总额（亿元）y8	0.030	0.113	-0.133	-0.069	0.154	0.209	-0.005	-0.054
邮政业就业人数（人）y9	0.045	0.059	-0.107	-0.260	0.055	0.205	0.032	-0.282
货物周转量（亿吨公里）y10	0.051	0.096	-0.025	-0.028	-0.236	-0.100	0.041	0.191

资料来源：笔者通过 SPSS 对调查问卷所获得的数据进行处理所得。

4.2　基于问卷调查数据的公共安全与卫生事件（疫情）对城市居民消费影响因素 GIS 区域分析

总结前两部分的信效度分析和总成分分析，从信效度分析中，笔者总结出本次调查问卷的高可信度以及信息的有效性，而在问卷数据通过信效度检验的基础上进行主成分分析，从中得出八个主成分可以覆盖 10 个一级指标 80% 以上的信息，而在此基础上，依据表 4 – 7 进行主成分的抽取，结合国家统计年鉴统计我国 30 多个省份的相关信息，结果如表 4 – 8 所示。可量化的有 10 个指标，这 10 个指标分别是指标 1 第三产业法人个数、指标 2 居民人均可支配收入、指标 3 邮政业就业人数、指标 4 货物周转量、指标 5 网上零售额、指标 6 社会消费品零售总额、指标 7 货物进出口总额、指标 8 家庭户数、指标 9 原保险保费收入、指标 10 企业科研人员数量，鉴于指标的可量化和数据的全面性，这 10 个指标能够从具体的角度解释调查问卷涉及的一级指标。

表4-8 2018年基于10个指标的全国各省份数据

省份	第三产业法人个数（个）	居民人均可支配收入（元）	邮政业就业人数（人）	货物周转量（亿吨公里）	网上零售额（亿元）	社会消费品零售总额（亿元）	货物进出口总额（亿元）	家庭户数（户）	原保险保费收入（亿元）	企业科研人员数量（人）
北京	654823	62361.2	84799	1034	7294.1	11575.0	11575.4	6490	1793.20	46929
天津	347974	39506.1	9075	2241	1261.4	5730.0	5729.7	4171	559.99	532080
河北	766990	23445.7	28692	13873	2018.4	15908.0	15907.6	19580	824.58	68956
山西	424346	21990.7	17121	4489	532.0	6918.0	6918.1	10035	1789.29	27228
内蒙古	229568	28375.7	18227	5596	371.0	7160.0	7160.2	7852	659.26	15777
辽宁	480409	29701.4	16630	10654	1146.7	13807.0	13807.2	13791	852.57	53133
吉林	149117	22798.4	19664	1705	449.1	7856.0	7855.8	8305	629.89	11124
黑龙江	234967	22725.8	29304	1601	546.7	9099.0	9099.2	11910	898.72	13110
上海	376332	64182.6	24187	28300	8786.6	11830.0	34012.1	7971	1406.25	88016
江苏	1604092	38095.8	51465	8969	9242.3	31737.0	43793.5	20769	3317.26	455530
浙江	1190194	45839.8	32082	11538	14385.0	24309.0	28511.6	17728	1953.88	394147
安徽	594467	23983.6	40304	11804	2015.9	11193.0	4141.9	16243	1209.73	106744
福建	620532	32643.9	28389	7546	4114.1	13013.0	12345.6	10546	871.80	120723
江西	389056	24079.7	20109	4529	1233.3	7448.0	3161.7	10863	754.02	67394
山东	1429606	29204.6	47215	10052	3513.6	333649.0	19302.9	286565	2519.83	236515
河南	713946	21963.5	40539	8982	1889.6	19667.0	5511.6	22976	2261.74	128054
湖北	687379	25814.5	60244	6676	2533.5	17394.0	3485.8	15269	1471.40	105041
湖南	506224	25240.7	28376	4387	1624.0	14855.0	3075.7	16766	1255.14	102800
广东	1351026	35809.9	109102	28338	18922.0	38200.0	71602.1	28361	3471.79	621950
广西	396587	21485.0	28399	4984	732.4	7813.0	4104.4	11714	629.05	17228
海南	57423	24679.0	9606	875.8	350.1	1619.0	848.2	2023	183.20	1971
重庆	405566	26385.8	28037	3598	1030.9	8068.0	5221.0	8590	806.09	61956
四川	460213	22460.6	64699	2946	2671.7	17481.0	5946.7	23142	1956.52	77848
贵州	270199	18430.2	10948	1798	453.4	4154.0	500.9	8991	444.74	20041
云南	404836	20084.2	18641	1972	632.3	6423.0	1970.6	11683	667.94	24048
西藏	21988	17286.1	839	150	41.6	523.3	47.5	716	1956.52	326
陕西	330621	22528.3	34199	4025	962.5	8236.0	3513.2	10193	970.54	39315
甘肃	156968	17286.1	9538	2610	288.6	3427.0	395.4	6156	398.98	8026
青海	71654	2075.3	3219	551.4	51.5	839.0	48.2	1485	87.65	1157
宁夏	63232	22400.4	3841	627.7	85.4	930.4	248.9	1722	182.92	7060
新疆	198634	21500.2	11669	2484	159.7	3045.0	1325.5	6529	102.20	5806

资料来源：笔者整理而得。

综合得分为方差解释率与成分得分乘积后累加计算的结果，综合得分 Y = 0.5354 × Y1 + 0.1168 × Y2 + 0.1073 × Y3 + 0.0634 × Y4 + 0.0634 × Y4 + 0.0523 × Y5 + 0.0456 × Y6 + 0.0427 × Y7 + 0.0365 × Y8。主成分的得分根据表 4 - 7 的成分得分系数矩阵与所选要素的具体数据计算而来，以主成分 1 为例：

Y1 = 0.03 × y1 + 0.054 × y2 + 0.047 × y3 + 0.043 × y4 + 0.044 × y5 + 0.06 × y7 + 0.046 × y7 + 0.03 × y8 + 0.045 × y9 + 0.051 × y10。其余 Y2、Y3、Y4、Y5、Y6、Y7、Y8 算法与 Y1 相似。计算各成分得分，随后分别计算各省份的综合得分，结果如表 4 - 9 所示。

表 4 - 9　基于 8 个主成分的全国各省份总分（2018 年）

省份	主成分总分	省份	主成分总分
山东	19164986.4	江西	4222987.44
广东	18426489.84	山西	4112234.72
江苏	18109554.32	广西	3944372.64
浙江	14069869.92	云南	3922320.88
湖北	8094039.06	陕西	3628746.32
河南	7708228.96	贵州	2684123.28
天津	7600943.44	黑龙江	2600108.08
河北	7544127.44	内蒙古	2511692.64
北京	7219931.36	新疆	2009214.96
福建	6798822.72	吉林	1779048.88
安徽	6487165.44	甘肃	1637557.04
湖南	5626782.88	宁夏	801182.24
四川	5419260.72	海南	795159.44
上海	5148939.60	青海	648642.88
辽宁	5014643.60	西藏	335340.24
重庆	4387618.48		

资料来源：笔者整理而得。

中国各省份的综合得分排名如表 4 - 9 所示，综合得分的高低代表了通过 10 项可量化指标所反映出的该地区经济及消费的综合能力，本书采用 Arcgis 地理信息系统工具 10.7 对评分进行地理分布的绘制，以便更直观地体现出东部、中部、西部以及沿海与内陆的地区差异。GIS 空间地图把其包含的 31 个省份划分为五个等级，红色表示此次疫情对其影响程度最高，结合表4-9来看，位居第一的是山东，其次是江苏、浙江、广东，次之是北京、天津、河北、湖北、河南、安徽、福建。影响程度较一般的包括四川、云南、广西、湖南、江西、山西、陕西、辽宁。影响较弱的有新疆、甘肃、青海、宁夏、内蒙古、吉林、黑龙江。而受疫情影响最小的是西藏。借此我们可以得出，主因子得分最高的城市，也就是受疫情影响较大的省份主要分布在东部沿海，并且该地区的基础设施比较完善，所包含的城市和人口较多，经济体量大。从东部沿海到中部地区，再到西部内陆，影响程度在逐步变小。

结合调查问卷涉及的各级指标和各地区消费的受疫情影响程度，选取的第一个指标就是第三产业法人个数，其中第三产业也就是服务业，是本次新型冠状病毒肺炎疫情影响的重灾区，从表4-9还可以看出，第三产业占比位居前列的江苏省、浙江省和山东省的第三产业法人个数最多，且受疫情影响也比较大，第三产业是中国经济发展的三大支柱产业之一，能够为广大居民提供更多的就业机会和收入来源，与我国政府现在重视的以内需拉动经济发展的政策相适应，以消费拉动经济增长，第三产业是消费产品和服务的关键提供者。在调查问卷的各级一级指标中，第三产业法人个数这个主成分涉及消费过程中的消费品要素，这是因为第三产业为居民消费提供各级产品和服务；还涉及消费支出来源要素，第三产业是居民就业机会的提供者之一，并且发展良好的第三产业还可以提升社会保障水平，当发生重大公共安全与卫生事件时，为居民提供额外的企业津贴。

本书选取的第二个指标是居民人均可支配收入。由马克思主义的消费理论可知，收入与消费相辅相成，互为来源和补充，能够促进社会上资金的流动，消费、生产、分配、交换是社会经济活动进行的四个必要环节，层层递进，环环相扣，生产通过分配和交换最终实现消费活动的完成，而随着消费活动的完成，新一轮的生产、交换、分配又继续进行。如果消费的源头，即居民收入减少或者中断，无疑会对消费和社会生产再循环产生致命影响。

本书选取的第三、第四个指标是邮政业就业人数和货物周转量。第三个主因子体现两方面的含义，一是我国各省份的物流行业的发展情况，物流行业的发展无疑需要很多人力成本，邮政业作为我国物流行业发展的先驱，相对于其他企业和部门，其运输范围和覆盖面是最广的，邮政业就业人数越多，货物周转量越大，反映我国物流需求的旺盛，这是我国经济发展的一大消费点。二是过多的就业人数也从侧面反映出我国物流行业发展的智能化水平较低，自动化和集约程度低，物流行业未来的发展方向应该是无人化、智能化。短期低成本的人力对经济发展是有一定的成本优势，但是从长期来看，是不利的。

本书选取的第五个指标是网上零售额。受疫情的限制，疫情防控期间的线下消费停歇，而线上消费迎来短暂的爆发性黄金发展，各大互联网平台的线上消费均有所发展，并且新的消费形式如“直播+”、线上教育、线上办公、远程医疗不断涌现。此次疫情给整个社会的生产经营活动都带来巨大冲击，但是同时也带来一些机遇，线上消费就是疫情中迸发的一大热点。从全国各省份消费影响地区分布图我们可以看出，由于广东受疫情影响较大，所以广东省的网上零售额位居全国第一。

本书选取的第六个指标是社会消费品零售总额。这个主因子主要涉及调查问卷的第一个一级指标消费品要素，社会消费品涵盖日常生活用品、高档消费用品、互补品、替代品、弹性用品和刚性用品。从各省份社会消费品零售总额数据可以看出各地区居民的消费潜力和消费需求旺盛程度。结合 GIS 图和基于 8 个主成分的全国各省份总分表来看，山东省是受影响最严重的省份之一，而在十大主影响因子当中，山东省的社会消费品零售总额位居第一。

本书选取的第七个指标是货物进出口总额。这个主影响因子涉及国内和国外两个方面，疫情在全世界范围内传播，而位于国内外进行货物交接的沿海城市和港口是受疫情影响最大的地区，上海港、青岛港、天津港等承载着中国进出口贸易的绝大部分贸易量，是连接沿海和内陆发展的纽带，其辐射带动内陆地区的经济流转，是国内生产的原材料、半成品和产品经过多式联运的各大终点站。

本书选取的第八个指标是家庭户数。家庭是社会的基本组成部分，是经济社会系统最小的子系统，而家庭支出是促进消费的强大动力。家庭户数折射出的信息因素很多，一是我国的人口出生率，二是人口总数，三是我国的老龄化程度，四是我国人口的结婚率。这四个方面对经济发展施加的效果不总是正向的，人口出生率、人口总数和结婚率在一定范围上来说对于经济发展的影响是正向的。老龄化使得中年阶段的居民经济压力变大，家庭结构老龄化程度加重，具体到单个家庭来说，考虑到消费和收入的支出比例，该家庭便会进行紧缩性消费。

本书选取的第九个指标是保险保费收入。当居民遭遇重大的公共安全与卫生事件时，考虑到自身生命和财产安全，便会考虑购买保险从而进行自身利益的保护，这是疫情发生以后，保险行业发展的一个原因。保险盈利本身是依靠概率原理，然而过多的人进行保险购买，说明大众对未来预期持消极态度。疫情使得政府和社会危机意识加强，强化危机管理和风险意识，这使得保险行业迎来新的起点，在一定程度上为社会经济发展提供兜底保障。

本书选取的第十个指标是企业科研人员数量。从疫情出现到暴发，再到完善处理，在整个处理的过程中，先进技术在信息的传递、疫情的防控、医疗物资的运输等各个方面都发挥了重要的作用，尤其是 5G 技术、智能机器人的应用，使得医患人员可以进行无接触式诊断和治疗，新技术在疫情防控期间创造的智能成果可以广泛地商业化、公益化。我国先进制造技术基础差的局面，虽然相比之前有了很好的改善，但我国在一些尖端的领域仍然受制于人。

4.3　基于要素配置的公共安全与卫生事件（疫情）对城市居民消费与经济发展影响机理

《中共中央　国务院关于构建更加完善的要素市场配置机制体制的意见》对外公布，我国经济结构性矛盾的根源就是要素配置扭曲，而消费市场作为经济发展的主要贡献区域，要素的优化配置也必须随之完善和加强，推动各类生产要素协同出力，使之从低效领域不断流向高效领域。

（1）技术。新型冠状病毒肺炎疫情的出现虽然对各类经济体的发展造成冲击，但同时也带来了机遇，疫情防控期间，各类经济体的经营范围受限，被迫从线下转化为线上，而传统的纯粹实体经营体在疫情过后将产生重大变革，这一切都依托于技术的强力支撑。要实现技术要素的优化配置，首先必须激发技术供给活力，促进科技成果转化，尤其是促进各大高校和科研机构的理论成果落地，使之商业化，落地成为真正促进消费增长的新动力。5G 技术、大数据、人工智能、先进制造使消费品从生产、加工、流通、分配等环节产生了质的改变，节省了人力资本和时间成本。公共安全与卫生事件对消费的影响主要涉及消费品、消费方式、消费品来源。针对消费品本身，先进的技术可以为消费品进行要素创新、产品创新、生产链创新；而对于消费方式来说，技术可以为消费提供多元化的消费平台、消费途径、消费场景；而对于消费品来源来说，技术可以为消费提供更高效的运输途径、广泛的合作者，原材料的获取跨越更大的时间和空间。

（2）资本。新型冠状病毒肺炎疫情是我国遇到的重大公共安全与卫生事件之一，范围涉及全国各个省份，时间长而又不断出现新的情况。我国政府为把疫情的危害降至最低，采取众多的财政贴补和税收减免政策，而美国、日本、加拿大等国家，为减少疫情冲击，也陆续采取积极的财政政策和货币政策，刺激社会上资金的流动，这也是资本主义国家每逢遭遇经济危机时所采取的措施，也是资本主义国家发生重大危机事件时处理经济停滞的核心思想。针对资本要素，从宏观来说，必须着力完善多层次的资本市场机制和股票基础制度，建立债券市场的统一标准；而从微观上说，主要从居民的消费与支出入手，提升资金的流动性，让居民具有进行消费的基础。

（3）市场。新型冠状病毒肺炎疫情对经济系统的最大危害就是影响市场供需的平衡，导致物流供应链断裂，买卖双方的关系发生变化，打破市场的均衡，而在疫情常态化后的社会系统中，为保证消费行为和生产系统的正常运转，就必须把握好市场动向，使得市场要素不断流向高质量发展领域，优化资源配置。建立良好的市场规则和秩序，在发挥市场的基础性作用的基础上，也要利用好政府这个助手和利器，处理好市场无法调节的弊端。

（4）劳动力。这里的劳动力不仅指企业雇佣的劳动力，还包括企业所有者本身。新型冠状病毒肺炎疫情催动线上经济的发展，使得企业员工以及各级管理者必须具备互联网技能和知识，掌握各种运营的现代化技术。未来，5G 技术、互联网、人工智能的发展将会进一步降低企业对劳动力数量的要求，而提高对劳动力质量的要求，企业乃至国家的人力资本管理将会受到新的挑战，对此，中国的教育改革、城市化改革、人口体制改革都应为劳动力的高质量发展提供支持。

（5）数据。我国针对数据所建立的各种管理体系如今还不是相当完善和全面，数据的市场价值潜力巨大，而很多基础数据尚不完善，也缺乏官方的统计指标和口径，其蕴藏的市场潜力巨大，所以要对数据要素分类处理，既要确权，又要赋能。根据不同数据的性质进行分类和处理，完善权、责、利体系，进一步拓宽数据的开放领域，并且要保护公民的个人隐私权。

4.3.1 基于要素配置的公共安全与卫生事件（疫情）对城市居民消费与经济发展影响网络模型的构建

依据系统动力学理论，结合调查问卷的各级指标以及主成分分析的结果，运用 Vensim 软件绘制居民消费与经济发展因果流程图，流程如图 4 - 1 所示，在疫情防控期间，居民消费的积极性受到疫情和自身因素的影响，因此本书将居民消费积极性定义为状态变量，也可以说是水准变量。将疫情防控期间居民消费期望实现水平作为速率变量，当速率变量不断累积时，会导致居民消费积极性的不断提升，两者构成一个正反馈回路，当居民消费正反馈水平越高时，消费积极性也会随之提升。而疫情防控期间居民的消费负反馈水平也是速率变量，与居民消费积极性构成负反馈回路，疫情防控期间居民的负反馈水平越高，消费者的消费积极性便会越低。

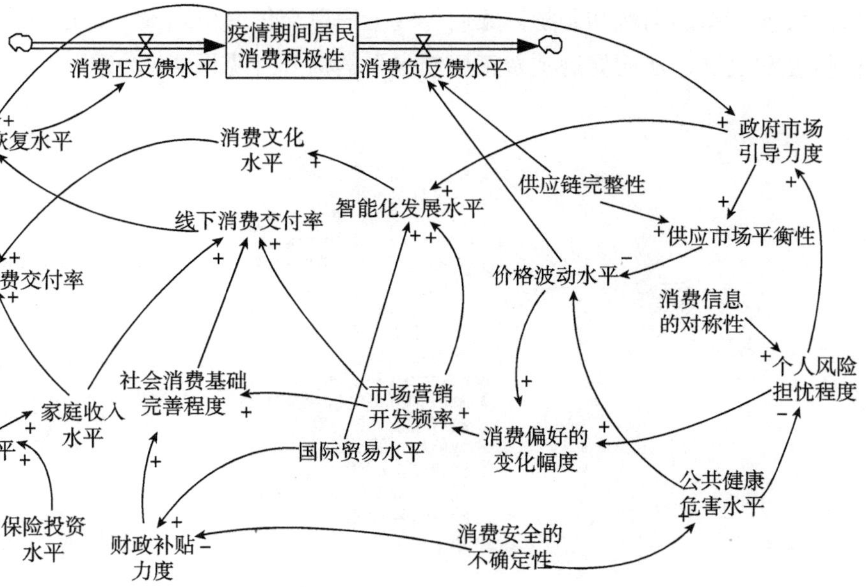

图 4－1　新型冠状病毒肺炎疫情防控期间居民消费积极性流程

在仿真的疫情防控期间居民消费积极性的流程图中，关于居民消费积极性的循环路径共有 9 条，选取其中包括要素较多的几条如下：

（1）在第 1 条因果回路中，疫情防控期间居民消费积极性↑→经济恢复水平↑→消费正反馈水平↑→。疫情防控期间，居民消费积极性的提升，会加快经济恢复的速率，缩短疫情的危害周期，进而促进社会生产的再循环，促使居民消费积极性提升。

（2）在第 2 条因果回路中，疫情防控期间居民消费积极性↓→政府市场引导力度↑→供给市场平衡性↑→价格波动水平↓→消费负反馈水平↓。在这条回路中，疫情防控期间居民消费积极性的下降，使政府对市场的关注度上升，从而加大对市场的监管和控制，来控制供给双方的平衡性，卖方和买方数量和货源的平衡会进一步降低价格波动水平，从而使得消费负反馈水平降低。

（3）在第3条因果回路中，疫情防控期间居民消费积极性↓→政府市场引导力度↑→智能化发展水平↑→消费文化水平↑→线上消费交付率↑→经济恢复水平↑→消费正反馈水平↑。在这条回路中，疫情防控期间居民消费积极性的下降，使政府对市场的关注度上升，从而加大对科技研发的投入和支持，促进智能化发展水平的提升，而大量新兴消费方式的出现和成长会促进消费文化和消费方式的转变，新的消费和购物体验使得线上消费交付率得到提升，进一步促进经济的恢复和发展，从而促进消费正反馈水平的提升（见图4－2）。

Loop Number 1 of length 2
疫情防控期间居民消费积极性
经济恢复水平
消费正反馈水平
Loop Number 2 of length 4
疫情防控期间居民消费积极性
政府市场引导力度
供应市场平衡性
价格波动水平
消费负反馈水平
Loop Number 3 of length 6
疫情防控期间居民消费积极性
政府市场引导力度
智能化发展水平
消费文化水平
线上消费交付率
经济恢复水平
消费正反馈水平

图4－2　疫情防控期间居民消费积极性循环路径（1）

（4）在第4条因果回路中，政府市场引导力度↑→供给市场平衡性↑→价格波动水平↓→消费偏好的变化幅度↑→市场营销的开发频率↑→社会消费基础完善程度↑→线下消费交付率↑→经济恢复水平↑→消费正反馈水平↑。在这条回路中，政府加大对市场的引导力度，采取一系列措施进行市场管制，稳定供给市场的平衡关系，使得市场价格波动稳定在一定的水平，市场消费者的消费偏好没有因为价格的原因局限在一定的市场，从而增加购买面，促进市场营销和开发频率的提升，社会消费基础跟随企业的进步而完善，智能化的消费渠道和技术在一定程度上会提升线下消费的交付率，而消费作为发展经济的“三驾马车”之一会进一步促进经济的恢复发展，消费与经济的协同效应，会促进消费正反馈水平的提升（见图4－3）。

Loop Number 5 of length 9
疫情防控期间居民消费积极性
政府市场引导力度
供应市场平衡性
价格波动水平
消费偏好的变化幅度
市场营销开发频率
社会消费基础完善程度
线下消费交付率
经济恢复水平
消费正反馈水平

图4－3　疫情防控期间居民消费积极性循环路径（2）

（5）在第5条因果回路中，疫情防控期间居民消费积极性↓→政府市场引导力度↑→供给市场平衡↑→价格波动水平↓→消费偏好的变化幅度↑→市场营销的开发频率↑→智能化发展水平↑→消费文化水平↑→线上消费交付率↑→消费正反馈水平↑。在这条回路中，政府加大对市场的引导力度，采取一系列措施进行市场管制，稳定供给市场的平衡关系，使得市场价格波动稳定在一定的水平，市场消费者的消费偏好不因为价格的原因局限在一定的市场，从而增加购买面，促进市场营销和开发频率的提升，社会消费文化水平跟随技术的进步而提升，依靠智能化的消费渠道和技术在一定程度上会提升线上消费的交付率，从而促进消费正反馈水平的提升（见图4－4）。

Loop Number 9 of length 9
疫情防控期间居民消费积极性
政府市场引导力度
供应市场平衡性
价格波动水平
消费偏好的变化幅度
市场营销开发频率
智能化发展水平
消费文化水平
线上消费交付率
消费正反馈水平

图4－4　疫情防控期间居民消费积极性循环路径（3）

4.3.2　基于要素配置的公共安全与卫生事件（疫情）对城市居民消费与经济发展影响路径分析

（1）构建方程。运用SPSS将调查问卷收集的数据进行分析多元线性回归分析，再通过拟合度检验（具体见附录4），得到强相关的方程式如下：

方程1：疫情期间居民消费积极性 = 消费正反馈水平 - 消费负反馈水平。

方程2：个人收入水平 = -6.586 + 6.43 × 银行储蓄水平 - 3.805 × 保险投资水平。

方程3：家庭收入水平 = 1.037 + 0.671 × 个人收入水平。

方程4：线上消费交付率 = -2.033 + 1.198 × 个人收入水平 - 0.939 × 家庭收入水平 + 1.457 × 消费文化水平。

方程5：线下消费交付率 = -0.394 + 0.795 × 市场营销开发频率 + 0.395 × 家庭收入水平。

方程6：财政补贴力度 = 1.674 + 1.182 × 国际贸易水平 - 0.855 × 消费品安全性。

方程7：社会消费基础完善程度 = 2.006 - 0.138 × 财政补贴力度 + 0.502 × 市场营销开发频率。

方程8：公共健康水平 = 2.092 + 0.441 × 消费品安全性。

方程9：个人风险担忧程度 = -1.195 + 0.661 × 公共健康水平 + 0.675 × 消费信息的对称性。

方程10：政府市场引导力度 = -0.917 - 0.081 × 个人风险担忧程度 + 1.372 × 居民消费积极性。

方程11：智能化发展水平 = -1.780 - 0.848 × 政府市场引导力度 + 0.75 × 市场营销开发频率 + 1.736 × 国际贸易水平。

方程12：价格波动水平 = -86.653 - 19.214 × 供给市场平衡性 + 40.685 × 公共健康水平。

方程13：消费偏好变化幅度 = 0.236 - 0.025 × 价格波动水平 + 0.859 × 个人风险担忧程度。

方程14：供应链平衡性 = -0.421 + 0.252 × 政府市场引导力度 + 0.973 × 供应链完整性。

方程15：市场营销开发频率 = 1.153 + 0.665 × 消费偏好变化幅度。

方程16：经济恢复水平 = -5.04 + 26.116 × 线上消费交付率 - 36.368 × 线下消费交付率 + 12.5 × 疫情防控期间居民消费积极性。

方程17：消费文化水平 = -0.730 + 1.289 × 智能化发展水平。

方程18：消费正反馈水平 = -0.009 + 0.983 × 经济恢复水平。

方程19：消费负反馈水平 –2.063 +1.002 × 供应链完整性 +0.786 × 价格波动水平。

（2）构建原因树模型，具体如图4–5、图4–6、图4–7所示。

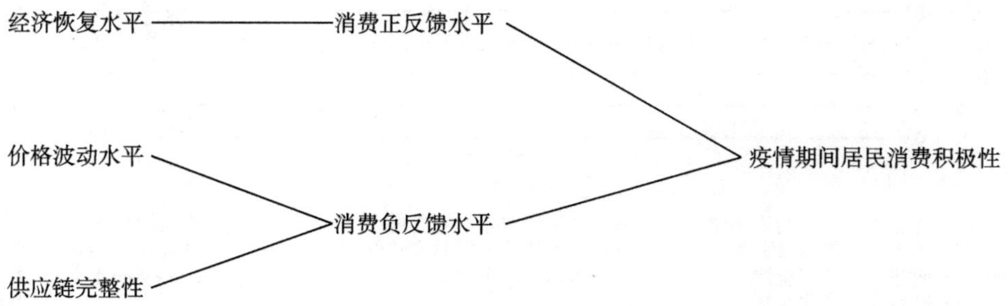

图4–5　疫情防控期间居民消费积极性原因树模型

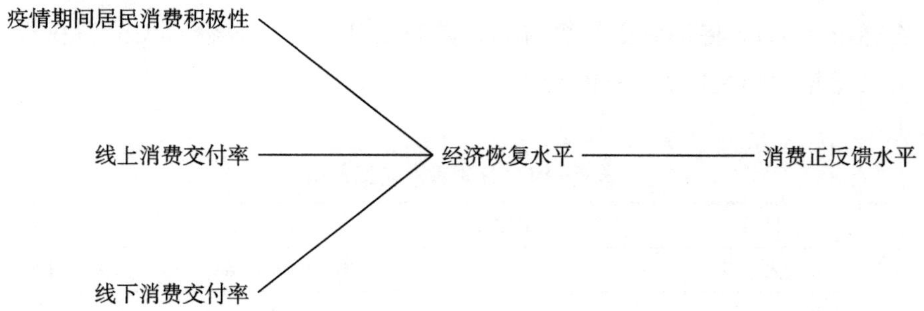

图4–6　消费正反馈水平原因树模型

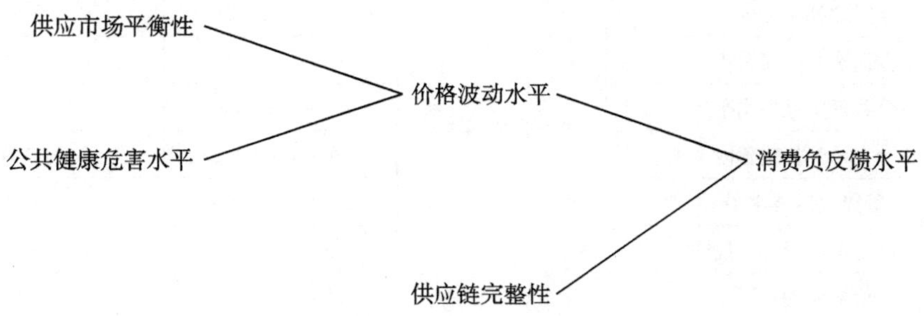

图4–7　消费负反馈水平原因树模型

（3）各变量影响度分析，如图4–8所示，各变量对于消费的影响各有不同。

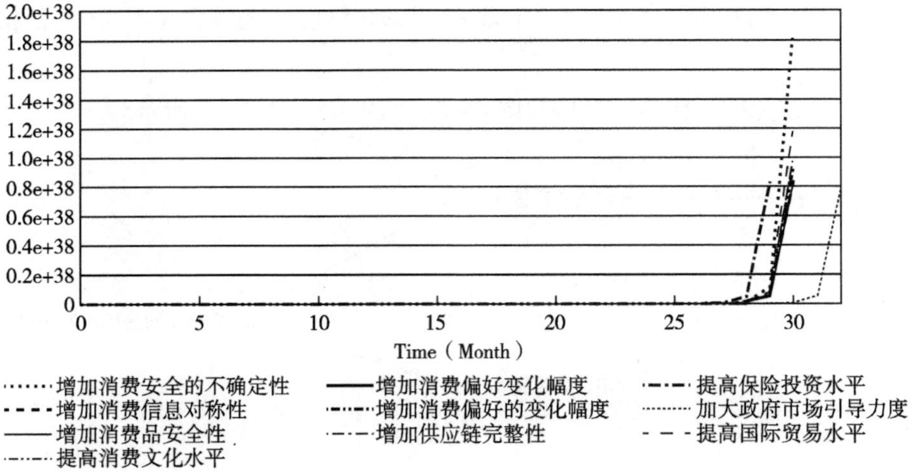

图 4－8　Vensim 各变量影响度分析

在通过 Vensim 将各个变量都增加相同幅度 0.1 后，观察居民消费积极性的变化，各变量影响度如表 4－10 所示。

表 4－10　各变量影响度分析

变量	原始值	系数上调 0.1	增长率
个人收入水平	9.26279e＋37	37＋9.69676e	0.001134
家庭收入水平		37＋7.51049e	－0.004614
线上消费交付率		38＋1.96356e	0.007119
线下消费交付率		37＋8.51816e	－0.001978
财政补贴力度		37＋9.27177e	0.000026
社会消费基础完善程度		37＋9.38921e	0.000316
公共健康危害水平		37＋7.1126e	－0.005669
个人风险担忧程度		37＋6.89926e	0.001107
智能化发展水平		38＋1.81465e	0.006724
政府市场引导力度		向右平移 2	—
价格波动水平		37＋8.5148e5	－0.002004
消费文化水平		38＋1.80809e	0.006697
供给市场平衡性		37＋9.29058e	0.000080
市场营销开发频率		37＋9.29079e	0.000081

续表

变量	原始值	系数上调0.1	增长率
国际贸易水平	9.26279e+37	38+1.7674e	0.006592
供应链完整性		37+9.69536e	0.001134
消费偏好的变化幅度		37+8.16594e	-0.002900
消费信息的对称性		37+8.37933e	-0.002347
经济恢复水平		向左平移2	—
银行储蓄水平		38+1.03853e	0.004667
保险投资水平		37+8.63175e	-0.001661
消费安全不确定性		37+8.14541e	-0.002953

资料来源：笔者整理得来。

结合表4-10和表4-11，各变量可分为四类：一是正向指标，包括个人收入水平、线上消费交付率、政府市场引导力度、国际贸易水平、银行储蓄水平、消费文化水平。

表4-11　变量影响强度排序（降序）

线上消费交付率	0.007119
智能化发展水平	0.006724
消费文化水平	0.006697
国际贸易水平	0.006592
银行储蓄水平	0.004667
个人收入水平	0.001134
供应链完整性	0.001134
社会消费基础完善程度	0.000316
市场营销开发频率	0.000081
供给市场平衡性	0.000080
财政补贴力度	0.000026
保险投资水平	-0.001661
线下消费交付率	-0.001978
价格波动水平	-0.002004
消费信息的对称性	-0.002347
消费偏好的变化幅度	-0.002900

续表

消费安全不确定性	-0.002953
家庭收入水平	-0.004614
公共健康危害水平	-0.005669
个人风险担忧程度	-0.006249

资料来源：笔者整理而得。

二是负向指标，包括公共健康危害水平、个人风险担忧程度、消费安全不确定性。

三是正向特殊指标，该指标为经济恢复水平，当经济恢复水平系数上升10%，居民消费积极性的曲线整体便向左平移，说明经济恢复速率对居民消费积极性的正向刺激非常大，有助于疫情后经济的迅速恢复，危害周期缩短。

四是负向特殊指标，该指标为政府市场引导力度，当政府市场引导力度系数上升10%，居民消费积极性的曲线整体便向右平移，说明政府的市场政策对居民消费积极性的负向刺激非常大，当政府过度干预消费市场发展时，会挫伤居民的消费积极性。

第 5 章　中国经济系统发展现状分析

本书的主要研究方向为公共安全与卫生事件对我国居民消费与经济系统发展的影响，在比之前课题组已经就疫情对我国居民消费的影响因素进行了研究与分析，将我国按地区划分为 8 大区域，分别为华东地区、华南地区、华中地区、华北地区、东北地区、西北地区、西南地区、港澳台地区。

本书根据影响我国经济运行发展的影响因素，选取相应可搜集指标，通过横向对比我国各地区的发展现状与纵向历史数据，总结我国各地区经济系统的运行现状，分析各指标的影响力大小，总结先进地区的优势所在与落后地区的劣势所在，为后续研究居民消费对中国经济系统发展的影响提供基础。

5.1　经济系统构成要素分析

衡量一个地区经济系统运行程度的首要指标是该地区的生产总值 GDP，尽管 GDP 作为衡量指标其本身存在一定的不足，但毫无疑问 GDP 仍是一个地区经济运行程度的最直观反映，因此本书将地区生产总值作为衡量经济系统发展现状的被解释变量，其余经济系统构成要素将通过促进、抑制或间接影响地区生产总值来实现一个地区经济系统的正常运行。在进行横向空间比较时为了避免人口总量的差异（如北京市与其余省份的人口总量的差异），本书将尽量选择人均地区生产总值进行比较研究，在进行各地区的纵向历史数据分析时仍选用地区生产总值进行衡量。

5.1.1 资源要素

资源要素可以划分为实体资源要素与资金要素两个子要素，前者是指一个地区经济系统运行过程中所投入的厂房设施、矿物资源、原材料、土地等物质资料，实体资源要素对一个地区经济的发展起到了基础的促进作用，但一个地区经济系统的发展状况随着开放程度与技术的发展并不完全受制于实体资源要素的影响，但实体资源要素的充裕可以为发展处于相对落后的地区提供一定的发展便利性。本书选择人均耕地面积（公顷）和人均用电消费量（千瓦时）来衡量地区的资源要素现状。

资金要素则是指一个地区维持经济系统发展的资金充裕程度，其中包括了政府资金投入、民间投资（外资同样对资金要素起到重要影响，本书将外资划入开放要素中），由于一个地区政府的资金投入，对该地区政府的基础设施建设、鼓励政策、新动能的转换都起到了重要影响。因此本部分选择政府财政支出总额（亿元）和固定资产投资总额（亿元）来衡量一个地区的资金要素现状。

5.1.2 科技创新要素

科技创新要素同样可以被划分为技术要素与创新要素，随着世界发达国家的再工业化、发展中国家的快速崛起、世界贸易保护主义的再度抬头，我国已经无法依靠过去的世界工厂模式来保持国际竞争力优势，传统工业基地（如东北老工业基地）的衰落与美国的芯片制裁无疑证实了技术与创新对经济系统可持续发展的重要性。本部分选择 R&D 人员全时当量（人/年）和 R&D 支出（亿元）及占比（%）来衡量一个地区经济系统的科技创新要素。

5.1.3 消费要素

消费要素作为影响一个地区经济的“三驾马车”（消费、投资、出口）之一，直接影响了一个地区的总需求，进而影响了该地区经济的总产值。目前我国发展的重要方向即实现国内大循环为主体，国内国际双循环协调发展的双循环经济，而实现国内大循环的重要前提是充分发挥国内市场的潜在消费力，完成消费升级与产业升级。一个地区居民的消费能力与消费选择在一定程度上影响着该地区经济系统的发展方向与发展潜力。本书选择城镇与乡村的恩格尔系数和基尼系数、最终消费对地区经济增长的贡献率（%）、居民消费占比（%）和地区全体居民可支配收入水平（元/人）来衡量一个地区的经济系统的消费要素。

5.1.4　环境要素

环境要素可以划分为环境污染要素和发展环境要素，前者是指该地区经济运行对自然环境的破坏与保护程度，而后者则是指该地区基础设施、交通、城镇化、城市化等经济发展环境。自然环境污染要素的存在抑制了一个地区经济系统的可持续发展，导致该地区的经济系统处于不健康的粗放式发展模式，本书选择城市污水处理效率（%）、污染治理投资占比（%）来对自然环境污染要素进行衡量。发展环境要素则决定了该地区对外来投资的吸引力，包括中间材料、原材料、成品的运输时间成本，科技研发的便利性，就业岗位等经济发展的基础要素，本书选择每千人医疗卫生技术人员数量和城镇化率（%）来对发展环境要素进行衡量。

5.1.5　人力资本要素

人力资本要素即包括一个地区劳动力资本要素、人才要素和企业家的才能，前者指一个地区就业人员总量，人才则是该地区高端人才的数量、人才的培养力度和新引力。人力资本中的劳动力资本是地区产业运行乃至生产的基本条件，人才是地区产业升华与进步的齿轮，而企业家的个人才能是企业能否合理利用现有资源与劳动力、人才，实现企业高效运行的核心引擎，三者缺一不可。本书选择就业人员总量（万人）和普通高等学校毕业人数（人）对人力资本要素进行衡量。

5.1.6　对外开放要素

随着我国“走出去”与“引进来”战略的实施和世界经济的一体化，国际间的资本流动与货物贸易愈加频繁，一个地区的对外开放又可以划分为进出口与外商直接投资，通过进出口，国家或者地区可以充分发挥比较优势，来生产具备相对竞争优势的产品，进口相对劣势的产品，既满足地区居民的多样化需求，也可以实现地区经济的专业化生产。而外商直接投资则可以弥补一个地区的资本、税收、技术的缺口，可以通过人员流动、技术溢出、示范效果等因素促进一个地区经济结构的合理化与高级化发展。因此对外开放要素作为一个地区经济的“三驾马车”之一对经济系统的运行具备重要影响。本书选择地区进出口总值（万美元）和外商直接投资总额（万美元）对对外开放要素进行衡量。

5.1.7 产业结构要素

一个国家或地区经济系统的运行并非一味追求产值，而是要随着国家经济的发展要求不断调整国民经济部门的发展结构，使得产业结构不断适应国家社会经济发展的需求。我国产业结构已经实现了从“一二三”到“二一三”，最后实现“三二一”的产业结构的合理化变迁，但第三产业所占比重仍与发达国家存在差距，且地区间发展极不合理，既存在诸如广州地区的高质量服务业经济，也存在诸如东北老工业基地的仍以第二产业为主导的经济结构；产业结构内部不合理，高端产业占比较小，附加价值低、国际竞争力低，产业结构高级化仍需进一步优化。因此本书选择以第二、第三产业产值占地区产值的比重（%）和用于衡量产业结构合理化偏离程度的产业结构偏离度系数 E 来衡量地区经济系统的结构要素部分。

综上所述，本书通过影响经济系统的七大要素和 18 个可衡量指标，来进行后续的横向对比研究与纵向历史研究，具体要素与衡量指标如表 5－1 所示。

表 5－1　影响经济系统要素构成指标

<table>
<tr><td rowspan="18">经济系统
运行现状</td><td rowspan="18">地区生产
总值</td><td rowspan="4">资源要素</td><td rowspan="2">实体资源要素</td><td>人均耕地面积（公顷/人）</td></tr>
<tr><td>人均电力消费量（千瓦时）</td></tr>
<tr><td rowspan="2">资金要素</td><td>一般公共预算支出（亿元）</td></tr>
<tr><td>固定资产投资总额（亿元）</td></tr>
<tr><td rowspan="2">科技创新要素</td><td>技术要素</td><td>R&D 支出（亿元）</td></tr>
<tr><td>创新要素</td><td>有效发明专利数量（件）</td></tr>
<tr><td rowspan="3">消费要素</td><td>最终消费要素</td><td>最终消费（亿元）</td></tr>
<tr><td>居民收入要素</td><td>居民可支配收入（元）</td></tr>
<tr><td>居民消费要素</td><td>恩格尔系数；基尼系数</td></tr>
<tr><td rowspan="3">环境要素</td><td>自然环境要素</td><td>城市污水处理率（%）</td></tr>
<tr><td rowspan="2">发展环境要素</td><td>城镇化率（%）</td></tr>
<tr><td>每千人医疗卫生技术人员数量</td></tr>
<tr><td rowspan="2">人力资本要素</td><td>劳动力要素</td><td>就业人员总量（万人）</td></tr>
<tr><td>人才要素</td><td>普通高等院校毕业人数（人）</td></tr>
<tr><td rowspan="2">对外开放要素</td><td>进出口</td><td>地区进出口总值（万美元）</td></tr>
<tr><td>外商直接投资</td><td>外商直接投资总额（万美元）</td></tr>
<tr><td rowspan="2">产业结构要素</td><td>合理化要素</td><td>产业结构偏离度系数 E</td></tr>
<tr><td>高级化要素</td><td>二三产业产值占地区产值的比重（%）</td></tr>
</table>

5.2 我国各地区经济系统运行现状

在针对我国经济系统构成要素分析经济系统的运行现状的前提下，首先对我国国内生产总值的时间趋势变化进行分析，来研究我国经济系统的历史变化情况。我国在进入新旧动能转换时期期间，由于积极的对外开放政策与国内各要素的促进政策使得2000~2007年我国GDP始终保持了高速的增长，2001年我国当年价格计算的GDP仅为110863.1亿元，人均GDP仅为8717元，GDP增长率为8.34%，而2007年我国GDP总额已经达到270092.3亿元，人均GDP已经到达20494元，GDP的增长率达到历史峰值14.23%。具体如图5-1所示。

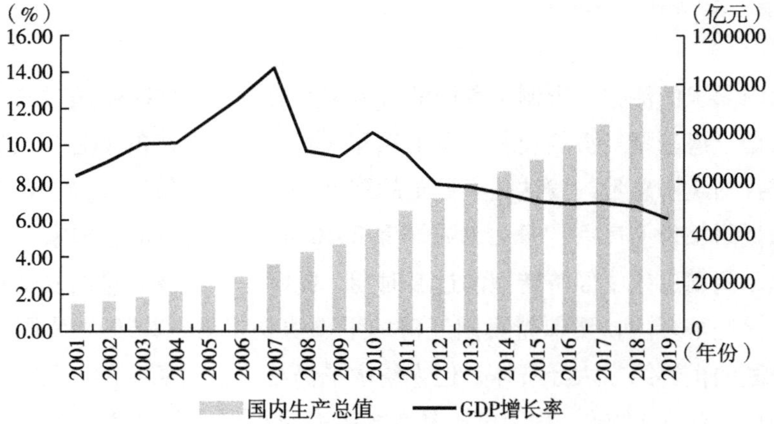

图5-1 国内生产总值发展趋势

资料来源：国家统计局统计年鉴。

中国经济的高速发展模式虽然取得了巨大发展成就，但其粗放式的经济生产模式导致了国内地区差距的逐渐扩大、生态环境的恶化、资源的低效率浪费和生产产品的低附加价值，且中国经济过去的快速发展对固定资产的依赖性逐渐加深，如图5-2所示，2000年我国支出法核算的国民生产总值中资本形成率的占比仅为33.7%，经济贡献率也仅为21.7%，而2009年我国资本形成率占比已经达到45.5%，而经济的贡献率高达85.3%，过于依赖资本的经济发展模式制约

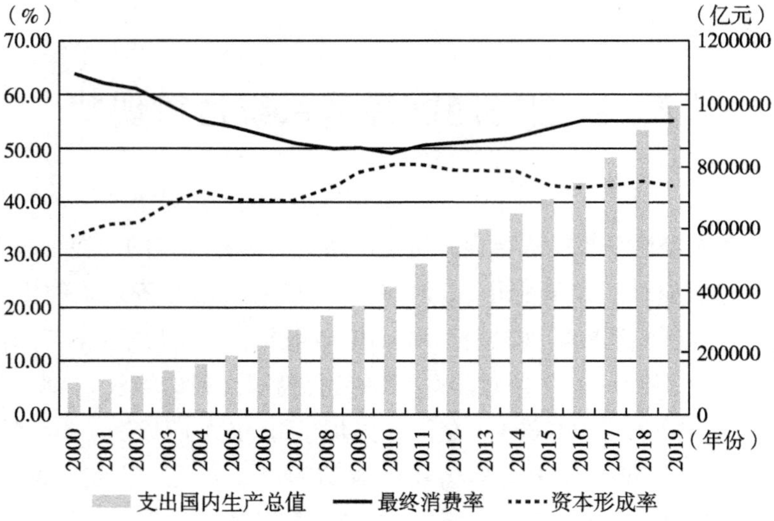

图5－2　支出法核算国内生产总值发展趋势

资料来源：国家统计局统计年鉴。

了我国国内需求的活力，限制了我国的可持续发展潜力，同时我国过去的快速发展同样占据了追赶型经济的便利（落后国家对发达国家经济的追赶）。而2007年以后随着我国经济总量与发达国家差距的缩小，我国追赶效应优势逐步流失，且随着我国低附加价值产品竞争力的减弱和2010年以后世界发达国家对高端制造业的重视，我国进入了经济转型的过渡时期，此时追求经济总量的发展模式已经不适应世界经济环境，要保持我国经济的平稳协调发展，2019年我国已经成为仅次于美国的世界第二大经济体，但人均水平仍与发达国家存在差距，同时GDP增速已经放缓到6.11%，2019年的资本贡献率也已经下降到31.2%，最终消费的经济贡献率则上升为57.8%，标志着我国已经从依赖投资的发展模式转换为依赖消费的经济模式，具备了可持续发展潜力，我国未来的发展目的也正是基于最终消费，以打造扩大国内需求，激发国内市场活力，打通国内循环，将核心技术掌握在自己手中的双循环经济模式。

本书将我国31个省份（除港澳台地区）的人均GDP由低到高划分为五级：30000～46000元为第一级，46000～60000元为第二级，60000～80000元为第三级，80000～100000元为第四级，100000以上为第五级。我国2018年的平均人均GDP为66006元，因此各地区低于全国平均水平则位于前两级，而高于或与国内平均水平相近则位于后三级。其中2018年人均GDP最高的地区为华北地区的北京，其人均 GDP 达到 140211 元，达到当年全国平均水平的两倍以上；而人均 GDP 最低的地区为西北地区的甘肃省，其人均 GDP 仅为 31336 元，仅为当年全国平均水平的一半。具体如表 5－2 所示。

表 5－2 我国各地区的人均 GDP 的空间分布数据

地区	人均 GDP（元）	地区	人均 GDP（元）
山东	76267	山西	45328
江苏	115168	内蒙古	68302
安徽	47712	黑龙江	43274
浙江	98643	吉林	55611
福建	91197	辽宁	58008
上海	134982	宁夏	54094
广东	86412	甘肃	31336
广西	41489	新疆	49475
海南	51955	陕西	63477
湖北	66615	青海	47689
湖南	52949	云南	37136
河南	50152	贵州	41244
江西	47434	四川	48883
天津	120700	西藏	43398
河北	43004	重庆	65933
北京	140211	全国	66006

资料来源：国家统计局统计年鉴。

人均 GDP 是经济系统运行的最直观反映，从地区的分布可以看出我国华东地区除安徽省以外（可能原因在于华东地区仅安徽为内陆地区），均高于全国的平均水平，表示华东地区的经济系统运行现状总体较为良好，尤其是江苏和上海，人均 GDP 超过 10 万元以上，总体上反映出该地区经济系统的优势所在，而同为沿海开放地区，山东省的人均 GDP 相比于除安徽省外的其他地区则相对较为落后，也反映出山东作为老牌经济大省，面临新旧动能转换背景下旧动能给经济系统带来的收益的减少的形势。华南地区除了广东省具备较高的人均 GDP 水平外，广西壮族自治区与海南省均落后于全国平均水平，代表其经济系统运行存在一定的弊端，而广西、海南作为中国的沿海地区，其经济却并未得到有效发展，原因还需要进一步地研究与分析。华中地区位于我国中部，该地区各省份GDP平均落后于东部沿海地区，但与全国平均水平差距不大，其中湖北省经济系统运行情况较好，人均GDP超过全国平均水平，达到66615元。华北地区除天津、北京外和中部地区发展水平相近，由于北京和天津作为直辖市具备较高的基础设施与发展潜力，其人均GDP均超过10万元，因此华北地区可以充分发挥北京、天津经济系统的带动作用，完善自身经济系统。东北地区作为我国过去的老牌工业地区，其粗放式、低附加价值的经济模式的劣势已经凸显，东北地区的人均GDP已经无法达到全国平均水平，表示东北地区的经济系统的改革势在必行。西北各地区的人均GDP相对更为落后，仅有重庆市超过全国平均水平，即尽管我国长期实施西部振兴计划，但西部地区的基础设施缺乏、人才流失、投资匮乏和产业结构失调等问题的改善仍是一个长期的动态过程，西部地区的经济系统总体现状仍较为不合理。

5.2.1 全国各地区资源要素现状比较分析

本部分针对前文经济系统构成要素中资源包含的实体资源要素与资金要素中所选取的衡量指标——人均耕地面积、电力消费量和一般公共预算支出、固定资产投资额，通过查询各地区统计年鉴，利用ARC GIS进行空间分布地图的绘制并进行比较分析，其分析结果如下所示。

（1）实体资源要素发展现状比较分析。人均耕地面积地区分布数据如表5－3所示。

表5－3 中国人均耕地面积地区分布数据

省份	人均耕地面积（公顷）	省份	人均耕地面积（公顷）
山东	0.0758	山西	0.109
江苏	0.0569	内蒙古	0.3666
安徽	0.0831	黑龙江	0.4182
浙江	0.0399	吉林	0.2671
福建	0.0342	辽宁	0.1185
上海	0.0132	宁夏	0.1892

续表

省份	人均耕地面积（公顷）	省份	人均耕地面积（公顷）
广东	0.0274	甘肃	0.2039
广西	0.0783	新疆	0.2143
海南	0.0773	陕西	0.1039
湖北	0.0853	青海	0.0986
湖南	0.0569	云南	0.1294
河南	0.0747	贵州	0.1262
江西	0.0668	四川	0.0810
天津	0.0404	西藏	0.1317
河北	0.0863	重庆	0.0699
北京	0.0100	全国	0.0970

资料来源：国家统计局统计年鉴。

由于统计数据指标所提供的耕地面积数据仅2017年可获得，故该部分人均耕地面积的衡量统一采用2017年数据进行比较衡量。耕地作为一种重要的自然资源，其是决定一个地区第一产业的生产总量的基础因素，耕地除了为地区经济系统的正常运行提供基础的食物供给外，对地区生态的维持与经济的绿色发展也具备一定的保护作用。然而随着中国人口数量的增长与第二、第三产业的交替快速发展，我国人均耕地面积正面临快速衰减的局面，2017年世界人均耕地面积为2.89亩/人，即相当于0.1927公顷/人，而我国整体的人均耕地面积仅为0.097公顷/人，不足世界平均水平的一半。分地区而言，我国经济发展较好的华东六省市地区的人均耕地面积普遍低于全国平均水平，最高为安徽省的0.0831公顷/人，最低为上海市的0.0132公顷/人，人均耕地面积与人均GDP在华东地区呈现出了相反的空间分布，同样的现象在华南地区的广东与华北地区的北京、天津等地区也存在，而经济相对落后的西北、西南等地区则呈现出人均耕地面积普遍高于全国平均水平的态势。其根本原因在于随着经济结构的调整，第一产业对于地区的经济贡献效率大幅衰减，地区经济主要由第三产业或第二产业进行主导，而第二、第三产业的发展会对人均耕地面积等第一产业资源产生挤出效应，因此导致了东部沿海地区和西部地区GDP与耕地面积相反的现状。同时，分工理论的存在也激励着我国各地区根据比较优势各自将有限资源投入更高效的产业，这也是我国土壤较为肥沃的东北地区与内蒙古耕地面积保持较高水平的主要原因。随着技术的不断进步，智慧农业、机械化设备的应用和更加开放的贸易环境也在一定程度上缓解了人均耕地对我国经济较为发达的沿海地区第一产业发展的限制。尽管我国自然资源等要素对经济系统的运行影响效果在逐渐减弱，但党的十九大报告曾明确指出“三农”问题与农业现代化的重要意义，从我国经济系统的长期可持续运行而言，我国各地区的发展要逐渐避免第三产业对第一产业资源的进一步侵蚀，减少我国与发达国家第一产业的现代化差距。

电力资源作为我国重要的能源之一，其消费总量与我国经济系统的运行情况息息相关，电力消费又可以划分为居民生活消费与生产消费。在我国的经济快速发展阶段，我国的电力消费增长情况很大程度上由我国的第二产业的扩张决定，然而由图 5 - 3 不难看出随着我国第二产业增速的逐步放缓，我国的电力消费总量仍然保持较为稳定的上升趋势，2000 年我国电力消费总量为 13473 亿千瓦时，而 2018 年总量已经达到 71509 亿千瓦时，其主要原因在于随着我国绿色可持续发展理念的提出，我国开始逐渐降低煤炭能源的消耗占比，而大力推进天然气、电力等清洁能源对煤炭的取代作用，2005 年我国的煤炭消耗占比为 72.4%，而

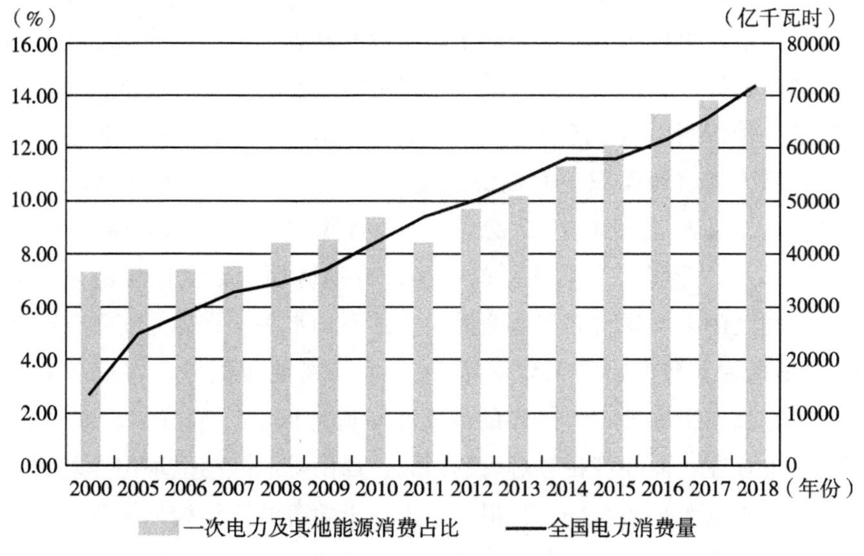

图 5 - 3　中国电力消费总量及占比变化趋势

资料来源：国家统计局统计年鉴。

天然气与电能的占比仅为2.4%与7.4%，随着我国经济进入新旧动能转换阶段，针对能源提出一系列改革政策，2018年我国煤炭占比已经降为59%，而天然气与电能占比显著提高到7.8%与14.3%，我国电力消费总量的快速提升在一定程度上反映了我国能源替代政策实施的有效性。同时随着“中国制造2025”与“互联网+”等一系列智能制造与大数据互联网政策的推行，我国高端、智能装备制造业与互联网等高耗电先进产业的全面发展，也在一定程度上增加了我国电力消费的需求。再者，我国2000年的居民生活电力消费总额仅为1452亿千瓦时，而2017年已经达到了9072亿千瓦时，即随着我国乡村振兴计划的有效施行与我国城市化规模的不断扩大，居民的生活智能化水平不断提升，对电力能源的消费需求也随之增长。电力能源消费作为我国的重要可获得能源，其具备可再生与清洁特征既满足了我国能源替代政策的有效施行，也在一定程度上反映着我国工业的发展、先进制造业与互联网产业的发展和我国城市化、城镇化水平，是我国经济系统运行情况的重要反映。

如表5-4所示，在对我国总体电力消费时间趋势进行分析的基础上，笔者对我国目前电力消费总量的分布情况进行空间分析。目前我国电力的主要消费者仍为第二产业中的制造业企业，因此我国电力消费的分布情况在很大程度上也反映出我国第二产业制造业企业的发展现状。我国东部的山东、江苏、广东为我国电力消费的主要地区，其2018年度电力消费分别为5917亿千瓦时、6128亿千瓦时、6323亿千瓦时，居我国前三位，其同年度规模以上工业企业数量分别为38333家、45675家和47456家，分别居第四、第二与第一位。我国的西藏、海南与青海地区的同年度电力消费则分别为69亿千瓦时、327亿千瓦时和738亿千瓦时，位居倒数，而工业企业数量也远远落后，仅为123家、337家与586家，证明其在我国经济系统运行中处于较差位置，而上海、北京、天津与重庆等地由于人口与面积的限制，在总量与企业数量上与省级地区相比存在差距，但从人均水平而言仍位于全国领先水平。尽管我国第二产业随着经济结构的调整其所占比重在逐渐下降，但其仍然是地区用电消费总量的主要动力源，2018年中国能源消费总量中第二产业占比仍为69%，占据主要位置，第二产业占比逐渐减少，但其总量仍保持上升趋势，且随着我国互联网高新技术服务业的发展，2018年第三产业用电占比已经上升为14.1%，而生活用电占比也上升为15.8%，即地区用电量的衡量除了能反映出一个地区第二产业的发展水平，也能在一定程度上反映出该地区互联网产业与居民生活水平的发展情况。我国西藏、青海、黑龙江、吉林与海南等地在用电总量中目前处于落后状态，在一定程度上反映出这些地区经济系统中第二、第三产业与城市化水平与全国相比较为落后，然而一个指标的说明并不具备权威性，具体结论还需要从后续指标中继续加以分析。

表 5－4　2018 年中国电力消费总量地区分布数据

地区	地区用电消费总量（亿千瓦时）	规模以上工业企业数量	地区	地区用电消费总量（亿千瓦时）	规模以上工业企业数量
山东	5917	38333	山西	2161	3875
江苏	6128	45675	内蒙古	3353	2832
安徽	2135	19421	黑龙江	974	3740
浙江	4533	40586	吉林	751	5963
福建	2314	17470	辽宁	2302	6621
上海	1567	8130	宁夏	1065	1250
广东	6323	47456	甘肃	1290	1917
广西	1703	6058	新疆	2138	3025
海南	327	337	陕西	1594	6426
湖北	2071	15598	青海	738	586
湖南	1745	16055	云南	1679	4260
河南	3418	22081	贵州	1482	5583
江西	1429	11630	四川	2459	14205
天津	861	4292	西藏	69	123
河北	3666	14943	重庆	1114	6772
北京	1142	3197	全国	71509	378440

资料来源：国家统计局统计年鉴。

（2）我国资金要素发展现状分析。公共预算收入与支出是我国维持经济系统的正常运行、人民群众的生活保障、国家安全的以各类型税收作为收入，以公共服务、安全、国防、教育、卫生、科技、环境治理等作为支出的重要经济手段。我国从 2011 年起公共预算收入增速持续放缓，总体低于公共预算支出的增速，2005 年我国的公共预算收入为 31649. 29 亿元，预算支出为 33930. 28 亿元，收支基本保持平衡，而 2019 年我国的预算收入为 190390. 08 亿元，增速仅为 3. 8%，而公共预算支出则上升为 238858. 37 亿元，增速为 8. 1%，达到预算收入增速的两倍以上，赤字的现象进一步扩大，其重要原因在于我国中央及各地方政府采取的各项减税措施与加强基础设施建设、发展新动能产业、教育产业政策并行。同时，我国预算支出中的中央支出占比逐渐减少，2005 年我国中央预算支出为 8775.97 亿元，地方预算支出为 25154.31 亿元，而 2019 年则分别为 35115.15 亿元与 203743.22 亿元，即与 2005 年相比我国中央转移支付等支出占比逐渐减少，在一定程度上反映了我国各地方经济造血能力的有效提升，反映了我国经济系统的健康发展。我国公共预算总量及增速变化趋势如图 5－4 所示。

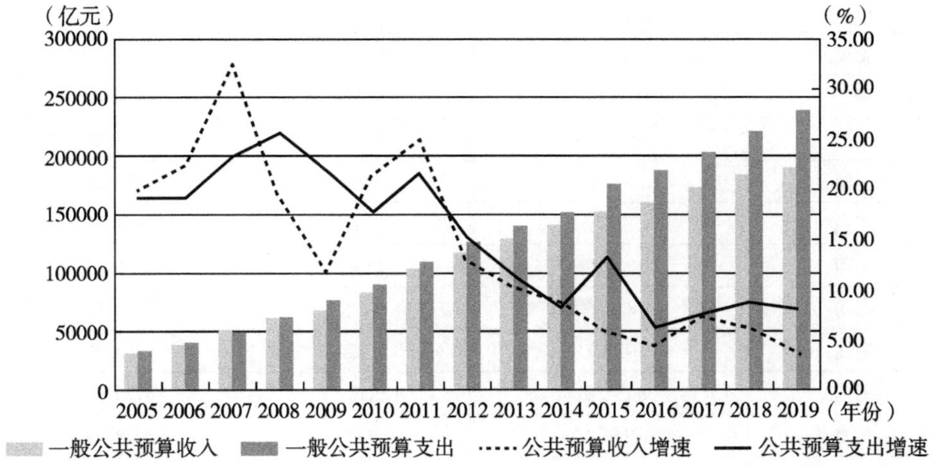

图 5－4 中国公共预算总量及增速变化趋势

资料来源：国家统计局统计年鉴。

一般各地区为了避免政府赤字过大，会将各年度公共支出保持在合理的范围内，因此地方公共预算支出的大小在一定程度上也能体现出该地区造血能力的强弱，而各地区公共预算支出的大小也能直接反映出该地区政府对城乡、文化、环境、卫生、公共安全与卫生、服务业、教育和商业的公共支持力度的大小。从表 5－5 可以看出我国各地区中华东地区的山东、江苏、浙江，华南地区的广东，华中地区的河南与西南地区的四川为最高评价等级，即该六个省份为我国地方公共预算支出水平最高的省份，按排名先后分别为广东省的 17297.28 亿元、江苏省的 12573.55 亿元、山东省的 10739.76 亿元、四川省的 10348.17 亿元、河南省的 10163.93 亿元与浙江省的 10053.03 亿元，在一定程度上反映出这些地区在国内具备较强的造血功能；而我国的青海、西藏、甘肃和海南等地则在公共预算支出中处于较差水平。公共预算支出水平的高低在很大程度上影响了地区的基础设施的建设、教育、科技、卫生等的发展，较差的公共支出水平会导致该地区对外资、企业和人才的吸引力进一步衰减，从而导致经济系统的恶性循环，因此需要中央的转移支出进行资助。

表 5-5　中国一般公共预算支出地区分布数据

地区	公共预算支出（亿元）	地区	公共预算支出（亿元）
山东	10739.76	山西	4710.76
江苏	12573.55	内蒙古	5100.91
安徽	7392.22	黑龙江	5011.56
浙江	10053.03	吉林	3933.42
福建	5077.93	辽宁	5745.09
上海	8179.82	宁夏	1438.29
广东	17297.82	甘肃	3951.60
广西	5850.96	新疆	5315.49
海南	1858.60	陕西	5718.52
湖北	7070.21	青海	1863.67
湖南	8034.42	云南	6770.09
河南	10163.93	贵州	5948.74
江西	6386.80	四川	10348.17
天津	3555.71	西藏	2187.75
河北	8309.04	重庆	4847.68
北京	7408.19	总和	203743.22

资料来源：国家统计局统计年鉴。

固定资产投资作为我国宏观经济发展的三大需求中的重要组成部分，其对我国经济的发展具有重大的影响。固定资产投资的提高有利于我国制造业企业的规模的扩张、基础设施建设的完善；企业固定资产投资的增加会通过产业的上下关联促使其他企业投资，从而引起乘数效应；固定资产投资带来的企业规模的扩张还会带来更多的就业岗位。然而固定资产投资并不意味着越多越好，其作为一种一次性发生的长期使用的投资并不具备可持续性，因此如果固定资产投资在国内经济中占据比重过高，就会对我国经济发展的稳定性和长期可持续发展产生负面影响，同时过高的固定资产投资也就意味着全社会的最终消费额的下滑，国内需求长期处于抑制状态，导致制造业产能过剩，经济系统保持不均衡的运行状态。我国 2005 ~2009 年全社会固定资产投资总量仍处于快速增长时期，2005 年总量为88774亿元，可比增速为26%，而2009年总量已经达到224599亿，增速为30%，2009年以后尽管全社会固定资产投资总量与资产形成总量仍然保持上升趋势，但增速开始逐年递减，2019年可比增速仅为5.1%，我国的固定资产增速的减慢并不意味着经济系统运行存在问题，因为我国"入世"初期按支出法核算的资本形成额对我国的经济贡献率为70%，2019年仅为31.2%，即意味着我国从2009年以后已经从过去依赖投资驱动经济的发展模式开始转变为以需求为驱动的经济平稳发展模式。具体如图5-5所示。

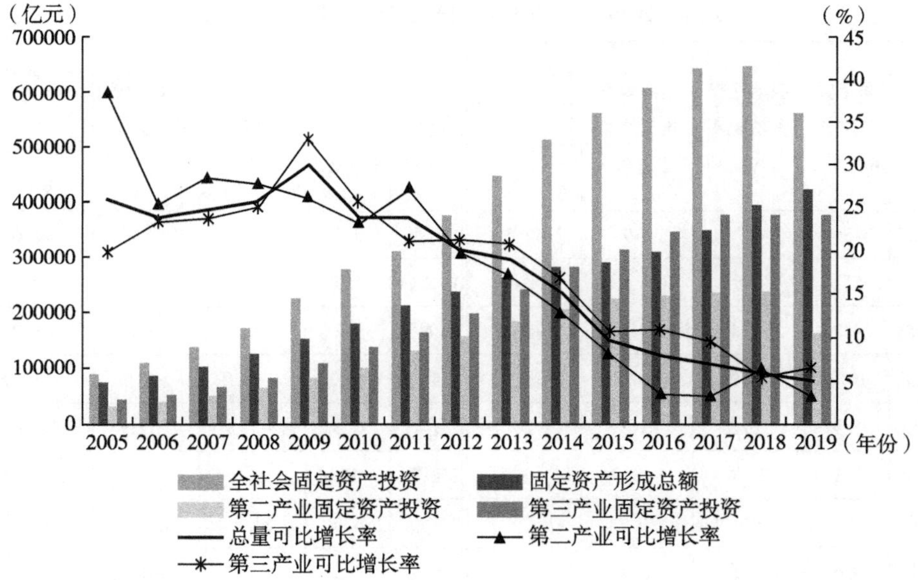

图5-5 中国固定资产投资变化趋势

资料来源：国家统计局统计年鉴。

从表5-6可以看出，我国目前从投资增长率的角度而言分布较为均衡，除少数地区外未出现过于严重的区域分布不均的现象，且绝大多数地区的固定资产投资总量基本维持在10%及以下，反映出我国目前新旧动能转换阶段内投资的经济驱动力正逐步减弱，经济发展正转向以内需和消费为主的驱动模式。其中海南、山东、吉林、宁夏、西藏和北京等地2019年出现了不同程度的投资负增长现象，其中山东省2019年固定资产投资总量下滑8.2个百分点，其主要原因可能是山东省新旧动能转换的推进，导致旧动能制造企业减少，而新动能制造企业产能未达到一定规模，2019 年山东省制造业投资整体减少了 31.1%，从而导致了整体投资的减少，北京、海南、宁夏、西藏则是由于基础设施投资的下降，然而和北京已经完善的基础设施相比，宁夏、海南和西藏的基础设施并不足够完备，因此可能会影响这些地区经济的后续发展。而吉林则在制造业、基础设施、农林渔业、信息技术服务业、建筑业、教育业、科学技术等多领域的固定资产投资呈现出负增长，但中央投资保持了 19.6% 的正增长，而地方投资则下降 18.2%，表明吉林作为老工业基地，其对资本的吸引能力正在逐步消失。

表 5－6　2019 年我国固定资产投资增长率地区分布数据

地区	固定资产增长率（%）	制造业投资增长率（%）	基础设施投资增长率（%）	科学研究与技术服务业投资增长率（%）	地区	固定资产增长率（%）	制造业投资增长率（%）	基础设施投资增长率（%）	科学研究与技术服务业投资增长率（%）
山东	−8.2	−31.1	7.9	32.3	山西	9.3	0.1	13.9	72.0
江苏	5.1	4.6	2.1	8.6	内蒙古	6.7	9.1	−2.0	−5.4
安徽	9.2	10.1	13.1	−13.2	黑龙江	6.3	−0.9	22.6	38.2
浙江	10.0	12.9	10.2	99.1	吉林	−16.2	−38.2	−2.8	−18.7
福建	5.9	16.2	−10.5	−20.7	辽宁	0.3	−7.3	−11.8	44.6
上海	5.1	21.1	−0.9	−9.9	宁夏	−10.3	10.8	−11.2	−29.5
广东	11.1	1.0	20.2	2.8	甘肃	6.6	24.8	2.4	33.0
广西	9.6	9.2	2.4	−3.6	新疆	2.5	−1.7	−0.4	−38.3
海南	−9.2	19.9	−11.2	75.1	陕西	2.5	8.3	−1.8	−13.7
湖北	10.7	10.0	14.7	27.5	青海	5.0	2.6	−13.3	223.4
湖南	10.1	18.4	−0.1	22.7	云南	8.5	11.9	5.5	−46.5
河南	8.0	8.2	16.1	−3.0	贵州	0.9	16.1	−15.5	82.3
江西	9.2	10.9	8.9	−1.8	四川	8.6	5.1	5.7	70.4
天津	13.1	9.1	14.9	2.8	西藏	−2.2	13.5	−7.8	−15.9
河北	6.5	1.6	19.1	2.2	重庆	5.6	8.9	−0.5	16.8
北京	−2.5	0.8	−5.6	27.0	全国	5.4	3.1	3.8	17.9

资料来源：国家统计局统计年鉴。

5.2.2 我国科技创新要素发展现状

R&D 作为衡量一个国家科学技术发展的重要指标，对我国经济系统未来发展具有重要意义，随着中国经济的转型换挡升级的到来，将经济从快速发展转向高技术平稳发展是我国当前面临的重要挑战。随着我国传统制造业优势逐渐被后来居上的发展中国家所替代，而美国、德国、日本等国又掀起了以智能制造为核心的再工业化浪潮，并且 2018 年美国以产品倾销为由掀起了中美贸易战，并对中国中兴、华为等企业实施核心技术的制裁。将卡脖子产业技术掌握在自己手中关系到中国能否真正建立以国内大循环为主，国内国际双循环发展的双循环经济系统。从 2005 年开始我国便逐年加大对科研的投入力度，2005 年我国科研经费支出仅为 2450 亿元，占当年 GDP 的比重仅为 1.32%，远远落后于世界发达国家；而随着我国科研经费支出速度的快速增长，2013 年我国的科研经费投入占比已经超过 2%，2019 年我国的科研投入总额已经达到 22143.6 亿元，占比也达到了 2.23%，成为世界上仅次于美国的第二科研投入大国，而投入占比也已经达到了世界发达国家水平。R&D 人员全时当量也由 2005 年的 136.5 万人/年增长为 2019 年的 480.1 万人/年，其中从事试验发展的科研人员（利用科学技术知识从事新产品的生产与旧产品技术升级的科研人员）更是由 2005 年的 95.2 万人/年提高到 2019 年的 379.4 万人/年，比重由 69.7% 提高到 79%，反映了我国对高端技术产品、材料、工艺、设计的重视程度的不断提升。在我国 R&D 支出的快速提升下，2019 年我国的专利申请授权数已经达到 2591607 件，是 2005 年的 10 倍以上。尽管我国的科研技术水平正在不断提高，但发展时间较短，与美国等发达国家相比仍存在一定的差距。具体数据见表 5-7。

表 5-7 R&D 支出数据

年份	R&D 人员全时当量（万人/年）	R&D 经费支出（亿元）	R&D 经费支出 GDP 占比（%）	高新技术产品进出口总额（亿元）	专利申请授权数（个）
2005	136.5	2450.0	1.32	4160	214003
2006	150.2	3003.1	1.39	5288	268002
2007	173.6	3710.2	1.40	6348	351782
2008	196.5	4616.0	1.47	7574	411982
2009	229.1	5802.1	1.70	6868	581992

续表

年份	R&D 人员全时当量（万人/年）	R&D 经费支出（亿元）	R&D 经费支出 GDP 占比（%）	高新技术产品进出口总额（亿元）	专利申请授权数（个）
2010	255.4	7062.6	1.73	9050	814825
2011	288.3	8687.0	1.79	10120	960513
2012	324.7	10298.4	1.93	11080	1255138
2013	353.3	11846.6	2.01	12185	1313000
2014	371.1	13015.6	2.05	12119	1302687
2015	375.9	14169.9	2.06	12033	1718192
2016	387.8	15676.7	2.10	11272	1753763
2017	403.4	17606.1	2.12	12515	1836434
2018	438.1	19677.9	2.14	14185	2447460
2019	480.1	22143.6	2.23	13685	2591607

资料来源：国家统计局统计年鉴。

表5－8反映了目前我国各地区经济系统运行中科技的可持续发展水平的现状。从总量而言我国的科技投入呈现了明显的地区差异，即从东部沿海地区向中部地区再向西部地区层层递减，这也和我国经济的发展总量分布具备一定的相似性，西部地区由于经济发展较为落后，导致其对科研人才的培养与吸引力较为不足，从而导致其科技水平无法提高，造成经济系统的恶性循环，总量上我国2019年超过千亿元支出的地区分别为广东省的3098.5亿元、江苏省的2779.5亿元、北京市的2233.6亿元、浙江省的1669.8亿元、上海市的1524.6亿元和山东省的1494.7亿元，但仅仅依靠投入总量进行判断会导致部分地区受限于生产总值的差异，因此本书通过科研投入占地区生产总值的比重分析地区对科技发展的重视程度，其中广东、天津、北京、江苏、上海、陕西、浙江七个地区的支出占比超过了我国2019年2.23%的平均水平，尤其是北京与上海，其科研投入占比分别为6.31%与4%，达到了发达国家的科研投入水平。然而我国的广西、海南、内蒙古、新疆、青海和贵州等地的科研投入占比不超过地区生产总值的1%，且主要集中于我国西部地区。即目前我国存在部分地区科研发展水平极高，而部分地区极为落后的不均衡发展情况，不利于我国未来国内大循环的有效实现。

表 5 -8　R&D 支出占 GDP 比重地区分布数据

地区	R&D 经费支出（亿元）	R&D 经费支出 GDP 占比（%）	地区	R&D 经费支出（亿元）	R&D 经费支出 GDP 占比（%）
山东	1494.7	2.10	山西	191.2	1.12
江苏	2779.5	2.79	内蒙古	147.8	0.86
安徽	754.0	2.03	黑龙江	146.6	1.08
浙江	1669.8	2.68	吉林	148.4	1.27
福建	753.7	1.78	辽宁	508.5	2.04
上海	1524.6	4.00	宁夏	54.5	1.45
广东	3098.5	2.88	甘肃	110.2	1.26
广西	167.1	0.79	新疆	64.1	0.47
海南	29.9	0.56	陕西	584.6	2.27
湖北	957.9	2.09	青海	20.6	0.69
湖南	787.2	1.98	云南	220.0	0.95
河南	793.0	1.46	贵州	144.7	0.86
江西	384.3	1.55	四川	871.0	1.87
天津	463.0	3.28	西藏	4.3	0.26
河北	566.7	1.61	重庆	469.6	1.99
北京	2233.6	6.31	全国	22143.6	2.23

资料来源：国家统计局统计年鉴。

5.2.3　我国消费要素经济运行现状

消费作为我国经济的核心支柱，是我国经济社会发展与生产经营活动的直接目的，在整个经济系统的循环过程中，产品的生产、流通和再生产都服务于我国的最终消费，经济系统的三大需求中的固定投资由于其不可持续性，一味地增加投资会抑制本国消费造成企业产能过剩，从而导致经济系统的不健康运行；依赖进出口的经济模式则会导致我国经济运行受限于他国。最终消费对于经济系统运行的贡献则是可持续的，居民消费能力的扩大，会使得政府的扩张性调节政策获得更大的乘数效应，缓解目前我国供应端产能过剩的弊端，给予企业继续进行规模扩张、新产品研发的动力，我国未来的双循环经济的首要目标也正是激发我国居民庞大的消费潜力，打通国内市场循环。2005 ~ 2008 年，我国的最终消费总额尽管由 101873 亿元上升到 158899 亿元，但其增长速度仍低于我国的资本形成速度，我国最终消费在支出法核算的生产总值占比由54.3%下降为50%，即我国在该阶段尚处于以投资驱动增长的经济运行模式。早在1998年我国的最终消费占比便保持了长期的下降趋势，1998年我国最终消费占比为60.7%，而10年后已经下滑了10个百分点，过于重视投资的发展模式也促使了我国居民消费欲望的不断减少，2008年我国储蓄率已经高达51%，成为世界上的储蓄大国，严重制约了内需与国内市场循环。2010年我国的最终消费占比达到了历史最低点49.3%，已不足50%，随着基础设施与固定资产投资的逐步完备，经济增速逐步放缓并进入新常态，供给侧改革的实施是为了解决我国在过去快速发展导致的部分产业产能过剩的弊端，此时扩大内需已经引起我国政府的广泛关注，从2010年起最终消费增速逐步提高，2018年我国的最终消费总额已经达到506135亿元，占比达到55.3%，经济贡献率达到65.9%，标志着我国已经从以投资为主的经济模式转向以消费驱动的健康运行模式。具体数据如图5-6所示。

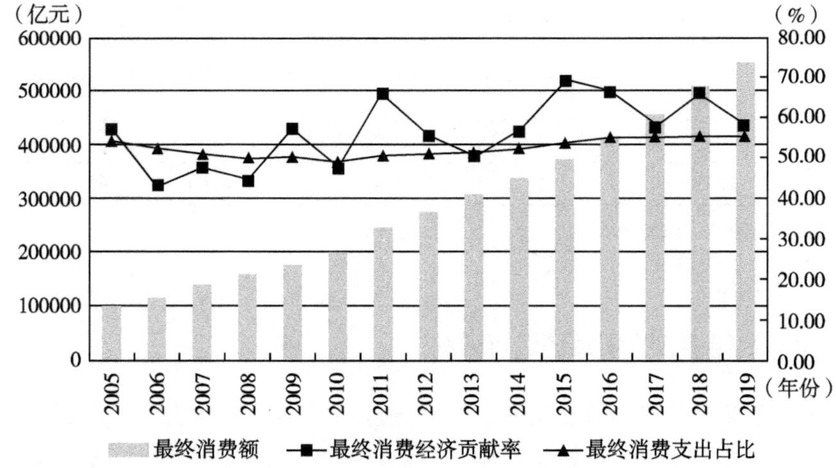

图5-6　中国最终消费变化趋势

资料来源：国家统计局统计年鉴。

从最终消费的总量分布和我国居民的消费支出占比的地区分布可以看出，其在我国的分布具有一定的相似性，即东部与中部地区的最终消费与居民消费占比都高于西部地区，虽然西部地区最终消费在地区GDP的占比中具备一定的领先性，以2017年西藏和新疆为例，其最终消费的GDP占比分别达到了79.7%和66.8%，但主要原因是西部地区基础设施建设较为薄弱、人才吸引力较为落后、地域受限导致进出口与资本形成额较少，因此消费成为最主要的经济贡献来源，但从表中可知我国的西藏、青海和新疆地区2017年的最终消费总量仅为1045.1亿元、1815.4亿元和7272.1亿元，且居民消费占比远低于全国平均水平，仅为35.5%、59.2%和55.7%，表明我国西部地区居民消费意愿较低，过于依赖政府消费的拉动，尤其是我国西藏地区的居民消费占比仅为35.5%。具体如表5－9所示。

表5－9 2017年中国最终消费地区分布数据

地区	居民消费占比（%）	最终消费（亿元）	地区	居民消费占比（%）	最终消费（亿元）
山东	80.4	35185.91	山西	76.5	8756.4
江苏	74.1	43020.75	内蒙古	71.3	8464.4
安徽	79.0	13498.86	黑龙江	70.7	10112.5
浙江	74.7	25478.95	吉林	70.7	5799.9
福建	76.9	13150.91	辽宁	78.9	13777.3
上海	73.9	17550.97	宁夏	67.6	2113.2
广东	75.6	45128.95	甘肃	72.2	5148.3
广西	74.7	10502.69	新疆	55.7	7272.1
海南	69.4	2781.82	陕西	73.1	9675.3
湖北	74.3	17171.77	青海	59.2	1815.4
湖南	73.5	18075.98	云南	72.3	10506.1
河南	73.6	23122.92	贵州	77.7	7506.4
江西	77.9	10223.22	四川	76.6	19365.7
天津	72.2	8424.20	西藏	35.5	1045.1
河北	74.2	16055.70	重庆	75.6	9290.6
北京	68.2	16842.10	全国	70.2	456518.0

资料来源：国家统计局统计年鉴。

2017年我国最终消费超过15000亿元的地区为山东、江苏、浙江、上海、广东、湖北、湖南、河南、河北、北京和四川11个地区，其中4个省市来自华东地区，而整个西部地区只有四川省达到15000亿元以上，表明我国经济系统中最终消费在地区分布上存在较大差异，西部地区、东北地区和部分中部地区的消费结构存在较大弊端，未能充分激发地区居民的消费积极性，对我国构建双循环经济模式具有一定的阻碍。

人均可支配收入是衡量一国经济系统运行的重要因素之一，居民可支配收入的提高不仅可以通过提高居民的消费意愿进而提高一国的最终消费，而且居民可支配收入也是衡量各国人民生活水平的重要依据，该指标也是我国乡村振兴计划有效实施与缩短城乡差距的重要考量。从总量而言，由于居民可支配收入与人均生产总值之间存在相互影响，即随着我国经济增速的逐步放缓，人均可支配收入的增长速度也逐步放缓，但始终保持较为稳定的正向增长，2013 年我国人均可支配收入为 18310. 8 元，增长速率为 8. 1%，其中城镇居民人均可支配收入为 26467 元，增长速率为 7%，而农村居民人均可支配收入为 9429. 6 元，增长速率为 9. 3%。2013 年我国城镇居民与农村居民仍存在较大的收入差距，然而农村居民可支配收入的增长率始终高于城镇居民收入，表明城乡收入差距逐步缩小，到 2019 年我国人均可支配收入增长到 30732. 8 元，增长率降低为 5. 8%，其中城镇居民与农村居民的人均收入与增长率分别为：42358. 8 元、5% 和 16020. 7 元、6. 2%。具体数据如图 5 – 7 所示。

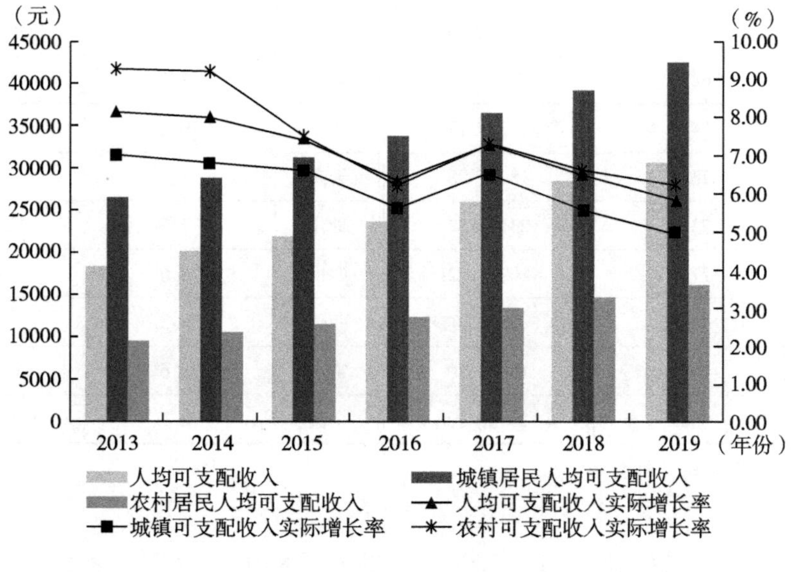

图 5 – 7　我国人均收入变化趋势

资料来源：国家统计局统计年鉴。

如表5－10所示，在2019年我国人均可支配收入的地区分布中，最低一级评分的地区（即人均可支配收入与全国平均水平存在较大差距的地区）为我国西南地区的西藏自治区（19501.3元）、贵州省（20397.4元）和云南省（22082.4元）；我国西北地区的青海（22617.7元）、甘肃（19139元）等地区。而人均可支配收入远超全国平均水平的最高一级评分的为我国华东地区的上海（69441.6元）和华北地区的北京（67755.9元），其人均可支配收入水平均超过6万元，达到全国平均可支配收入的两倍以上，证明我国西部地区人均可支配收入普遍落后，而东部发达地区人均收入遥遥领先。从城镇居民可支配收入的角度观察，我国只有北京、上海、浙江、江苏、广东、天津和福建超过了全国平均水平42359元。2019年城镇居民人均可支配收入排名落后的五个地区分别为黑龙江（30945元）、吉林（32299元）、甘肃（32323元）、山西（33262元）和青海（33830元），即我国西部地区从城镇人均可支配收入的角度而言并未落后于全国太多，反而超过了部分东北与中部地区。而从农村可支配收入的角度，排名落后的地区则为：甘肃（9629）、贵州（10756）、青海（11499元）、云南（11902元）、陕西（12326元）和宁夏（12858元）等西部地区，且我国西部地区农村人口占比远远超过全国平均水平的39.4%，部分地区如西藏（68.46%）和云南（51.09%）农村人口占据了总量的一半以上，因此西部地区农村发展的贫困是制约西部地区人均可支配收入的重要原因，然而2019年我国农村人均可支配收入增长速率排名前五的地区为：西藏（13.1%）、贵州（10.7%）、内蒙古（10.7%）、青海（10.6%）和云南（10.5%），同样主要是我国西部地区，即我国目前西部地区由于农村人口数量占比较大，而农村基础设施发展较为薄弱，导致其人均可支配收入较低，然而随着地方政府对农村振兴计划的深入实施和国家宏观资金的支持，我国西部地区农村人均可支配收入与全国其他地区的差距正逐步缩小。

表5－10 2019年中国人均可支配收入地区分布数据

地区	人均可支配收入（元）	农村居民人均可支配收入（元）	城镇居民人均可支配收入（元）	地区	人均可支配收入（元）	农村居民人均可支配收入（元）	城镇居民人均可支配收入（元）
山东	31597.0	17775	42329	山西	23828.5	12902	33262
江苏	41399.7	22675	51056	内蒙古	30555.0	15283	40782

续表

地区	人均可支配收入（元）	农村居民人均可支配收入（元）	城镇居民人均可支配收入（元）	地区	人均可支配收入（元）	农村居民人均可支配收入（元）	城镇居民人均可支配收入（元）
安徽	26415.1	15416	37540	黑龙江	24253.6	14982	30945
浙江	49898.8	29876	60182	吉林	24562.9	14936	32299
福建	35616.1	19568	45620	辽宁	31819.7	16108	39777
上海	69441.6	33195	73615	宁夏	24411.9	12858	34328
广东	39014.3	18818	48118	甘肃	19139.0	9629	32323
广西	23328.2	13676	34745	新疆	23103.4	13122	34664
海南	26679.5	15113	36017	陕西	24666.3	12326	36098
湖北	28319.5	16391	37601	青海	22617.7	11499	33830
湖南	27679.7	15395	39842	云南	22082.4	11902	36238
河南	23902.7	15164	34201	贵州	20397.4	10756	34404
江西	26262.4	15796	36546	四川	24703.1	14670	36154
天津	42404.1	24804	46119	西藏	19501.3	12951	37410
河北	25664.7	15373	35738	重庆	28920.4	15133	37939
北京	67755.9	28928	73849	全国	30732.8	16021	42359

资料来源：国家统计局统计年鉴。

基尼系数与恩格尔系数分别是衡量一国居民贫富差距与居民富有程度的重要国际指标，一般而言，基尼系数越接近0则证明该国家或地区收入分配越趋向于均衡，而恩格尔系数越小则说明居民用于购买食品的消费支出占比越小，则该地区居民越富有。当恩格尔系数达到50%以下时，则证明该地区达到小康水平，而40%以下则达到了相对富裕水平。基尼系数则如果能维持在0.4以下则说明收入分配较为合理，若在0.5以上则代表该地区收入差距过于悬殊。2005年我国基尼系数已经达到了0.485，并于2008年达到了峰值0.491，表明中国快速发展的经济模式导致了中国居民的贫富差距逐渐拉大，十分接近0.5的警戒线，随着我国收入差距的扩大，我国逐渐意识到解决收入差距对我国经济发展的重要性，并于“十一五”规划中强调了缓解收入差距扩大趋势的重要性，于“十二五”规划中将扭转收入差距扩大趋势作为重点解决问题，随着我国消费税、补贴政策、转移支付和社会保障体系的完善与发展，我国基尼系数逐步缩小，于2015年减小为0.462，然而随着中国对于新动能产业的推进和旧动能产业的淘汰，各省份收入差距略有扩大，2018年我国基尼系数回升到0.468，2016年德国基尼系数仅为0.319、俄罗斯则为0.368，意味着中国的贫富差距相比世界发达国家仍有较大差距，这严重威胁着我国经济系统的可持续发展。我国恩格尔系数则呈现了较好的发展趋势，2005年农村居民消费恩格尔系数为45.5%，农村居民在总量上基本进入小康，而城市居民已经进入了相对富有状态，并且随着基础设施的完善与经济的不断发展，中国恩格尔系数持续缩小，2018年我国城市居民恩格尔系数已经降为27.7%，而农村居民已经达到31.2%，表明我国城市居民已经进入富裕生活，而农村居民也实现了相对富裕。结合两个系数可以发现尽管我国总体上已经实现了居民的生活富裕，但仍存在较大的收入差距，即可能存在过于富裕的地区对总量的强拉动作用的现象。具体如图5－8所示。

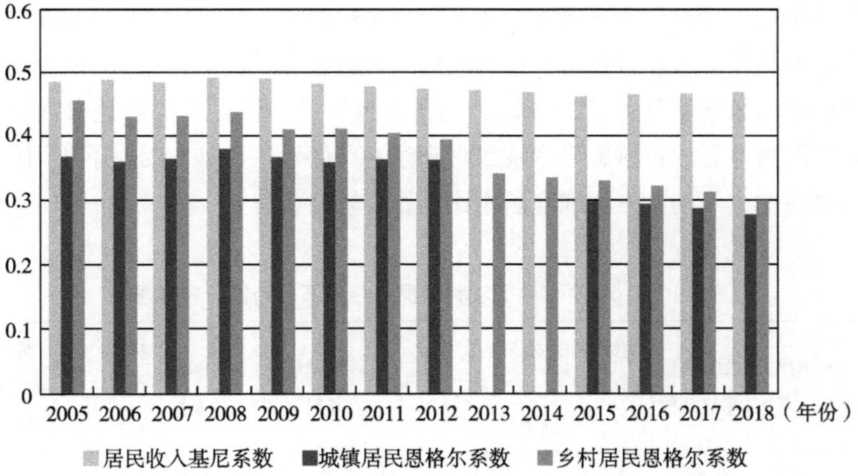

图5－8 中国居民恩格尔系数与基尼系数变化趋势

资料来源：国家统计局统计年鉴。

从表5－11中可以看出，我国2019年基尼系数从城镇到农村均达到了0.4以下的相对合理水平，其中城镇基尼系数分布区间为0.47～0.627，而乡村基尼系数分布区间为0.5～0.669，相比于城市，我国农村存在更严重的贫富差距问题，而2019年城市居民基尼系数中超过0.59达到收入水平差距极大的地区为：北京市（0.627）和山西省（0.601）。农村中基尼系数超过0.59的地区为：北京市（0.669）、山西省（0.619）、内蒙古自治区（0.596）和湖南省（0.598）。从地区分布上可以看出我国华北、华东、东北、华中地区和西部部分地区存在较为严重的城市贫富差距问题，我国的东北、华南、华东、华北、华中等地则出现了较为严重的农村贫富差距问题，即我国东部沿海地区尽管取得较为领先的经济发展，但贫富差距逐渐放大，制约了我国经济系统的可持续发展，而西部地区同样存在部分地区城市贫富差距较大的问题，而农村则普遍维持了较低的贫富差距问题，但这并不能证明我国西部地区农村居民存在较好的均衡发展，而是可能由于西部地区农村居民普遍贫困而造成的。从恩格尔系数来看，我国城市 2019 年恩格尔系数分布于 19.98 ~38.97，即我国既存在极其富有的地区，也存在相对富裕的地区，而我国农村恩格尔系数则分布于 23.8 ~41.8，即农村尚不存在极其富裕的地区存在。从城市居民恩格尔系数分布可以看出我国大部分地区尚处于25 ~30 的初步实现富裕状态，其中北京市的 19.98 为我国 2019 年唯一恩格尔系数达到 20 以下的地区，标志着北京市居民初步进入了极为富裕状态，然而从基尼系数的分析中可以看出，北京市在具备极高的居民财富的同时也具备了最高的收入分配不公的现象。从农村恩格尔系数的地区分布中可以看出，我国华东和东北地区等恩格尔系数普遍分布于 23 ~28，而南方地区和西部地区则普遍分布在 28 ~40。我国海南地区的农村恩格尔系数则超过 40 达到了 41.8，反映了我国海南地区农村居民的食品消费占比和全国相比仍处于较高状态。

表 5 -11　2019 年中国农村居民恩格尔系数地区分布数据

地区	城镇居民基尼系数	农村居民基尼系数	城镇居民家庭恩格尔系数（%）	农村居民家庭恩格尔系数（%）	地区	城镇居民基尼系数	农村居民基尼系数	城镇居民家庭恩格尔系数（%）	农村居民家庭恩格尔系数（%）
北京	0.627	0.669	19.98	23.8	湖北	0.472	0.518	28.08	28.2
天津	0.523	0.584	28.85	29.6	湖南	0.538	0.598	27.33	29.2
河北	0.586	0.628	25.11	26.4	广东	0.503	0.553	31.63	36.6
山西	0.601	0.619	23.76	27.7	广西	0.516	0.552	30.66	30.1
内蒙古	0.554	0.596	26.94	27.5	海南	0.470	0.509	35.63	41.8
辽宁	0.557	0.584	26.77	26.7	重庆	0.503	0.539	31.45	34.9
吉林	0.586	0.642	24.85	27.8	四川	0.488	0.500	32.24	35.8
黑龙江	0.562	0.581	26.76	27.3	贵州	0.499	0.540	26.96	28.3
上海	0.507	0.521	24.13	37.2	云南	0.488	0.518	27.03	29.5

续表

地区	城镇居民基尼系数	农村居民基尼系数	城镇居民家庭恩格尔系数（%）	农村居民家庭恩格尔系数（%）	地区	城镇居民基尼系数	农村居民基尼系数	城镇居民家庭恩格尔系数（%）	农村居民家庭恩格尔系数（%）
江苏	0.564	0.582	26.09	26.2	西藏	0.472	0.509	38.97	36.1
浙江	0.520	0.554	27.08	30.3	陕西	0.502	0.545	26.99	25.6
安徽	0.503	0.521	31.00	33.0	甘肃	0.530	0.544	28.71	29.7
福建	0.523	0.583	31.98	35.7	青海	0.526	0.544	27.62	29.5
江西	0.497	0.526	30.02	31.3	宁夏	0.542	0.581	24.45	27.3
山东	0.534	0.584	26.33	28.1	新疆	0.515	0.542	28.52	30.0
河南	0.531	0.58	25.73	26.7	全国	—	—	—	—

资料来源：国家统计局统计年鉴。

5.2.4　环境要素经济运行现状

环境是我国经济系统可持续发展的重要因素，我国快速发展阶段由于过于注重经济总量的增长与重工业的发展，相关环境污染政策尚未完善，导致环境污染问题成为我国经济快速发展付出的代价。以二氧化碳排放为例（温室气体排放），1990年我国人均二氧化碳排放量仅为2.152吨，而2013年排放量已经达到7.557吨，在总量上更是远超美国、欧盟、印度成为世界上温室气体排放总量最多的国家。随着中国开始维护世界环境的可持续发展，与粗放型经济的转型和绿水青山就是金山银山、绿色可持续发展等理念的提及，近年来我国二氧化碳人均排放量的增长速度逐渐放缓，但2018年人均排放量仍逼近10吨，在总量上为世界第一的二氧化碳排放国，在人均排放量上仍为除美国、俄罗斯、日本外的第四大人均二氧化碳排放国，且环境污染领域投资占GDP比重仍然较低，2017年我国环境污染投资占国民生产总值比重仅为1.15%，距发达国家存在一定差距，环境污染仍是制约我国经济可持续发展的重要因素。

衡量地区环境污染处理情况可以通过气体污染、污水处理、固体废物处理等多因素进行分析，为了排除部分地区污染总量的差异，本书选取2017年中国各地区的城市污水的处理效率来分析中国各地区的污染物处理情况，同时选取2017年环境治理投资占比来衡量各地区对环境污染治理的投入情况。从表5－12可以看出，2017年我国的平均污水处理率为94.5%，我国华东、华北、华中等地区具备较好的污水处理效率，这些地区中除天津的92.6%、山西的92.6%和福建省的92.2%以外，其余省市均达到全国平均水平以上，其中山东省、河北省、北京市、河南省和安徽省在全国各地区中具备最高水平的污水处理能力。我国东北地区作为我国老牌工业基地，传统工业污染性较大，2017年辽宁省与吉林省的污水处理率仅为93.3%和91.3%，低于全国平均水平，黑龙江2017年的污水处理率仅为90%，处于我国第二等级，且东北三省2017年的环境污染治理投资分别仅为辽宁省的219.2亿元、吉林省的91.6亿元和黑龙江省的131.4亿元，占比未超过1%，低于全国平均水平，表明我国东北地区的环境要素存在一定的环境污染，制约了我国东北地区的可持续发展。我国西部地区的新疆、西藏和青海同样存在环境污染治理不足的现象，2017年新疆、青海和西藏的污水处理率未超过90%，表明这些地区环境治理等基础设施建设严重不足，但从我国污染治理投资占比情况来看，西部地区的投资占比分别为新疆3.53%、西藏2.07%和青海1.55%，均超过全国平均水平（1.15%）。

表5-12　2017年中国城市污水处理率地区分布数据

地区	环境污染治理投资GDP占比（%）	城市污水处理率（%）	地区	环境污染治理投资GDP占比（%）	城市污水处理率（%）
北京	2.38	97.50	湖北	1.19	94.60
天津	0.38	92.60	湖南	0.63	95.50
河北	1.68	97.80	广东	0.41	94.50
山西	1.86	92.60	广西	0.90	94.00
内蒙古	2.61	95.60	海南	1.21	86.80
辽宁	0.92	93.30	重庆	1.14	95.50
吉林	0.60	91.30	四川	0.83	91.50
黑龙江	0.81	90.00	贵州	1.60	94.80
上海	0.53	94.50	云南	0.86	94.10
江苏	0.83	95.30	西藏	2.07	89.00
浙江	0.87	95.00	陕西	1.44	92.40
安徽	1.84	97.30	甘肃	1.16	94.90
福建	0.69	92.20	青海	1.55	79.30
江西	1.52	95.40	宁夏	2.44	95.30
山东	1.31	97.00	新疆	3.53	89.30
河南	1.43	96.90	全国	1.15	94.50

资料来源：国家统计局统计年鉴。

除了新疆外，西藏与青海投资总量和其他地区相比仍相对较少，仅为27.2亿元和41.1亿元，尽管东部地区在环境投资占比中相对较少，但从总量而言其仍处于全国领先水平，例如，我国华东地区的江苏省尽管环境投资占比仅为0.83%，但其总量仅次于山东省的948.8亿元达到了715.4亿元。在我国环境治理的地区分布上，东部地区保持了较高的环境治理水平，且具备了较为完善的治理设施与较高的治理投资，但在占比上存在一定的落后，东北地区在环境污染治理与投资情况中均处于不利状态，西部地区保持了较高的投资占比，但目前环境治理情况仍落后于全国。

衡量一个经济系统的环境因素除了其环境污染与治理外，地区的基础设施、城市化水平等发展环境也至关重要，因此本书选取中国的医疗卫生领域、交通运输领域和城市化率的相关数据通过时间趋势分析与空间对比来研究我国经济系统中发展环境的变化趋势与地区分布现状。

从我国的医疗卫生机构与每千人卫生技术人员的变化中可以看出，从2005年起我国医疗卫生机构总量保持长期稳定的增长趋势，其中2008年数量下跌的主要原因是江苏省部分农村卫生服务站划归于江苏省各地区农村卫生所，2005年我国医疗卫生机构数量为882206所，而2019年已经突破百万大关达到1007579所，并且随着医疗投入的不断增长，国内医疗卫生机构的规模与技术已经远超2005年，而我国每千人卫生技术人员量也从2005年的3.5稳定上升至2019年的7.26，表明我国具备了较好的抗击大规模公共安全与卫生事件的能力，这也是2020年我国疫情能在全国范围内得到有效控制的主要原因之一，但从医疗卫生人员的城乡分布可以看出，城市医疗卫生技术人员数量远远高于乡村，仅2005年城市的卫生技术人员便已经达到5.82人/千人，而2019年的农村医疗卫生人员数量也仅为4.96人/千人，同年度城市却已达11.1人/千人，表明我国在医疗卫生等公共服务领域仍存在较大的城乡差距（见图5-9）。

从我国交通运输的时间趋势可以看出，得益于我国长期实行的基建工程，我国的铁路运输、公路运输、航天运输与管道运输均保持较快的发展水平，尤其是航天运输业，2005年我国定期航班航线里程仅为199.85万公里，而2019年已经达到948.22万公里，反映出我国居民收入水平的有效提升，航天运输业的发展有利于我国各地区的劳动力流动、人才交换与货物运输。我国管道运输也同样得到快速发展，2005年我国管道运输里程仅为4.4万公里，而2019年已经达到12.66万公里，这有利于国内、国际能源的快速流动，节约了时间运输成本，具体如表 5－13 所示。

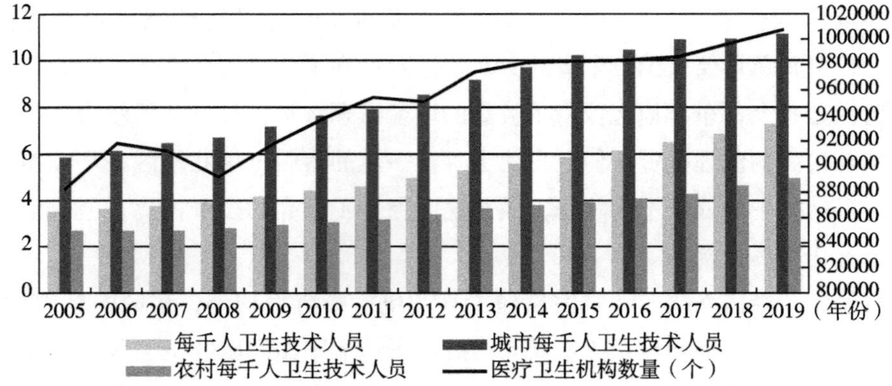

图 5－9　中国医疗卫生发展趋势

资料来源：国家统计局统计年鉴。

表 5－13　我国交通运输的时间趋势

年份	铁路营业里程（万公里）	公路里程（万公里）	定期航班航线里程（万公里）	管道输油气里程（万公里）	货运量（万吨）	城市化率（%）
2005	7.54	334.52	199.85	4.40	1862066	42.99
2006	7.71	345.70	211.35	4.81	2037060	44.34
2007	7.80	358.37	234.30	5.45	2275822	45.89
2008	7.97	373.02	246.18	5.83	2585937	46.99
2009	8.55	386.08	234.51	6.91	2825222	48.34
2010	9.12	400.82	276.51	7.85	3241807	49.95
2011	9.32	410.64	349.06	8.33	2696961	51.27
2012	9.76	423.75	328.01	9.16	4100436	52.57
2013	10.31	435.62	410.60	9.85	4098900	53.73
2014	11.18	446.39	463.72	10.57	4167296	54.77
2015	12.10	457.73	531.72	10.87	4175886	56.10
2016	12.40	469.63	634.81	11.34	4386763	57.35
2017	12.70	477.35	748.30	11.93	4804850	58.52
2018	13.17	484.65	837.98	12.23	5152732	59.58
2019	13.99	501.25	948.22	12.66	4713624	60.60

资料来源：国家统计局统计年鉴。

本书通过采用年末城镇人口总量与年末人口总量来衡量我国城镇化率的发展水平，2005年我国城镇化率仅为42.99%，即我国主要的人口构成仍以农村人口为主，而2011年我国城镇化率已达到51.27%，2019年更是达到了60.6%，已经超过全球平均水平，然而实际上2018年美国、日本、俄罗斯等发达国家的城镇化率已经分别达到了82%、92%和75%，我国距离发达国家仍存在较大的差距，但从增速而言，1978年改革开放时期我国的城镇化率仅为17.92%，短短40余年我国已经实现了数倍于发达国家的城市化率，反映出我国经济系统强劲的发展活力与潜力。

结合表5-14和表5-15，按我国东部、中部、西部的划分标准，东部地区均保持了最高的城镇化水平，除安徽、河北等少数地区外基本达到全国平均水平以上，其中北京、天津、上海等地的城镇化率分别为86.6%、83.48%和88.3%，已经达到了发达国家的平均水平，反映了我国东部地区已经基本实现了基础设施的建设，城镇化的高水平意味着东部地区具备了更好的现代化建设，也具备了进一步激发地区内需与地区发展潜力的较高水平，也能更好地发挥城市间的集群效应，可以更好地吸引人才、外资，为新动能产业的发展提供更适合的温床。2019年我国中部地区，除河南外基本可以保持55%以上的城镇化率水平，其中内蒙古和湖北该年度的城镇化率分别达到63.37%和61%，超过我国平均水平，表明我国中部地区在城镇化的推进上并未落后于东部沿海地区太多，经济系统同样具备了较好的发展环境，我国西部地区的城镇化发展则较为落后且分布较为不均。2019年西部地区中除了靠近中部地区的重庆（66.8%）、宁夏（59.86%）、陕西（59.43%）和青海（55.52%）外，其余省市均处于低水平城镇化，尤其是我国西藏地区该年度的城镇化率仅为31.54%，即仍以农村地区为主，城市建设较为薄弱，缺乏有效的经济发展环境。

表5-14 中国城镇化率地区分布数据

地区	城镇化率（%）	地区	城镇化率（%）
北京	86.60	湖北	61.00
天津	83.48	湖南	57.22
河北	57.62	广东	71.40
山西	59.88	广西	51.09
内蒙古	63.37	海南	59.23

续表

地区	城镇化率（%）	地区	城镇化率（%）
辽宁	68.11	重庆	66.80
吉林	58.27	四川	53.79
黑龙江	60.90	贵州	49.02
上海	88.30	云南	48.91
江苏	70.61	西藏	31.54
浙江	70.00	陕西	59.43
安徽	55.81	甘肃	48.49
福建	66.50	青海	55.52
江西	57.42	宁夏	59.86
山东	61.51	新疆	51.87
河南	53.21	全国	60.60

资料来源：国家统计局统计年鉴。

表 5－15　中国每千人卫生技术人员数量地区分布数据

地区	医疗卫生机构数量（个）	每千人卫生技术人员（人）	地区	医疗卫生机构数量（个）	每千人卫生技术人员（人）
山东	81470	7.35	山西	42079	6.63
江苏	33254	7.33	内蒙古	24610	7.43
安徽	24925	5.27	黑龙江	20349	6.12
浙江	32754	8.47	吉林	22691	6.80
福建	27590	6.28	辽宁	36029	6.95
上海	5293	8.07	宁夏	4450	7.71
广东	51451	6.66	甘肃	27897	5.96
广西	33742	6.51	新疆	18450	7.09
海南	5325	6.82	陕西	35300	8.49
湖北	36486	6.95	青海	6396	7.39
湖南	56239	6.33	云南	24954	6.25
河南	71351	6.47	贵州	28066	6.82
江西	36545	5.32	四川	81537	6.74
天津	5686	6.70	西藏	6844	5.55
河北	85088	6.10	重庆	20524	6.75

续表

地区	医疗卫生机构数量（个）	每千人卫生技术人员（人）	地区	医疗卫生机构数量（个）	每千人卫生技术人员（人）
北京	10058	11.88	全国	997433	6.83

资料来源：国家统计局统计年鉴。

医疗卫生技术人员和机构数量决定了我国不同地区面对例如“非典”疫情、新型冠状病毒肺炎疫情等重大公共安全与卫生事件时的韧性与管控效率，2019年北京市具备了最高水平的医疗卫生技术人员水平，平均每千人医疗卫生人员数量达到11.88人，而华东地区的山东、上海、江苏、浙江等地区同样具备了较高水平的医疗卫生条件，其每千人医疗卫生技术人员数量分别达到7.35人、8.07人、7.33人、8.47人，均远超全国平均水平的6.83人，同时我国华北地区的内蒙古（7.43人）和西北地区的宁夏（7.71人）、陕西（8.49人）、青海（7.39人）同样具备较好的医疗技术人员分布水平，反映了我国在医疗卫生人员领域分布较为均衡，这其中的原因可能是2003年“非典”疫情加强了我国对于公共安全与卫生事件的重视，这也是2020年我国面对全国范围内的新型冠状病毒肺炎疫情，能快速有效地对其进行监管与控制的主要原因。

5.2.5 人力资本要素经济运行现状

图5-10反映了中国三大产业就业人员比重趋势，第三产业就业人员比重不断上升，而第一产业就业人员不断下降，第二产业人员比重稳中有升。

人力资本即为我国经济系统运行中参与到生产过程中的劳动力的数量、比例与质量，其是我国经济系统运行中生产者的基本组成部分。如表5-16所示，2005年我国就业人员为74647万人，而2019年为77471万人，说明我国的就业人数基本保持稳定，增长速度较为缓慢，而就业人员结构则发生了相对较大的变化，2005年我国的第一产业从业人员数量最多，为33442万人，而第三产业次之，为23439万人，第二产业相对较少，仅为17766万人，在我国经济结构的调整过程中，第一产业就业人数呈现不断下降的趋势，而第二产业则呈现先上升后下降的“倒V”形走势，而第三产业就业人数则始终保持稳定的上升趋势。2005年我国第一产业、第三产业、第二产业就业人员比重分别为44.8∶31.4∶23.8。2011年我国第三产业就业人数首次超过第一产业，此时第三产业、第一产业、第二产业的比例为：35.7∶34.8∶29.5，2014年我国第二产业就业人数也超过第一产业，此时就业人数变成了以第三、第二产业为主的结构。

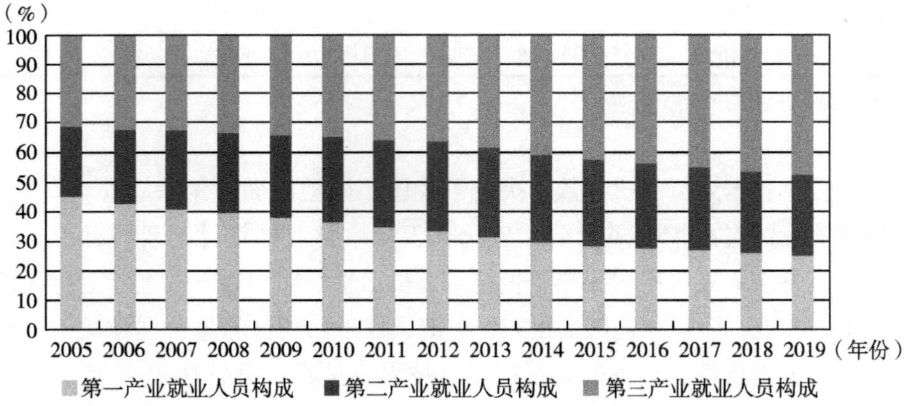

图 5－10　中国三大产业就业人员比重趋势

资料来源：国家统计局统计年鉴。

表 5－16　中国三大产业就业人员比重数据

年份	就业人员（万人）	第一产业就业（万人）	第二产业就业（万人）	第三产业就业（万人）	每十万人高等教育在校生人数（人）	研究生毕业人数（人）
2005	74647	33442	17766	23439	1613	189728
2006	74978	31941	18894	24143	1816	255902
2007	75321	30731	20186	24404	1924	311839
2008	75564	29923	20553	25087	2042	344825
2009	75828	28890	21080	25857	2128	371273
2010	76105	27931	21842	26332	2189	383600
2011	76420	26594	22544	27282	2253	429994
2012	76704	25773	23241	27690	2335	486455
2013	76977	24171	23170	29636	2418	513626
2014	77253	22790	23099	31364	2488	535863
2015	77451	21919	22693	32839	2524	551522
2016	77603	21496	22350	33757	2530	563938
2017	77640	20944	21824	34872	2576	578045
2018	77586	20258	21390	35938	2658	604368
2019	77471	19445	21305	36721	2857	639666

资料来源：国家统计局统计年鉴。

随着我国就业结构的不断调整，第二、第三产业的发展对我国劳动力素质提出了更高的需求，因此我国每十万人高等教育在校生人数保持了快速的上升趋势，2000年我国每十万人平均高等教育在校生人数仅为723，而2019年其数量已经增长到2857人，为我国第三产业与第二产业的新旧动能转换提供了强劲的高素质劳动力供给。同时随着我国对科技创新需求的不断增长，我国研究生毕业人数也呈现了快速的发展态势，1980年我国教育事业发展较为落后，处于经济起步阶段且居民接受教育意识薄弱，因此当年我国研究生毕业人数仅为476，2000年已经扩张到58767人，2019年更是高达639666人，相比于2000年我国仅用不到20年就实现了高端人才超过10倍的高效供给，为我国未来科技强国、自主创新提供了强大的人才储备（见表5－16）。

由于2019年地区就业人数数据暂无，因此本书选择2018年全国就业人数的地区分布和2019年在校高等教育学生人数来分析我国劳动力和人才的地区分布现状（其中2018年我国新疆就业人数同样缺失，本书使用新疆2017年就业人数加上2018年城镇就业人数增长数量，因此存在误差）。从表5－17、表5－18可以看出，东部、中部地区相比西部地区具备了更多的劳动力优势与高级人才优势，其中北京、天津、上海等受人口总量的限制导致其评分较低，从每十万人高等教育人数的角度对其进行衡量，2019年我国北京每十万人高等教育在读人数达到5320、上海为3582、天津为4214，即去除了人数影响后北京在我国保持了相对领先的地位，和2019年在校高等教育人数评价最高的山东（2855人）、江苏（3311人）相比，具备更好的人才优势。

表5－17　2019年中国在校高校学生数以及每十万人口高等教育平均在校人数

地区	在校高校学生数（人）	每十万人口高等教育平均在校人数（人）	地区	在校高校学生数（人）	每十万人口高等教育平均在校人数（人）
山东	2183944	2855	山西	802005	2515
江苏	1874084	3311	内蒙古	472033	2053
安徽	1241151	3010	黑龙江	778160	2531
浙江	1074688	2509	吉林	700145	3373
福建	861231	2577	辽宁	1041144	3136
上海	526585	3582	宁夏	135178	2581
广东	2053977	2751	甘肃	524948	2396
广西	1076408	2887	新疆	426966	2106

续表

地区	在校高校学生数（人）	每十万人口高等教育平均在校人数（人）	地区	在校高校学生数（人）	每十万人口高等教育平均在校人数（人）
海南	207424	2497	陕西	1121990	3812
湖北	1500819	3248	青海	73182	1486
湖南	1407108	2873	云南	864035	2401
河南	2319653	2913	贵州	765745	2453
江西	1134950	2447	四川	1661737	2546
天津	539366	4212	西藏	36226	3812
河北	1473971	2596	重庆	834864	3258
北京	601545	5320	全国	30315262	87825

资料来源：国家统计局统计年鉴。

表 5－18　2018 年中国就业人口地区分布数据

地区	就业人员总量（万人）	地区	就业人员总量（万人）
山东	6180.60	山西	1910.90
江苏	4750.90	内蒙古	1348.60
安徽	4385.30	黑龙江	1986.40
浙江	3836.00	吉林	1474.20
福建	2791.40	辽宁	2260.60
上海	1375.70	宁夏	380.90
广东	6508.70	甘肃	1555.60
广西	2848.00	新疆	1355.10
海南	600.50	陕西	2071.00
湖北	3580.00	青海	329.30
湖南	3738.60	云南	2992.80
河南	6692.00	贵州	2038.50
江西	2636.10	四川	4881.00
天津	1331.50	西藏	260.20
河北	4196.10	重庆	1709.51
北京	1237.80	全国	77586.00

资料来源：国家统计局统计年鉴。

5.2.6 对外开放要素经济运行现状

一个经济系统的正常运行绝不意味着其要完全故步自封与自给自足，根据经济学的基本原理，世界上每个国家之间都存在产品生产上的比较优势差异，通过国际贸易即可使彼此都能从中获得总量上的好处。我国自改革开放以来就吸取了近代中国闭关锁国封闭观念带来的严重后果的教训，长期秉持着“引进来与走出去”的战略，自2001年加入世界贸易组织以来与世界各国建立了长期友好的贸易关系，积极推进“一带一路”经济带建设、中韩自由贸易、东盟自由贸易等对外友好交互，在世界经济体系中发挥着越来越重要的作用，因此自2001年中国加入WTO后服务商品与货物商品的进出口总额快速上升，2000年我国的服务进出口总量仅为771.9亿美元，货物进出口总量仅为4743亿美元，而2019年我国的货物进出总量达到了7850亿美元，而货物进出口总额则达到了45778.9亿美元，即我国的进出口贸易中主要以货物贸易为主，且我国在长期贸易中始终处于贸易顺差状态，2000年我国的顺差额仅为241.1亿美元，而2019年已经扩大到4210.7亿美元，顺差的不断扩大意味着我国将生产的产品更多地投入到对外出口，不利于我国国内需求的有效激发，且与部分发达国家的贸易顺差将导致其以贸易倾销为借口，对中国展开贸易制裁，中国2019年进出口总量下降的部分原因即在于当年美国对中国展开的长达一年的贸易制裁，因此尽管进出口贸易的展开有利于我国的对外联系与促进我国国际大循环的发展，但依赖于进出口的经济发展体系将同样导致国家发展长期受制于人。2019年我国支出法核算的GDP总值中进出口占比仅为11%，意味着我国在保持长期的对外开放政策的前提下，更多地依靠消费与资本来维持经济系统的正常运行。具体数据如表5-19所示。

表5-19 中国进出口及实际使用外资情况

年份	服务进出口总额（亿美元）	货物进出口总额（亿美元）	实际使用外资金额（亿美元）
2000	771.9	4743.0	593.56
2001	784.5	5096.5	496.72
2002	927.6	6207.7	550.11
2003	1066.4	8509.9	561.4
2004	1452.3	11545.5	640.72
2005	1682.8	14219.1	638.05

续表

年份	服务进出口总额（亿美元）	货物进出口总额（亿美元）	实际使用外资金额（亿美元）
2006	2038.2	17604.4	698.76
2007	2654.5	21761.8	783.39
2008	3222.6	25632.6	952.53
2009	3024.9	22075.4	918.04
2010	3717.4	29740.0	1088.21
2011	4488.9	36418.6	1176.89
2012	4828.8	38671.2	1132.94
2013	5376.1	41589.9	1187.21
2014	6520.2	43015.3	1197.05
2015	6541.6	39530.3	1262.67
2016	6616.3	36855.6	1260.01
2017	6956.8	41071.4	1310.35
2018	7918.8	46224.2	1349.66
2019	7850.0	45778.9	1381.35

资料来源：国家统计局统计年鉴。

随着全球化趋势的不断发展，资本的全球化已经是大势所趋，外商直接投资则是各国企业之间的重要联系形式，同时根据赫尔希曼的缺口理论，FDI对于发展中国家的经济发展与结构调整具有重要意义，可以弥补发展中国家经济发展与产业转型的技术、外汇以及储蓄的缺口，对发展中国家提升综合国力、国际化水平和产业结构的调整具有重要作用，我国在前期的发展摸索阶段过于忽视外国资本对国内发展的重要性，并未主动吸引外资，甚至对外资的进入设置诸多限制，因此导致国内外商投资立项及实际利用始终保持较低增长水平。改革开放后，国内逐渐意识到外商投资对于国内经济发展的重要性，相继于1990年颁布《独资企业法》《合资企业法》，于1995年颁布《外商投资产业指导目录》，于2002年颁布新《外商投资产业指导目录》等，并不断优化放宽准入条件与解除产业限制，国内外商投资从过去1983年的年均690项、22.61亿美元，提高到2019年的40888项、1381.35亿美元。FDI的流入由于其技术外溢、人员流动、产业关联等正外部性的存在会促进我国产业结构的高级化优化、合理化优化水平，但FDI也存在以利益为主导、技术封锁、市场竞争与挤出效果等负外部性的因素，即FDI具备了“双刃剑”效果，既存在弊端，也对中国产业结构调整与技术发展具备重要意义。因此中国在不断完善 FDI 引导政策与监管政策的同时，还要保持国内 FDI 的长期正向增长。

由于我国的进出口贸易主要以货物贸易为主，因此在进行对外开放要素的地区分布现状分析时本书选取 2019 年全国 31 个省份的货物进出口总额与 2018 年的外商直接投资额进行分析（其中由于西藏地区 FDI 使用数量较少，且存在数据残缺，因此本部分 FDI 地区分布中并未包括西藏地区），具体如表 5－20 和表 5－21 所示。

表 5－20　中国进出口总额地区分布数据

地区	货物进出口总额（亿元）	地区	货物进出口总额（亿元）
山东	20471.0	山西	1447.9
江苏	43383.1	内蒙古	1097.5
安徽	4737.2	黑龙江	1866.9
浙江	30838.2	吉林	1302.8
福建	13309.3	辽宁	7259.2
上海	34054.0	宁夏	240.7
广东	71487.7	甘肃	380.4
广西	4696.0	新疆	1640.8
海南	905.8	陕西	3514.9
湖北	3945.9	青海	37.6
湖南	4340.0	云南	2323.7
河南	5715.5	贵州	453.2
江西	3510.0	四川	6789.8
天津	7346.1	西藏	48.8
河北	4002.1	重庆	5791.8
北京	28689.7	全国	315627.3

资料来源：国家统计局统计年鉴。

表 5－20 根据 GIS 的自然断点法，我国东部地区囊括了全部的最高三等级评价，而我国中部地区则基本属于第二等级评价，西部地区和东北部分地区则属于第一等级评价，与我国东部地区存在较大差距，其主要原因是东部地区在货物进出口贸易中的区位港口中占据了绝对优势。2019 年仅我国广东省进出口总额就达到了 71487.7 亿元，占据了全国货物进出口总量的 22.65%。

表 5 - 21　中国实际利用外资额地区分布数据

地区	外商直接投资额（亿元）	地区	外商直接投资额（亿元）
北京	1145.50	湖北	790.18
天津	321.01	湖南	1071.36
河北	641.89	广东	1450.88
内蒙古	209.11	广西	48.24
山西	156.17	海南	48.51
辽宁	324.25	重庆	215.07
黑龙江	393.74	四川	623.30
吉林	8.36	贵州	296.86
上海	1144.81	云南	69.88
江苏	1693.39	西藏	—
浙江	1233.48	陕西	453.16
安徽	1125.06	甘肃	3.34
福建	305.30	青海	0.30
江西	831.81	宁夏	14.19
山东	819.90	新疆	13.57
河南	1184.65		

资料来源：国家统计局统计年鉴。

从表 5 - 21 可以看出我国具备最高评价等级的地区为：东部地区的北京市（1145.5 亿元）、江苏省（1693.39 亿元）、上海市（1144.81 亿元）、浙江省（1233.48 亿元）、广东省（1450.88 亿元）、安徽省（1125.06 亿元），中部地区的河南省（1184.65 亿元）和湖南省（1071.36 亿元）。外商直接投资的主要目的是以获取利益为主，因此外商企业更倾向于选择具备较好前后关联产业、产业集群、优秀人才、庞大市场和便利交通的地区进行投资，因此东部地区相比于中西部地区具备更强的外资吸引力，而西部地区仅有四川省（623.3 亿元）具备了较强的外商吸引力，其主要原因在于成都作为副省级城市在四川形成了庞大的城市群，具备了较好的产业集聚效果，而西部其他地区由于缺乏有效的产业集群且缺乏完善的基础设施，因此外资吸引力较小。

5.2.7　产业结构要素经济运行现状

产业结构被认为是一国综合国力、国际竞争力及发展前景的重要反映，我国在长期的发展过程中给予了产业结构优化高度的重视，我国的产业结构发展经历了向第三、第二、第一产业过渡的完整过程，1962 年我国的第一、第二、第三产业结构比例为39.4∶31.3∶29.3，劳动力比例为82.0∶7.8∶10.2，随着我国加大对外资的引入力度、“五年计划”及改革开放政策的实施，1989 年我国产业结构比为 25∶43∶32，1989 年国务院颁布《国务院关于当前产业政策要点的决定》《90 年代国家产业政策纲要》，不断调整优化我国产业间资源投入比例，适当减少国有企业在部分产业中的占比，工业逐渐在国家经济中占据主导地位，但仍以附加价值低的简单粗放加工为主。具体如图 5－11 所示。

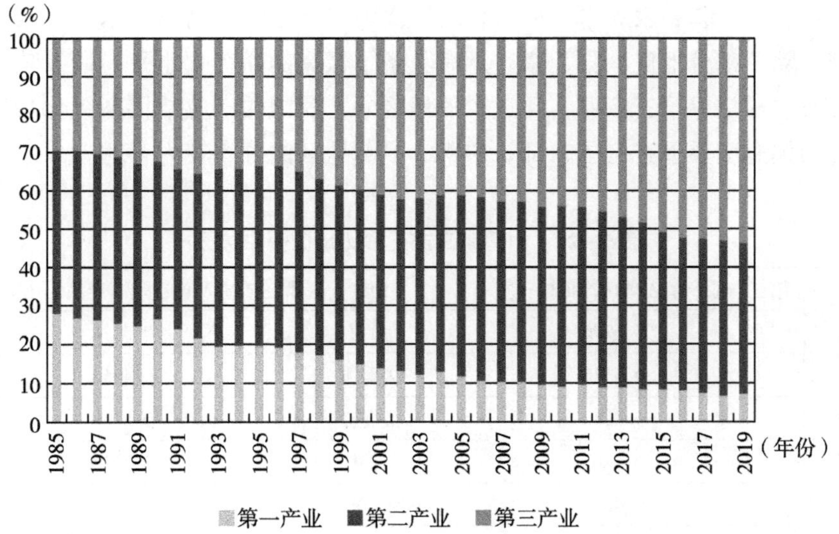

图 5－11　中国国内生产总值构成趋势

资料来源：国家统计局统计年鉴。

随着 2001 年中国“入世”，中国与世界联系逐渐加强，对外进出口贸易与国外直接投资快速增长，国外先进技术与管理水平和国际贸易伙伴的需求促使国内产业结构进一步优化，2005 年国内产业结构比例为 12.12∶47.37∶40.51，尽管第二产业仍占据主导地位，但第二产业内部趋于合理化，重工业相比于轻工业的 GDP 贡献值不断提高，第三产业由于国民生活需要与 FDI 的偏好等综合因素迅速发展，不断缩小与第二产业的差距，2013 年首次超过第二产业成为经济发展的主导产业，2019 年我国三大产业结构更是达到了 7.1∶39∶53.9。

产业结构的合理化水平与产业结构的高级化水平是目前我国用于衡量产业结构发展状况的有效手段，其中衡量一个地区产业结构的合理化水平通常采用产业结构偏离度系数 E，而衡量一个地区产业结构高级化水平则通常选取第三产业在该地区生产总值的占比进行衡量。对于产业结构偏离度而言，当 E 越大即代表该地区的产业结构的合理化水平越差，即产业结构要素的运行状况存在一定的问题，从表 5-23 可以看出，我国东部沿海地区普遍拥有较低等级的产业结构偏离度评价，普遍低于全国平均水平，即产业结构的运行现状较为合理化，而我国西部地区的云南、贵州、甘肃、宁夏、陕西，东北地区的黑龙江等地由于产业结构与就业人员分布的不合理性导致其具备了较高水平的产业结构偏离度。

综合表 5-22 和表 5-23 可以看出，我国的产业结构高级化水平地区分布较为合理，除了部分地区，如北京、上海具备了极高的高级化水平，以及陕西、河南、江西、福建等第三产业占比过少的地区外，我国的产业结构高级化相比于产业结构的偏离度要素在全国东部、中部、西部地区的分布较为合理。

表 5-22　中国第三产业占比地区分布数据

地区	第三产业产值占地区产值的比重（%）	地区	第三产业产值占地区产值的比重（%）
山东	0.5296	山西	0.5138
江苏	0.5125	内蒙古	0.4956
安徽	0.5082	黑龙江	0.5006
浙江	0.5403	吉林	0.5376
福建	0.4533	辽宁	0.5299
上海	0.7274	宁夏	0.5026
广东	0.5551	甘肃	0.5512
广西	0.5072	新疆	0.5163
海南	0.5895	陕西	0.4583
湖北	0.5001	青海	0.5072
湖南	0.5323	云南	0.5264
河南	0.4795	贵州	0.5027
江西	0.4750	四川	0.5244
天津	0.6345	西藏	0.5442
河北	0.5124	重庆	0.5320
北京	0.8352	全国	0.5390

资料来源：国家统计局统计年鉴。

表 5-23　中国产业结构偏离度地区分布数据

地区	产业偏离度系数	地区	产业偏离度系数
山东	1.35441	山西	1.90042
江苏	1.04678	内蒙古	2.44083
安徽	1.43501	黑龙江	2.79906
浙江	1.02362	吉林	1.98634
福建	1.07939	辽宁	1.53534
上海	1.26641	宁夏	2.50977
广东	1.22537	甘肃	2.81421
广西	2.35686	新疆	1.32150
海南	1.53170	陕西	3.01588
湖北	1.70736	青海	1.81542
湖南	1.90038	云南	2.88253
河南	1.57800	贵州	2.64596
江西	1.23499	四川	1.49104
天津	1.16791	西藏	2.11372
河北	1.40916	重庆	1.46960
北京	1.12325	全国	1.29791

资料来源：国家统计局统计年鉴。

5.3　我国经济系统运行综合得分现状

笔者在分析我国经济系统整体宏观运行趋势和我国各地区经济构成要素发展现状的基础上，通过 SPSS 软件将各构成要素进行主成分分析，求得我国不同地区经济系统的整体综合评分，对各地区经济要素的总体情况进行分析。为了避免我国 31 个省市地区中由于人口总量的差异产生的误差影响，本书通过年末地区总人口数对各项指标进行均衡化处理或将部分变量转换为百分比形式进行分析，因此其中各项要素选择的指标为：人均耕地面积、人均地区用电消费量、人均公共预算支出、固定资产增长率、R&D 经费支出 GDP 占比、R&D 经费支出、人均最终消费、人均可支配收入、城市污水处理效率、每千人卫生技术人员、城镇化率、就业人数总量（经过年末总人口处理）、高等教育在校生人数（经过年末总人口数量处理）、货物进出口总额、第三产业产值占地区产值的比重、居民消费占比、人均GDP、一般工业固体废物综合利用率、规模以上有效专利发明量、城镇居民基尼系数、城镇居民家庭恩格尔系数、产业偏离度系数（其中西藏地区由于外资投资数据缺失，因此在该部分综合分析中将其剔除）。其中基尼系数、恩格尔系数与产业偏离度系数具有逆向评价效果，即其数值越小则代表地区表现越优，因此通过SPSS对这四项指标进行正向化处理。随后为了避免由于部分指标变量单位过大，导致各变量之间存在较大的差异，同时为了便于各指标变量的可比较性，通过SPSS对指标变量进行Z标准化处理（标准化处理后的数据区间为-1到1），使得每一项指标对于最终结果兼具一定的影响力。

随后为了检验各变量是否具备可进行主成分分析的基本条件，通过SPSS对其进行KMO检验，通过KMO检验可知KMO值大于0.6，同时p值为0.000，远小于0.05，因此各变量具备进行主成分分析求得综合得分的意义。具体如表5-24所示。

表5-24　KMO和Bartlett球形检验

KMO值		0.664
Bartlett球形检验	近似卡方	780.714
	df	231
	p值	0.000

资料来源：笔者调查问卷数据。

通过主成分分析求得的综合结果，将ARCGIS软件对我国经济系统现状综合得分进行空间分布分析，结果如表5-25所示。

表5-25　我国经济系统现状综合得分空间分布

地区	综合评分	地区	综合评分
山东	0.292569332	山西	0.015207780
江苏	0.776327075	内蒙古	0.182288973
安徽	-0.507858204	黑龙江	-0.129482390
浙江	0.445030437	吉林	0.136101932
福建	-0.271738954	辽宁	0.162581522

续表

地区	综合评分	地区	综合评分
上海	1. 129313290	宁夏	0. 258967749
广东	0. 574025888	甘肃	-0. 367075986
广西	-0. 460629265	新疆	-0. 214501346
海南	-0. 496951366	陕西	-0. 012208402
湖北	-0. 245666113	青海	-0. 202569951
湖南	-0. 120045505	云南	-0. 460496258
河南	-0. 313272027	贵州	-0. 329292878
江西	-0. 492333112	四川	-0. 388333526
天津	0. 059018495	西藏	-0. 863882870
河北	-0. 035956375	重庆	-0. 166369090
北京	2. 047231144	—	—

资料来源：笔者自行整理。

从表5-25可以看出，在结合了七大要素标准化处理指标后的我国31个省份中，北京市具备了最高的评价等级，获取了2.047的综合得分，同时我国的上海（1.129）、江苏（0.776）和广东（0.574）等地区同样获得较高综合评价，反映了这些地区七大要素的综合发展情况均处于较为领先水平，经济系统的总体运行兼具了先进性、平稳性与可持续性。而第三等级的综合评价则平均分布于我国东部地区、东北地区、中部地区和宁夏、陕西等少数西部地区，反映出在我国的西部开放战略、东北地区振兴战略和中部地区产业结构调整等政策的引导下，我国西部、中部和东北地区在人均、增速等指标的综合层面上具备一定的发展竞争力，但总体而言仍与东部地区存在较大差距。我国西部地区的西藏、云南、广西、海南和中部地区的安徽与江西则在我国经济系统的综合现状中获得较差评价，反映了我国西部地区内部的发展同样存在较大的地域差异，我国西藏、广西、云南、海南等地区即使在经过人均化与指标化处理后仍处于较为落后状态，为了保障未来“十四五”规划中我国国内大循环的顺利实施和产业链、价值链的顺利畅通，应该对这些地区给予更多的宏观层面的政策指导。

第6章 我国经济系统的发展对策

6.1 经济系统运行的宏观要素对策

6.1.1 经济系统资源要素对策

（1）优化能源资源消费结构，推动经济高质量发展。我国是世界能源消费的大国，应高度关注能源资源消费的优化。长期以来，我国的能源消费主要是煤炭，其中最直接影响是环保问题，其次是限制了清洁能源和可再生能源的发展，对我国的能源消费安全造成了巨大的威胁。我国的能源消费结构不合理，几乎全国都存在着能源配置低效的问题。我国要优化能源的消费结构，降低煤炭资源在能源资源消费中的比重，提高石油、天然气和其他可再生能源的比重。第一，降低煤炭的消耗，调整中国的能源消费结构，在绿色能源的应用中，我国政府要综合考虑地理位置、能源需要等问题，逐步提高绿色能源使用的效率，从而有效地代替石化能源；第二，推进能源价格改革，调整中国的能源消费结构；第三，通过对碳税的调整，使中国从高碳能源消耗转变为低碳能源消耗；第四，增加清洁能源补贴，调整中国的能源消费结构，降低天然气的准入门槛，充分利用市场竞争机制。

（2）加快资源开发方案的研发，提高资源开发水平。我国的自然资源十分丰富，并且分布很广，但与世界其他国家相比，资源开发难度很大，非常规的资源勘测程度较低，经济性差，缺乏竞争力。我国的资源发展能力不足，有较大的资源发展潜力，有相当一部分的资源，但受资源开发水平限制，资源还没有得到充分的开发与利用，不能发挥较大的基础储备优势，我国应继续研发资源勘探与开发技术，提高资源开发水平，充分发挥资源丰富的潜力优势。

（3）转变资源利用方式，提高资源利用效率。资源利用效率低，是制约我国国民经济社会体系健康可持续发展的一个重要因素，节约资源是当前我国的基本经济政策，建设一个资源节约型的社会经济泛指在促进社会经济生产、建设、流通和社会消费等各个方面，切实、有效地保护和合理使用自然资源，提高自然资源利用效率，以最大限度地节约自然资源消耗，获得社会经济最大利益。过去我国资源开发利用方式较为粗放，这种不合理的资源利用方式导致我国资源利用率偏低且资源面临枯竭的困境。我国要采取措施，提高资源使用率，建设节约资源的社会发展方式；我国将转变经济发展方式，走新型工业化发展道路，采用节约资源、科技为主导的生态环保发展模式；推动产业结构优化升级，依靠新兴技术对传统产业进行改造，实现企业从粗放到集约的转变；健全法律体系，加大监管力度，利用政府强制性手段减少资源浪费；充分发挥市场的调节作用，依据资源稀缺程度建立价格机制；树立节约资源的消费观念，形成绿色消费、环保消费的消费方式。

（4）积极开发新能源，大力研发低碳环保技术。我国经济发展所依赖的常规能源以非可再生能源为主，非可再生能源又面临枯竭的可能性；世界经济的发展导致能源需求量增加，能源供给紧张；新能源大多属于清洁能源，能够缓解资源短缺及环境污染问题。因此，我国应积极开发新能源，大力研发低碳环保技术。我国应确定新能源开发战略，从经济发展全局性角度推动新能源开发与利用，为其提供制度保障，可以缓解能源供需矛盾，而且这关乎我国经济可持续发展；加大政策扶持力度，为新能源开发创造良好的外部环境，通过减免税收、财政补贴等手段给予财政支持；我国应积极培育新能源市场，通过政府行为刺激新能源消费需求，从而引导传统产业向新能源产业的转变，逐渐形成完善的市场体系；现阶段制约我国新能源开发的最主要原因是专业开发人员匮乏与技术研发能力不足，导致我国新能源开发基础薄弱，因此应加强新能源开发相关技术研发与人才培养，通过产学研协同作用培育一批专业人才，也可以通过人才引进与培养相结合手段，为我国新能源开发提供专业人才队伍支撑。

（5）推动产业结构调整，实现经济发展由资源依赖型向创新驱动型转型。我国传统经济发展模式严重依赖于高能源消耗、粗放式经营的经营发展之路，产业结构单一，资源型产业所占比例过高，因此要推动产业结构调整，驱动经济发展由资源依赖型向创新驱动型升级，赢得国际竞争优势。优化资源型企业产业结构，提高企业市场竞争力，强化资源型企业优势，带动低碳技术的开发与推广；健全高新技术新兴产业扶持机制，提高第三产业市场份额，促进经济多元化发展；加快高新技术产业园区建设，积极推进高新区能源循环利用试点建设，全面推动产业优化升级。

（6）资金。资金是经济发展的助推器，对于企业而言，项目的启动与实施依赖于资金的投入，它是企业参与市场竞争最大的优势。资金对区域经济发展的促进作用变现为通过转化为大量有效的物质资本来影响区域经济发展，我国社会发展所需资金主要来自于政府投资、民间投资及外商投资三个投资主体，因此，应该采取措施保障投资的持续稳定增长。政府应该积极推动改革措施的实施，降低企业融资壁垒，充分发挥投资的促进作用；处理好消费与投资比例关系，通过调整收入分配制度保障人民收入水平与经济发展相匹配，促进消费增长，保障消费市场供需平衡；调整投资结构，引导投资由传统产业转向新兴产业，提高投资效率，推动我国经济高质量发展。

6.1.2 经济系统消费要素对策

（1）完善社会保障制度，提高国内居民消费需求比重。社会保障制度对于经济发展具备稳定器的作用，尤其是疫情等特殊时期，通过调节社会总需求，能够发挥供给、需求平衡的兜底作用。疫情对于居民消费影响主要表现在以下两个方面：一方面，疫情防控期间劳动者停工，除部分企业有停业补贴外，相当部分劳动者面临无工资的处境，用于消费的收入来源及预期收益减少，居民会有意缩减开支以维持日常生活。另一方面，疫情对于实体店铺的影响是深刻的，疫情防控期间多数店铺关门，尤其是餐饮、娱乐等场所损失巨大，对于个体经营户的影响巨大，社会总消费需求骤减。社会保障在疫情时期支出大于收入，完善的社会福利制度在一定程度上缓解了居民的收入压力，能够保障居民的基本消费需求，刺激消费需求和社会总需求。要发挥政府的作用，坚持民生优先，加大投资力度以逐渐完善社会保障体系，消除居民生活不确定性，稳定消费水平；建立合理的福利与工资增长标准是提高居民未来消费预期的重要手段，收入增加有助于疫情后居民消费需求回升；正确处理居民社会保障缴费与待遇矛盾，保障社会公平，高缴费而低待遇会导致居民参保意愿下降、社会不公及居民消费能力下降等不良后果，影响我国经济稳定增长。

（2）深化供应侧结构性改革，满足人们对美好生活的期望。经济社会发展导致居民的消费需求发生了变化，在物质方面提出了更高的要求和更高的标准，我国现阶段生产结构还不能满足人们对物质生活越来越丰富的渴望，因此，必须进行供给侧改革，实现社会需求和供给的有效衔接。通过供给侧结构性改革，从生产端开始，重点内容是促进多余产能有效地化解，促进工业结构的优化重组，降低工业生产成本，发展战略性新兴行业和现代服务产业，增加公共产品及服务供应，提高供应的灵活度；牢固树立创新发展的理念，加快生产供应方新旧动能转换，逐步淘汰落后产能，发展新动力；推动公共交通与城市等基本设施建设，满足人民基本生活需求，切实提高居民生活质量；充分利用互联网、大数据等新型信息技术，促成新生产关系的形成，促使信息网络与传统产业结合，提升相关产业的发展业态。

（3）更新消费观念，促进消费结构升级。消费观念对于消费者行为具有主导作用，影响着消费者对消费环境的评价、消费方式的选择以及消费者对于未来收入的预期。传统观念讲究“勤俭节约”“量入未出”，致使大多数消费者消费观念落后，尤其是疫情发生后，消费环境进一步发生变化，抑制了居民的消费需求，不利于发挥消费的拉动作用。我国现阶段的消费方式以自主性消费为主，即依靠消费者自身收入能力进行消费，与西方信贷消费为主不同，不利于消费倾向的提高以及我国消费结构升级。我国经济社会进入消费导向型发展模式，政府应该依靠政策法规进一步优化信贷消费环境，鼓励消费者进行消费，为消费者适度超前消费行为提供便利，创造有效消费需求，提升消费者购买能力，缓解因疫情发生所导致的消费需求不足问题，这有利于延长我国经济繁荣周期。

（4）加快城镇化进程，推动城乡发展一体化。城镇化拉动经济增长作用的重要体现是基础设施需求的增加。农村人口进入各类城镇，一定程度上增加了城市基础建设需求，例如，在城镇化过程中，流动性就业人口与农业转移人口会分布于城市群、都市圈及不同规模的各类城镇中，因此需要解决群众的公共服务问题，完善城镇内部基础设施和公共服务设施建设，解决城镇交通、通信、管线设施建设等问题，拉动投资需求，从而带动我国市场发展；城镇化还能够带动创新经济发展，人工智能、大数据等信息技术发展需要数据支持，城镇化进程会完善各类城镇的网络基础建设，从而提高网络覆盖率，网民群众为创新经济发展提供基础，其日常生活中所产生的海量数据刺激了互联网及各类新兴技术产业的发展；城镇化为居民提供更多的就业岗位，尤其是服务业，当农业人口由工业转向服务业时，能够有效缓解自动化、智能化技术所造成的人员失业问题，从而稳定农业转移人口收入增长，促进新增城镇人口消费结构的变化，增加各类工业制成品和服务消费的需求。加快新型城镇化建设发展，首先，必须解决的是农村农业人口大量移民转移到都市城镇的根本问题，从而使相当一部分农村农业劳动力基本脱离我国传统的乡村农业，向城镇地区集中；其次，应注重农村非农业经济的发展，鼓励乡镇企业发展，保证政府财政收入，从而完善城镇基础设施建设，为城镇化转变提供基础；最后，鼓励农村劳动力进城务工、就业，稳定农民收入，适应城市文明，为城镇化创造物质与精神前提。需要注意的是，要促进大、中、小城市与城镇的协调发展，特别重视小城镇的发展。

（5）改善消费环境，提高消费质量。消费环境是影响消费者行为的外在因素，消费者总是在一定的消费环境中进行消费，良好的消费环境能够激发人们的消费需求，降低消费风险以及提高预期消费收益等，但目前我国消费环境不良制约着消费市场的进一步扩大。我国限额以上零售额仅占社会总零售额的一小部分，这说明我国限额以上零售业比较弱小，尚未形成市场领导地位，消费市场的竞争环境混乱，主要原因有：各类产品售后服务不齐、产品质量差、消费者的体验不好等突出问题，对促进我国消费市场健康发展不利。政府应发挥宏观调控作用，加强市场监管，严厉打击假冒伪劣产品，改善产品质量；加大基础设施投资建设，尤其是农村供电、交通、通信等设施建设，为扩大农村消费提供基础保障；在疫情影响下，人民更注重高质量商品消费，应优化国内市场供给，提高消费品质量，保障商品供需更好地衔接适配；在疫情防控形势下，消费者购物习惯发生了变化，购物智能自取等无接触消费快速发展，应进一步完善线上购物平台建设，加强立法与法律监督，为网络消费模式营造良好的消费环境。

（6）稳定就业水平，促进有效消费。稳定就业水平是重振消费的关键，就业水平的提高决定着居民的预期收入，直接决定了居民消费信心和消费力量。疫情的突然暴发导致居民收入减少，失业风险大大增加，居民消费欲望降低，不利于我国经济发展。政府应着力推动疫情后的复工复产，并做好保障服务，通过减免税收及政策补贴等形式帮助企业恢复经营，为人民提供更多的就业岗位，鼓励企业为员工发放返岗补贴，提升员工的工作动力及安全感，通过线上方式加强员工知识与技能培训，对失业人员提供更大的支持力度，以稳定就业，促进消费。

6.1.3 经济系统科技创新要素对策

（1）深化产学研合作，加快科技创新型人才培养。政府要不断优化创业服务政策制度，引导、推动创业企业结合高校和科研院所技术成果，完善技术创新支持政策，促进产学研一体化发展；加大创业投资政策的扶持力度，完善创新投资的引导机制；坚持深化改革，打破创新驱动的发展瓶颈，打破市场、资金配置、人才流动和成果转移等准入门槛；建立完善的创新创业服务体系；坚持自主创新，牢牢掌握核心技术，促进基础研究与应用研究相结合；坚持市场导向作用，培育创新创业良好生态，发挥市场资源配置作用，加快建立市场导向协同创新机制；坚持以人才为本，创新人才培养模式，完善人才流动、激励机制。

（2）坚持创新创业驱动作用，抢占科技人才制高点。整合社会多方资源，建设人才创新平台，并以创新平台为支撑，与高校、科研院所合作，推进产学研协同创新，攻克重大关键技术难关；同时，成立科技成果转换引导基金，落实科技费用补助政策，加强知识产权的保护；发挥政府的导向作用，引导企业参与产品标准的制定和修订，抢占科研技术的制高点，为新兴产业的发展提供强大的动能。

（3）完善技术创新机制，提高企业自主创新能力。改革开放后，我国一直坚持市场的主体地位，但由于市场机制的缺陷，出现市场失灵的现象，导致资源配置效率的下降，因此需要政府干预和宏观调节，以确保市场的正常运作，推动经济持续健康发展。现阶段，我国消费升级，市场以消费需求为导向，政府干预过多会抑制企业创新积极性。我国企业发展尚存在“政企”不分的情况，政府不能充分发挥政策指导作用，导致政府干预失灵，企业尚未建立完善的技术创新体系，缺乏技术创新氛围，导致企业技术创新能力受到限制，不利于企业长远发展。就政府层面而言，应主动提高执政能力，充分发挥宏观调控职能，加大企业创新扶持力度，通过财政政策及税收政策鼓励企业开展技术创新活动，使企业成为创新主体，增强市场活力；就企业内部而言，应完善技术创新体系和激励制度，通过物质奖励、精神奖励等手段激发员工创新积极性及参与度、贡献度，为企业技术创新营造良好的环境氛围，企业还应把技术创新人员所取得的劳动成果更好地与经济效益挂钩，通过商业化手段将创新成果转化为产品，提高企业竞争力。

（4）拓宽投资渠道，保障企业 R&D 研发经费投入。R&D 研发资金投入是衡量企业技术创新开发投入水平的一个重要标准，它反映出企业对技术创新工作的投入程度和重视度。研发经费投入是企业自主创新活动顺利进行的基础条件，目前我国许多企业面临研发经费不足导致项目无法启动的窘境，解决研发资金不足的问题需要政府、企业及金融机构的共同努力。政府可以通过税收政策、建立风险投资机制等措施，引导社会资金大量涌入企业，积极支持创新企业的技术研发活动；金融机构需要完善资本市场，加大企业创新活动支持力度；企业必须加强自己的经济实力，积极寻求融资通道，充分利用企业的自身资金或发行股票、债券等方式吸引外国资金，为技术创新活动提供资金保障，确保技术创新活动的顺利进行。

（5）加强科研人员队伍建设，提升人才队伍素质。经济社会快速发展，人才竞争成为企业竞争的关键要素，加强创新人才队伍建设成为企业的重要工作。目前我国企业由于人才管理机制、企业文化、用人机制等，存在科研创新人才流失严重、高素质专业人才不足及科研队伍管理能力不足等问题，不利于企业持续稳定发展。企业应提升市场地位，将企业做大做强，培育以创新为核心的企业文化，吸纳更多创新型人才加入企业，保证企业始终保持发展活力；企业应不断优化制度体系，制定完善的用人制度，最大限度地调动员工积极性，充分发挥员工技术创新潜能，为企业发展提供智力、人力支持；企业高度重视员工培训的投入，加强对内部员工的培训，注意科研人员在岗和继续培训，提高科研人员技术创新能力；企业还可以利用外部招聘渠道，按照一定的标准向社会公开招聘技术创新型人才，使大量优秀人才向企业涌入；企业还需健全人才考核机制，根据不同岗位不同标准，对员工绩效进行合理评价，根据考核结果对其支付工资报酬、职位调动等，科学使用人才。

（6）加强产学研合作，促进科学成果的转化。产学研是以加快科学成果转变为基础，按照利益共享、风险共担和优势互补原则，企业与地方大学、科研院所合作，开展技术创新活动，在产学研融合过程中，政府扮演着沟通多方的角色，从而形成了“产学研政”的模式。基于这一原因，社会培养了一批影响深远的产业技术联盟，在国家重大科技工程和重要工程研究机构中发挥了积极的作用，随着产学研深入发展，更深层面的体系问题出现，严重限制了社会科技创新水平的提高。在产学研合作的过程中，应突出企业主体地位，发挥其主导作用，企业是科研工程的发起者，也应参与科研工程的发展，决定科研工作的方向；同时要注意发挥企业的组织作用，保证科研工程的有序实施；鼓励产学研单位加强人员流动，重点引导大学、科研人员兼任企业职工的培训导师，提高员工技术创新培训水平，并给予导师一定报酬以提高积极性，通过大量人员交流互动，实现产学研的深度融合；高校应改进绩效评价和激励办法，完善产学研合作项目的考核系统；促进产学研各方信息共享深度，提高科研数据共享效率。

（7）完善技术创新成果保护，切实保障创新主体合法权益。由于我国知识产权保障体系尚不完善，企业科技创新成果得不到有力保护，再加上市场假冒伪劣产品屡见不鲜，企业创新产品丧失吸引力，严重抑制了企业自主创新积极性，最终选择退出市场。现阶段我国企业产权保护意识薄弱，需进一步宣传普及专利保护法及相关法律法规，提高企业对知识产权保护的认识；坚决打击各类违反专利法行为，杜绝假冒伪劣产品，保护企业合法权益，为社会经济发展营造公平、有序的市场竞争环境，利用制度手段激发企业创新积极性；企业应制定知识产权战略规划，企业是我国市场经济主体，也是科技创新活动主体，应意识到产权保护危机感，树立起知识产权意识，既重视其他企业知识产权，也要加强本企业自主知识产权技术开发，实施专利权保护战略；同时，企业应加强提升自主创新能力，从而推动开展科技创新活动，提升企业核心竞争力。

6.1.4　经济系统环境要素对策

环境要素可以划分为环境污染要素和发展环境要素，前者是指该地区经济运行对自然环境的破坏与保护程度，而后者则是该地区基础设施、交通、城镇化、城市化等经济发展环境。自然环境污染要素的存在抑制了一个地区经济系统的可持续发展，即导致该地区的经济系统处于不健康的粗放式发展模式，本书选择以城市污水处理效率（%）进行衡量。而发展环境要素则决定了该地区对外来投资的吸引力，中间材料、原材料、成品的运输时间成本，科技研发的便利性。就业岗位等经济发展的基础要素，本书选择以医疗卫生机构数量、交通基础运输线路、每千人医疗卫生技术人员数量进行衡量。

其中，环境污染因素是指一些有害物质进入生态系统，对整个生态系统造成一定的负面影响和破坏的现象。随着经济社会和贸易全球化的发展，环境污染问题也逐渐成为一种国际化问题，近年来发生的一系列危险废物跨境转移问题越来越严重，成为环境污染方面较为突出的问题。总体来看，环境污染问题是人类活动和自然活动共同作用产生的结果。但通常情况下，许多环境问题主要由一些人类活动，尤其是一些社会经济活动引起。我们日常生活中所说的环境污染就是指这类由人类经济活动而产生的环境污染问题。之所以人类的一些社会活动会引起环境污染，是因为人类与其他不同类的生物之间存在着一个本质的区别：人类除了要进行自身所需要的生产活动外，还要进行额外的大规模物质生产，这一点是其他生物所不具备的。因此，人类的社会经济活动远超于其他种类的生物。在讨论经济发展环境的同时，我们可以将经济发展环境分为两个部分：外部支持环境和内部运行环境。外部支持环境包括自然环境、基础设施等硬性条件；内部运行环境包括法律制度、行为规范等软性条件，总体来说，包括市场、政治、人才、人文环境。

同时，我们也可以从宏观角度来确定经济发展环境，从宏观经济学的角度来看，经济发展主要取决于劳动力素质、资本运行和科技进步的发展，而这些因素影响着经济发展和运行的各个方面。从宏观经济运行角度上来看，经济发展环境主要有五个方面的内容：政治环境、自然环境、人口环境、经济环境、思想文化环境。

6.1.5 人力资本要素发展对策

（1）推进高校教育体制改革，树立以就业为核心的教学培养计划。目前我国高等教育中存在较为突出的问题是：在高校教育中授课老师的主要重心过于偏向科研工作，而对于大学生的主要考核方式仍以期末统考的形式为主，因此高等教育中水课盛行，学生上课积极性薄弱，自主学习意识匮乏，仅依靠考前的突击复习的形式应对高校考核，且高校的毕业实习考核力度不够严格，导致部分学生可以通过弄虚作假的形式随意过关。这造成我国高等教育毕业生群体普遍存在着实践能力薄弱、理论无法联系实际、心理接受能力较差、身体素质落后等诸多问题，而应届毕业生人数的逐年暴涨也对我国的就业岗位提出了更大的考验。2020年新型冠状病毒肺炎疫情防控期间我国大学生就业问题充分暴露出来，2月我国城镇居民失业率上升为6.2%，其中娱乐业、餐饮业、体育、文化等服务业就业岗位严重缺乏，导致我国该年大量应届毕业生在与具备较多工作经验的求职者竞争有限岗位的过程中处于严重下风，大量毕业生无处可去。因此我国各地方政府应积极响应教育部于2018年发布的《教育部关于狠抓新时代全国高等学校本科教育工作会议精神落实的通知》，严格去除我国各大高校中普遍存在的填鸭式教学和敷衍式听课的水课教学模式，建立具备学科专业特色的、多方独立参与的科学教学评价体系，并保障各高校可以切实接受评价意见弥补缺陷；加强对企业的宣传与引导，降低企业中广泛存在的学校歧视现象；合理根据地方需求来制定各地高校中专业比例，防止夕阳产业与旧动能产业学生比例过高，完善数字化、智能化等专业课程的设立；通过学、企、政的三方合作，严格要求高校毕业实习，保障企业对学生的实习表现与就业适应力提出切实有效的客观评价；通过制定相关的奖罚制度和引导宣传，提高教学质量在学校、教师评价中的占比，将教师的重心重新转移到教书育人的本质上；扩大高校改革的资源投入，引导高校学院建立系统综合的专业课程体系，协助学生建立较为完备的理论框架，并通过衔接实践模拟课程培养大学生的理论联系实践能力。

（2）加强职业技能培训建设，减少结构性失业。随着我国供给侧改革、经济转型、智能制造的逐步推进，我国传统产业正逐步接受智能化、服务化、数字化、高端化、创新化的新动能改革，我国大量传统产业在职员工职业素质已经无法跟上企业的转型升级需求，导致部分旧产业员工无法与新动能产业岗位实现有效匹配，加剧了结构性失业现象。因此，地方政府与高职院校合作、对政企合作的员工定期进行技能培训、打造创新教育基地和推广在线技能培训课程平台、对夕阳产业员工和失业员工进行职业技能培训，并给予参加者适当补贴。

（3）调整地区退休政策，实行老年人口就业激励政策。过去我国为了保障农村地区人口少生快富、保障有限资源的合理分配和加快资本积累，施行了长期的计划生育政策。

长期实行的计划生育政策与随着我国医疗机构、生活水平的提高而不断延长的平均寿命，导致了我国老年人口与老年抚养比的快速上升，1990 年我国 65 岁以上老龄人口比例为 5.6%，老年抚养比为 8.3%，而 2019 年我国 65 岁老年人口总量已经达到 17603 万人，占比达到 12.6%，抚养比更是达到 17.8%。具体如图6 -1 所示。因此通过对非体力型劳动岗位的人口退休年龄再度推迟，通过鼓励与补贴政策激励退休老年人口参与再就业，拓展适合老年人参与的老年化产业，开展老年人口适合岗位的宣传与培训工作，鼓励老年人的非全日制工作参与，以此缓解我国老年抚养压力，并为老年人提供更多的社交与社会价值（见图6 -1）。

（4）协调城镇化过程中务农就业者的失业与生活保障问题。随着我国城镇化进程的稳步推进，2019 年城镇人口比已经达到了 60.6%，且我国在城镇化推进中将实现城市化为主要推进点。这也就导致了在城市化过程中农村第一产业务工人员的大量土地转换为城市用地，因此使农村人口大量失业，而目前对农村征地与拆迁采用的一次性补偿金尽管可以对农村失业人口给予短期的生活保障，但

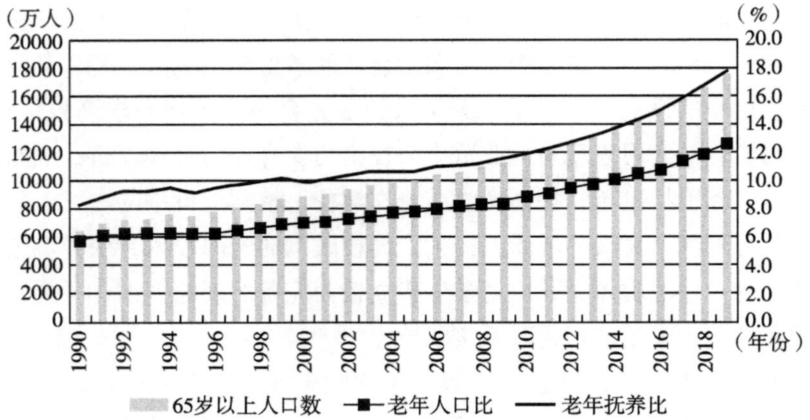

图6－1　中国老龄人口变化趋势

资料来源：国家统计局统计年鉴。

农村从业人员由于受教育程度较低，仅擅长第一产业中的种植业、养殖业和体力劳动，缺乏对其他就业岗位的转换适应性。因此在我国“十四五”规划期间各地方政府在推进城镇化进程中要尽量避免一味追求城市规模发展，而忽视农村现代化建设的做法；可以将征地与拆迁的一次性补偿转换为长期的补贴金生活保障政策，且由于农村的城市化导致了部分年龄层面较大的农业人员无法适应城市快节奏、轻社交的生活模式，因此需要对失业、拆迁农民给予政府组织的心理辅导与技能培训，缓解其精神状态与提升自身技能素质；由于目前城市对相关学历的要求不断提升，而大量失业农民只能选择从事第二产业中工地建设等低端体力劳动工作，且这些劳动大多缺乏有效的工作保障体系，因此各地企业应完善农村务工人口的就业保障体系和劳资监管系统，保障农村务工人员的薪酬与待遇的正常化，引导协调好企业与农民工的劳资关系，通过数字化交互平台向农村失业人口提供工作岗位信息，建立好农村人口的就业体系，将部分不需要高技能学历的工作岗位优先推送给农村失业人员、务工人员；目前部分地区城市化建设中房地产开发项目过于急躁，导致部分城市形成了一定规模无人居住的死城区，因此需要适当降低城市化扩张速度，转而将资金投入建设现代化农村，在农村本地建设更完备的服务体系，提供给非外流农村劳动力更多的工作选择，缓解农村人口过度流失的困境。

（5）强化对我国企业家才能的培养，提高中小微企业的保护措施。企业家的才能是一个企业能否顺应时代变革的要求，及时调整企业发展方向的关键因素，同时一个企业家的才能也在很大程度上影响了企业人才的企业归属感、工作认同感。但我国目前各地民营企业中企业家才能参差不齐的情况，主要原因可能是我国经济发展速度较快，企业家经历了不同的经济发展背景，导致部分企业家过于墨守成规、官僚思想较重，无法合理认识到我国新时代经济转型背景的发展要求和合理接受员工建议，使企业无法得到有效的发展，人才不断流失，但民营企业、中小微企业作为我国就业岗位的重要提供者，我国各地方政府应加强组织对企业家能力与公司管理技能的培训，去除我国部分私营企业家族化管理的不良经营结构，提高我国民营企业对创新转型的接受能力，同时改革金融机构的融资结构，扩大中小微企业的融资渠道与增强融资便利性，将企业家的才能与公司管理结构评价体系纳入金融机构融资考察范围，给予积极转型的中小微企业一定的政策扶植与奖励。

（6）鼓励自主创业，拓展新时代新动能产业就业体系。疫情防控期间，部分传统企业遭受重创，居民消费意愿遭到压制，但同时也催生了我国诸如智能家居、网络教学、数字化经营模式、交互平台、网络办公等新一代互联网消费模式与经营模式。因此我国各地方政府应有效抓住新生数字化产业的发展契机，鼓励支持我国传统企业的数字化、智能化转型，同时进一步推进我国“大众创业、万众创新”理念的贯彻落实，推进高校大学生创新创业培训基地的建设，建立较为完备的大学生创新创业监管机制与后续评估体系，引导大学生的创业方向，发挥网络创业的低门槛作用，打造地方网络创业交互平台，以促进我国数字化产业、就业体系的完备化。

6.1.6　对外开放要素政策

（1）建立完备的对外直接投资服务机构，强化对外投资企业的监管与审核效果，降低国有企业对外投资占比。我国的对外直接投资相比外国直接投资起步较晚，但随着我国经济体系的快速完备，对外直接投资总量得到了快速发展，2019 年我国的对外直接投资流量已达 13690756 万美元，然而相比于日本、韩国、美国、欧洲等发达国家，对外直接投资相关体系仍然相对较为薄弱，日本、美国等发达国家均已建立相对完备的对外投资服务机构，而对外直接投资作为我国国际外循环的重要流出途径之一，同样是我国未来实现双循环经济模式的重要途径，因此各地方政府应有效建立相对完善独立的对外直接投资服务机构，并借助数字经济的发展，建立公开透明的对外直接投资服务交互平台，同时进一步完善我国对外直接投资的法律法规，严厉防止借助对外投资的名号进行资本外逃与享受税收减免的企业行为，加大对外投资企业的审核程序与后续监管力度，并将其监管结果与交互平台进行实时的公开与展示，完善对资本外逃与逃税企业的法律惩罚机制。由于对外投资作为一种跨国资本投资行为，其不可避免地遭受到政治、文化、环境的相互冲击与融合，而我国的国家控股与国有企业在对外投资过程中，也同样极易被东道国打上国家操纵的污名，从而遭受到一定程度的限制。美国、澳大利亚等国同我国的政治体制对立，同样使得我国在对外投资过程中有大量企业遭受其政治、法律打压。因此中国在继续拓展对外直接投资规模的同时，也应逐步将主导权让步于投资企业本身，同时继续积极援助落后国家与受灾地区，推动“一带一路”经济合作带的建设，营造和谐合作的大国形象，减少目前世界其他国家对中国不断滋生的阴谋论。

（2）拓展我国对外投资对象的多样化，降低资源寻求型投资占比，建立完备的对外投资资金保障体系。尽管我国的对外直接投资已经得到了快速的发展，但实际上我国的对外投资并未从真正意义上将我国的旧动能产业进行有效对外转移，也未能从发达国家进行有效的技术学习。因此我国应积极鼓励企业对其他地区进行对外直接投资，建立完善的对外投资资金保障体系，放松对对外投资企业的外汇管制，建立多渠道的融资获取渠道，降低对外投资、并购企业的融资利息，同时针对不同投资对象国，设置不同的风险准备金率；积极引导企业进行市场寻求型投资、技术学习型投资与旧动能产业转移型投资。

（3）加强对外资的投资引导与监管，取缔盲目外资优先的优惠政策。随着我国外资规模的不断扩大，外资在对我国的产业结构的优化与升级中起到了重要的指导、外溢作用。然而外资也具有利益至上的趋利性，并且会对地方企业产生一定的市场挤出效果。因此各地区在制定外资政策时应加强对外资企业的监管，取缔环境污染型外资企业的优惠措施，逐步减小外资企业的税收优惠力度，给予同类型国内企业公平竞争的机会，同时针对外资企业应避免通过政府手段的强迫进行技术转移，应充分给予外资企业发展经营的尊重与投资的信心，也要根据各地方产业结构的比重，降低产能过剩产业中外资的流入规模，通过额外的奖励制度与宣传，鼓励外资流向数字化、智能化等新兴产业中。

（4）完善我国贸易结构，提高我国产品在世界贸易链中的产品附加价值，推进自由贸易区的进一步建立实行。我国在与发达国家的贸易中，由于我国产品附加价值相对较低，且高端产品部分核心技术受限于人，因此在世界贸易链中处于相对较低位置，我国应抓住“十四五”规划浪潮，推动数字经济、智能化产品的发展与贸易，给予我国新动能产品适当的贸易保护措施，持续推进“一带一路”经济带的交流合作，打造以中国为核心的产业价值链，完善对外贸易产品结构，扩展我国服务业贸易规模。同时自由贸易区由于其关税减免措施的存在使得参与国之间可以更好地通过比较优势来促进国际分工的形成，享受贸易带来的正面收益。但不同国家之间同样存在着各自需要给予保护的敏感产业，自由贸易区能否得到有效运行，需要我国同各国建立自由贸易区时对敏感产业的关税处理问题达成长期共识。由于我国贸易结构在长期发展过程中不断优化改变，同样需要不断对自由贸易区的关税政策进行完善与协商。

（5）积极推行与冲突国进行有效的贸易协商，但面对强权也绝不妥协的外交政策。在智能制造革命浪潮的参与过程中，中国产品的附加价值不断提升，与美国等发达国家在贸易中长期保持贸易顺差，近年来以美国为首的发达国家多次针对中国实行反倾销关税壁垒，因此中国在积极同贸易冲突国展开有效沟通协商的同时，也应吸取美日贸易战中日本退让所导致的经济崩盘的经验教训，面对霸权与不平等贸易条款坚决不能退让。

（6）推进我国商品贸易中国内品牌的打造，提高本国商品的国际竞争力。通过经济学原理的基础我们可以知道世界上大多数相似类型的商品生产企业之间的关系并非属于完全竞争关系，而是生产相似但有区别产品的不完全竞争关系，因此在面临相似产品的选择过程中，大多数消费者会选择让人印象较为深刻的大品牌产品，因此将一定的资源投资于塑造我国知名品牌上，既可以提高产品的国际知名度与竞争力，还可以借此激励品牌企业保持较高质量的产品生产与培养创新精神。

（7）疫情常态化管理下加大对入境食品的质量检验力度。尽管2020年疫情在国内已经得到了有效的控制，然而国外形势依然不容乐观，疫情通过新鲜食品的进口多次入侵我国重要城市，因此在疫情常态化管理期间仍持续加大对进口新鲜食材的质量与感染源的监控力度与提高检验标准。

（8）积极投资带动我国贸易合作国的交通基础设施建设，拓宽贸易渠道。通过我国的进出口贸易的总量分布可以得知，区位优势与运输的便利很大程度上影响了地区间的进出口贸易规模，因此我国应继续加大对中西部地区交通基础设施的建设，完善中部、西部、东部各地区之间交通联系的便利性与增加可选择性。同时积极加强带动“一带一路”合作国的相关港口、铁路、公路、管道设施的建设，通过加强合作国与中国的信赖程度与完善进出口便利性的双重因素进一步加强我国与周边合作国贸易的往来。

6.1.7 产业结构要素政策

（1）合理分配外资的地区流向，充分利用外资的技术外溢与人才培养效果。来自发达国家的外商直接投资由于其较为先进的人才管理措施与先进的产品生产模式会对东道国地区产生一定程度的技术外溢效果，会通过市场经济带动我国缺乏行业经济压力的国企的进步与发展，同时由于人力资本的流动可以带动周边地区劳动力素质的有效提升，并且外资企业的存在会有效地形成一定的人才集聚效应。然而外资的技术外溢效果需要一定的门槛效应，即需要投资所在地具备一定的技术发展水平，才能有效承接外资的先进技术，否则会导致地区对外资产品的依赖性的不断加深，反而抑制地区相关产业技术的发展。因此我国需要加强对外商直接投资的引导效果，根据我国地区经济发展的差异将不同技术水平的外资进行合理分配，同时给予投资于西部地区的外商企业额外的税收减免政策，并且避免东部沿海地区同类型外资企业的大量重叠从而导致地区产能过剩、挤压国内产业的正常发展的情况发生。

（2）合理利用中心城市的集聚效果，形成产业经济带。发挥我国各地区副省级城市、省级城市和直辖市的城市辐射作用，形成城市发展的合作经济带，通过中心城市产业结构的高技术发展，带动周边地区上下游关联产业的快速发展，减少产业链循环过程中的时间成本与沟通成本，使我国城市群的综合承载力得到有效提高。

（3）推动我国传统产业的转型升级，加快制造业的服务化进程。随着我国产业结构的进一步优化与发展，服务业已经成为我国产业结构中重要的支柱产业，同时我国大量制造业的传统生产模式缺乏对市场的有效把控，导致产能过剩、核心竞争力衰减。借鉴我国“互联网+”战略、智能制造中发展出来的互联网服务业和疫情防控期间激发的我国数字消费潜力，新的时代发展背景下，我国传统制造业转型升级的途径之一就是增加制造业附加值，实现生产性制造业向服务性制造业过渡，通过制造业的服务化将企业的重心从产品的生产者过渡为产品的生产者与服务的提供者，通过建立大数据技术、传感器技术将智能化融入产品的生产过程中。同时通过建立网络信息交互平台与消费者群体保持长期的信息交流，使得消费者充分参与到产品的生产周期中，使制造企业在产业链中的地位与产品附加价值得到有效提升。

（4）提高地区R&D投入，营造良好的创新环境与创新网络。目前除上海、北京、深圳和广州等部分中心城市具备较好的创新基础设施条件、创新孵化基地、创新政策和市场需求条件，达到发达国家水平的第三产业发展比重，且除了具备较高的高新技术产业投入产出外，我国其他地区尤其是中部地区和西部地区有利于产业结构持续优化升级的创新环境仍然处于相对落后的状态。东部、西部、中部地区新产品开发数据如表6－1、表6－2、表6－3所示。

表6－1　2019年东部地区规模以上工业企业新产品开发数据

东部地区	新产品开发项目数（个）	新产品开发经费支出（万元）	新产品销售收入（万元）
江苏	95797	27013149	301019390
上海	20836	8516190	101409491
浙江	110063	15316802	260993704
福建	22275	5806318	57893119
广东	146954	38649832	429700648
山东	44196	10566243	134800845
辽宁	12212	3420219	42835981
河北	14913	5046187	64847324
天津	12714	2120384	38466201
北京	12142	4244502	52201988
海南	835	159612	935498
东部地区	492937	120859438	1485104189

资料来源：国家统计局统计年鉴。

表6－2　2019年西部地区规模以上工业企业新产品开发数据

西部地区	新产品开发项目数（个）	新产品开发经费支出（万元）	新产品销售收入（万元）
四川	17648	4030592	42118322
贵州	4235	856777	8188302
云南	5661	1227702	9395451
西藏	39	6557	230104
陕西	7595	2654451	25660429
甘肃	1458	457278	5527138

续表

西部地区	新产品开发项目数（个）	新产品开发经费支出（万元）	新产品销售收入（万元）
青海	259	91755	1233887
宁夏	1448	310908	4476886
新疆	1018	386888	5571410
广西	4846	1445180	18382401
重庆	14274	3421298	43654109
西部地区	58481	14889386	164438439

资料来源：国家统计局统计年鉴。

表 6－3　2019 年中部地区规模以上工业企业新产品开发数据

中部地区	新产品开发项目数（个）	新产品开发经费支出（万元）	新产品销售收入（万元）
山西	4778	1403231	19892632
内蒙古	1996	925345	11274431
吉林	3511	1769661	26275923
黑龙江	3658	748699	7336240
安徽	27734	6192560	96985530
江西	20589	4584841	63281504
河南	19035	4980837	67883527
湖北	17737	6909409	97076662
湖南	21343	6593679	81053560
中部地区	120381	34108262	471060009

资料来源：国家统计局统计年鉴。

目前，我国东中西部地区按经济发展程度划分标准，在创新的研发环境与人才环境中东部地区占据了主导地位，其 2019 年新产品的开发数量占比达到了全国数量的 73%，中部地区则为 18%，西部地区仅为 8%，在创新政策环境中东部地区 2019 年的新产品开发的经费支出同样达到了 71% 的绝对占比，而中部地区则为 20%，西部地区仅为 9%。在创新的市场环境中东部地区 2019 年的新产品收入达到了 70%，中部地区为 22%，西部地区则为 8%，具体如图 6－2 所示。即东部地区形成的优越的创新环境为东部地区的高新技术产品的研发与推广提供了极佳的温床，而西部地区的创新环境则远远落后于东部地区，这也促使了我国东部地区产业结构的高级化进程的快速发展，而西部地区发展较为落后，因此地区创新环境的差异也就导致了我国产业结构高级化进程的差异化分布，我国东部地区在已经具备完善的创新环境的基础上应继续加大创新科研基地、产学研基地、国内外合作研发基地的建设，同时避免东部地区城市集群之间对于创新市场、资源与人才的互相争夺。因此，应建立完整的创新协同关系网络，提高东部地区创新点之间的信息交互程度，促进城市群内部与城市群之间创新交互平台的建设，加强东部地区内部创新主要发起者（也就是各地方高校、国内企业、地方政府、金融机构、外资企业和创新研究院所）之间的紧密联系，实现信息、资金、资源、人才的互通互联，加快地区之间产业与产业边界的互相融合，加速我国第一产业的技术化与第二产业的服务化进程，进一步实现我国双循环经济发展要求下的产业结构的合理、高级、循环化（见图6-2）。

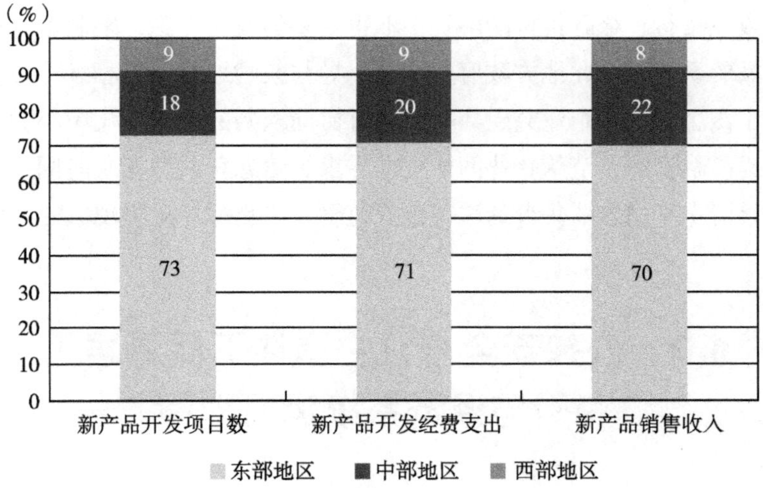

图6-2　2019年三大地区规模以上工业企业新产品开发项目数与开发经费支出及销售收入

资料来源：国家统计局统计年鉴。

我国中西部地区应尽快完善创新环境的建设，加快政府对地方企业创新意识的培养与居民创新消费观念的引导，营造中西部地区的创新市场环境与创新研发环境，加大对本地高校的资源投入力度，展开高校改革为中西部地区培养更多的创新人才，同时给予中西部地区人才更高水平的福利待遇以防止人才的外流，完善中西部地区的创新研发环境；合理筛选外资企业，适当放弃部分技术水平远超本地的外资企业的入驻，以防止遏制本地企业的创新自主性；中西部地区尤其是西部地区，应尽量培养出更多具备产业集聚与辐射带动效果的中心城市（如四川省成都市），完善西部地区的基础设施建设，为未来跟进东部地区形成创新协同网络提供可能；随着东部地区高技术产业的快速发展，东部地区可以将部分已经趋于饱和的高技术产业转移至中西部地区，为东部地区其他产业的发展解放市场，也同时带动中西部地区的产业升级，防止在“十四五”规划中中西部地区高级化进程的进一步掉队。

（5）鼓励、引导和促进我国各地区城市群内部中小微企业形成产业集群。随着我国产业结构高级化的不断推进、创业鼓励政策的有效实施与数字化、智能化消费等新兴消费模式的兴起，我国大量中小微企业获得更广阔的生存空间，然而我国新兴中小微企业与传统中小微企业由于企业规模相对较小，难以在与大企业的谈判或在银行、金融机构的融资中取得更多的发展资源，限制了企业的转型升级与产品的研发，因此地方政府应合理引导与鼓励地理位置相近、位于相同产业链的中小微企业形成企业共生集群，通过协同谈判的方式强化中小微企业的金融信用，提高融资率，节约企业间的资源寻求、信息获取和谈判时间成本。但同时也应完善对中小微企业集群的法律法规监管，防止恶性竞争现象的产生。

6.2 公共安全与卫生事件下促进居民消费与经济系统运行对策

从消费者个体来说，提升公众的安全感，降低对未来担忧程度，提升购买欲望和消费动力。从美国、日本等国家的宏观政策上来说，政府通常采取积极性财政政策，为居民进行基本性的社会兜底保障。以日本为例，日本政府构建比较庞大的社会保障体系，包括涉及员工雇佣、自然灾害、突发公共事件的保险，强制要求企业为员工各项权利进行保障。

从消费的资金来源来说，例如，美国政府颁布政策召回属于本国的原生企业，为国内经济恢复和国内居民就业提供更多的机会，为居民间接提供收入。提供进行消费的资金来源，提升资金流动性。为公众消费提供更多的渠道，提供信贷消费、金融消费。美联储为家庭、中小企业提供保护性贷款，增加贷款额度，降低贷款利息。

从公共安全与卫生事件对消费影响的方面来说，首先把公共安全与卫生事件的预防放在第一，防止重大公共安全与卫生事件影响经济发展水平，从而影响消费水平，健全和完善危机预防、监控、处理机制，以应对重大公共安全与卫生事件的发生。

从线上消费交付率方面来说，疫情进入常态化后，回顾疫情攻坚期的经济变动，线上消费对居民消费积极性的正向影响尤为重要，线上消费交付率为经济遭遇重大公共安全与卫生事件后的恢复做出突出贡献，并且在互联网平台发展的同时，带动创新要素的革新，例如，线上教育、线上医疗、线上办公。全面促进消费本身扩容，加快培育新型消费热点，主要包括数字消费、网络消费、信息消费，线上消费市场潜力巨大。线上消费为居民提供新的购物体验、场景、模式，但是新的消费模式在法律方面仍存在许多不健全的地方，为促进消费者消费积极性，政府必须加强线上消费环境的净化和制度维持。线上消费渠道仍然存在许多不健全的地方，例如线上消费存在许多假货、商家信用问题堪忧等问题，而国家有关政府部门的制度仍然需要完善，为此，政府应该不断完善和定制更加符合实际的法律法规，跟随现实中互联网经济发展的快速变化，与时俱进。

线上消费的风险主要包括产品、隐私、经济、技术、时间、服务六种。消费群体分为风险规避型和风险承担者两种，这两种消费群体之间的相互界限也存在一定的模糊性，其中涉及的隐私风险还牵扯许多伦理道德的困境，会对社会价值观造成一定的冲击。我国国内的消费群体趋向于风险消费规避型，不同消费群体对于风险承担能力和未来乐观程度差异较大，在网络零售时，线上消费的不稳定因素越多，对于消费者购买意愿的负反馈影响越大。

我国线上消费潜力巨大，线上消费零售额逐年攀升，发展速度加快，而相应的法律法规仍然不健全。要规范线上消费环境，第一，提高线上消费平台购物的质量，对于消费者本身来说，必须增强线上消费的安全警惕性，确认产品质量的真实性，确保消费链接打开的真实性，保证数据加密，增强个人隐私保护意识。第二，对于进行线上销售的商家，其各种标准和质量必须符合法律的标准，并进行各种实名制认证，尤其要保证线上支付的安全，使得线上消费的安全支付系统不断升级完善，使得网络漏洞降至最低，同时商家必须进行自我约束，诚信经营，使得自身经营行为符合法律法规的规范，从而提升顾客满意度和黏性。第三，利用现代化的信息技术和平台，最大限度地满足顾客的市场需求，最大程度地发挥线上购物及时、便捷的优势，为顾客节约时间成本和机会成本。第四，积极促进线上线下消费方式相融合，优化用户体验，使得线上消费为线下消费带来新的活力，并且各个实体经营者应该准确分析与定位目标的线上消费人群，掌握消费者的构成与消费目的，包括选择线上消费的原因和动力，并采取恰当的营销方式拉动消费，从而推进经济发展。

从智能化发展水平方面来说，在控制疫情的过程中，人工智能、5G 技术、机器人助手等智能化手段和技术贯穿于发病源、防控措施、日常检查等多个方面，有效遏制了传染。这些技术和手段在疫情常态化后，可以由医用转化为商用，商业化后可以创造出更大的经济效益、社会效益。科学技术的创新对于生产力的发展所起的推动作用是成倍增长的，要推动智能化发展水平，首先必须进行思想意识的革新，转变经济发展模式，使得经济发展模式以价值为导向，使得整个产业链不断升级，迸发出新的活力。其次实体经济作为一国经济的基石，国家想要长期生存和发展，任何时候都不能脱实向虚，必须将智能化发展和实体经济深度融合，深入促进产业结构深度变革，并且在考虑到区域发展差异化较大的基础上，结合各个区域经济发展不协调的实际情况，加速促进智能装备和制造与各个地区的特色产业协调发展。

人工智能和机械的推进势必会对劳动人口的素质和质量提出新的挑战和要求，先进的智能化设备进入各个产业，不可避免地会对这个地区的原有就业人群和企业产生挤出效应。因此，在提升智能化发展水平的基础上，劳动人口的素质和质量也必须随之提升。由此，政府和相关的教育部门必须加大提升全面教育水平的力度，提升劳动人口的就业率和就业面，特别是要加强劳动者就业的转岗培训，培养多方面的技能，同时提升市场就业信息的透明度和增强流动性，帮助劳动力就业和转移，鼓励“大众创业、万众创新”。激发新的就业机会，在国家智能化战略和科技强国战略推进的基础上，健全公共服务体系，加强智能化体系人才建设，加大各个地区对高水平人才的吸引力度，满足科技发展对高水平人才的需求，弥补人才短缺的缺口。

在智能化发展的过程中，我国智能化自身发展也存在许多不足，仍存在许多被“卡脖子”的行业和技术。为推进智能化与国家经济发展的深度接轨，一是必须加大智能化技术的开发和应用，例如智能化机器人、智能感应器、智能远程操控系统、智能数控机床、芯片和半导体技术、智能仓储和物流等，要深刻推进智能化制造融入到产业中，实现全产业链的智能化。推进智能化制造的目的不外乎提升生产效率、降低人工操作失误、提升产品智能，使得全产业链的制造工艺和水平得以提升，因此必须推进产学研深度融合，在高校进行研究和开发的同时就为其进行商业化和社会化做好衔接，尽可能避免产学研脱钩。二是提升互联互通能力和数字化集成能力。企业在进行科技创新时，尤其大型企业，要注重建立学习型组织，进行战略联盟合作，从而进行合作创新。在进行智能化设备、技术创新和智能化建设平台进行搭建时，不可避免地会遇到瓶颈，因此各方必须进行合作和交流。此外，某个企业和平台的技术突破和创新，只是在局部产生经济效益和社会效益，而没有在整个行业和产业中产生互联互通，要将智能化技术向更高层次推进，和其他行业进行耦合。因此必须推进智能化技术与全产业链、全行业进行互联互通。互联包括人机互联和机机互联，无论是哪种互联网连接方式，都是依靠数字化集成设备去替代原来的人力劳动，因此提升数字化集成能力也是提升智能化水平的必由之路。三是进行智能化服务平台的搭建，进行模式创新。智能化服务平台的关键资源就是数据的智能化分析和应用，以价值为导向，以环境为指引，从产品的生产源头开始，进行用户对于产品和服务数据记录的分析，深度挖掘历史数据的有限信息，进行潜在消费的开发，在产品的概念设计阶段进行指引，提供价值的信息支持；在产品制造的环节，大数据服务平台对于产品生产阶段的数据进行整合，可以使得整条产业的工艺流程无缝衔接，减少失误和误差，提升产品质量，同时还可以使得顾客参与到整个生产制造的工艺流程中，使生产出来的产品能够更好地流入市场，打开销路，并且智能化技术的提升能够使顾客的远程参与成为现实，并且在定制化的产品生产过程中，不仅可以检测生产的状况，还可以通过云端进行在线维护、修理，可以把生产的及时信息通过服务平台反馈给消费者，提升产品的市场竞争力和顾客满意度。在产品的服务过程中，云服务可以成为解决顾客需求的有效形式，利用线上的技术资源，进行产品的销售以及售后服务的处理。四是进行智能化技术的先行产品、平台、服务的试点和试用。智能化技术的推进不是一蹴而就的过程，伴随着新兴技术的出现和成长，市场的认可度本身也是一种问题。因此可以选择进行试点推行，对产品从原材料到半成品，再到成品的全部过程，中间涉及的所有智能化产品或服务可以选择经济消费发达的地区、城市进行试验试点，可以在试验田发现较多的优势和不足，从而可以减小改革的阻力，避免冲突和较大面积的成本损失，降低智能化产业升级的风险。尤其是一些关键技术的重点应用和推广，可以选择一些发展较快的龙头企业进行，有利于促进产业和技术的深度融合。

从消费文化水平方面来说，文化水平的高低，体现一个国家、民族消费群体的整体素质。而消费文化水平的高低受到经济发展水平、政府引导力度、市场营销水平、公众受教育程度等因素的影响。社会文化水平所营造的整体消费氛围会影响到消费者的积极性，消费文化水平的提高会对消费个体乃至整体的消费偏好、感知、个性、自我概念造成潜移默化的影响，从而造成最终决策的改变。一个国家和地区文化水平的高度，极大地受到教育水平的影响。而文化教育水平的整体性提升是一个漫长的过程，需要几代人的努力，因此强调教育水平的重要性的思想必须进行贯彻落实，文化水平的先进性有时会超越物质水平的发展程度，因此必须把教育摆在优先发展的位置上，使得教育强国的意识深入人心，先进的科学理念能够促进生产力的进步，文化强国可以提升一个国家的综合国力，提升一个国家独立自主的发展能力。

从国际贸易水平方面来说，国际贸易水平的提升，在一定程度上促进消费资源和消费资料，即社会消费基础的完善，而消费基础的完善能够为消费者提供多样化的消费选择，激起消费的欲望。国际贸易水平的提升加剧企业间竞争水平的提升，从而倒逼企业进行升级换代和技术革新，从而在跨国贸易的过程中，不断地引资、引智。

我国近年来不断推进的“一带一路”倡议包括陆上丝绸之路和海上丝绸之路，涉及沿线100多个国家和地区，为沿线的通信、能源、交通等基础设施的完善做出突出贡献，提升我国的对外贸易水平，而基础设施的完善有助于降低运输成本，更好地与世界先进水平接轨，进行信息、物质、能源的交换。在推进“一带一路”倡议的过程中，要充分利用亚投行的资金和政策扶持，充分调动一切积极因素进行经济建设，建设人类命运共同体。在进行国际贸易和全球价值链分工时，要坚持独立自主、自力更生的原则，避免成为发达国家产业链的附庸，打破技术上和思想上的束缚和依存，近年来国际贸易水平的摩擦已经成为我国发展对外贸易和进行改革开放的重大障碍。

为此，对于政府和有关部门以及相关的跨国贸易公司来说，一是必须将建设开放性经济和完善经济架构升级作为国家的战略性任务，从而进一步改善我国在某些领域的障碍，建立多边贸易伙伴，警惕和提防多种形式的政治摩擦和经济摩擦。在进行国外引资引智的过程中，必须将高附加值、高科技含量、低能耗、低污染的产业和生产链条放在核心位置，以高素质人才引进、先进科技和优质资本为创新要素进行进出口，建立具有创新性、绿色性、可持续性、开放性的对外贸易体系，提升加工层次和附加价值。二是以国内大循环为基础，进行国际贸易双循环，从而平衡国内外供需市场，使得我国经济的发展减少对外部的依赖，增强内需的拉动力，使得内外市场协调发展，减小国际贸易摩擦。使得国内的产品的销路尽可能多样化，推进转向的灵活性，增加国内市场的需求和消费比重，进一步解决国外市场供需过大的困境，使得贸易逆差的效应减少。三是促进国内外贸易协调发展，利用国际贸易秩序和规则，完善加工贸易的市场规则和市场准入规则，抵制恶性竞争和倾销，加强贸易行业协会的市场监管，在一些比较重要的进出口领域，尽可能避免过大的贸易逆差和顺差，制定有效的政策和措施，鼓励和合理发展进口，例如，资金支持、融资支持、降低关税等，对于一些比较重要的核心技术，如医疗、教育、能源等方面的技术，可以加强协商和沟通，进行交流，承接国际性技术创新展览会、展销会、博览会等，建立国内外市场信息流通体系和营销体系。四是完善对外贸易摩擦解决机制，对于不同的国家采取不同的政策，深化务实合作，求同存异，尊重文明和文化的多样性，扩展多边贸易合作体制，借鉴不同国家发展的优势和机遇。国家内部关于国际贸易发展的有关政府工作部门、商务部、企业、协会必须形成联动体制，通力协作应对国际贸易中出现的问题和摩擦。在这个过程中，必须发挥国家和政府的牵头和领导作用，进行国际贸易合作的外交干涉和宏观指导，建立起由国家商务部带向牵引，各个部门进行协调参与的合作机制。五是建立和完善风险预警机制体制，进行有关国际贸易风险信息的收集，以便及时应对不良风险的出现，并且能够及时止损，不断完善关于重点企业和重点领域的产品预警、风险预警、系统预警。与此相适应的是要建立专门的贸易信息数据库，进行数据分析与统计工作。六是必须加快培养和引进与国际贸易相关的经济型人才和法律人才，实施国家级人才建设工程，进行高质量人才教育培训，培养外语水平高、思想素质高、专业知识强的人才，掌握国际贸易规则和秩序，善于处理国际摩擦和纠纷，了解其他国家的国情和行业特点。

从银行储蓄水平方面来说，任何消费模型的出现和成长都依附于独特的国情和历史发展文化，而中国长期受大河文明的影响，中低层收入的居民倾向于家庭预防性储蓄动机，将手中的储蓄转化为消费的动力较低，这也是此次我国成功度过疫情的坚实基础，居民手中的储蓄收入高，而应对突发公共安全与卫生事件的资金能力较强。在疫情常态化后，在预防过度超前消费的基础上，应充分挖掘居民的消费潜力和欲望。银行除了能进行资金吸收之外，也能够促进各个经济体的运行和发展从而促进资金的流动性。

银行在为企业发放贷款的同时，需要注意以下两点：一是为企业提供积极的资金支持，并且在发生重大公共安全与卫生事件的同时，要适当放松企业尤其是中小企业的资金贷款门槛，为其提供充足的补充性流动资金，保证企业经济系统的正常运行，企业是国家税收的重要来源，在发生重大经济危机的时候，依靠自身经营扩充资本能力非常有限，在进行债务资本融资的时候，要承担较高的风险和利息，而政府相关部门通过税收减免、无偿资助、资本金注入、风险补偿等方式加大对中小企业的政策扶持和帮助，为其提供宽松的经营环境。二是为中小企业进行资金支持时，要注意其信用问题和潜在的经济安全隐患，使得社会发展的系统性风险降低，健全行业发展规范。相关的诚信监管机构设立监管部门，提升监管部门的公信力和管理水平，使得行业监管效率得以提升，不断进行融资的创新以及融资管理的创新。

从个人收入水平方面来说，收入是消费的基础和前提，而个人收入水平的提升会在一定程度上造成消费能力与欲望的提升，在实际的社会生活中，会转化为一定的购买力和交付量，从而促进社会生产活动的再循环，我国人民收入水平差距大，贫富差距拉大，不同消费群体对经济的贡献率也有所不同，针对不同的消费群体采取不同的政策，以拉动经济增长的消费贡献率。

近年来，我国居民收入群体差异日渐拉大，贫富差距加剧。此外，东部、中部、西部地区的居民收入在一定程度上虽然有所减小，但是总体来说，收入差距仍然较大，这不利于经济的可持续发展，要打破这种局面，就必须使得全国各省份、各地区落实“全国一盘棋”政策，打破行政壁垒和垄断，协调发展资金、人才、信息、资源、产业等要素，发挥市场在资源配置中的作用，通过产业、人才、知识的溢出效应，促进区域间协调发展，实现共赢双赢，构建跨区域合作平台，以互联网和大数据为技术支持，使得省份间、区域间联系更加密切。

从供应链完整性方面来说，疫情对经济造成的巨大打击莫过于物流供应的停滞乃至中断，近年来，物流供应链的完善和发展极大地促进了消费的交付率，保障了产品供应的质量、时效性与速度，尤其是针对农副产品等与居民基本生活和消费息息相关的产业。物流供应链中的绿色通道和冷链物流仍是制约供应链条发展的桎梏，存在成本高、库存高等问题，其仍存在很大的改善空间。

在建立供应链平台结构的时候，应注重应用多元知识，在整个生产供应链条构建的时候，加强战略联盟，使得供应链条的上游原材料供应商，以及涉及中间环节的物流运输车队，以发挥规模经济和距离经济为目的，不断降低生产链条的成本，提升运输效率，保证运输质量，在物流系统运输的过程中，尤其注重冷链运输系统的运作，因为冷链运输系统涉及运输产品的空间价值和时间价值，是物流运输系统上最重要的一环，它能保证绝大部分基本生活用品包括蔬菜、水果、海鲜等生活必需品的供应，这些产品的缺货和断货会引起居民生活质量的急速下降，造成社会生活运转的不协调。在这个过程中，要注重创新、资源和战略的持续更新，使得其不断与社会血液的更新相适应。企业在发展的过程中，注重增强自己的核心资源创造力。

供应链管理总体分为两类：一是以顾客为导向的供应链管理，二是以合作伙伴为导向的供应链管理。以合作伙伴为导向的供应链管理注重信息在合作伙伴之间的传递，使得供应商与本部之间的沟通能力和协作能力加强；而以顾客为导向的供应链管理以市场中的顾客需求为价值导向，快速摄取市场中消费者的市场反馈，为满足顾客的市场需求，建立快速响应机制和柔性化的供应机制。现实的产品交换和生产，都可以以物联网技术为辅助工具和技术，企业利用其整合在运营过程中所产生的大量数据和信息，充分发掘其中有效信息，加快建设物流物联网供应系统。我国物流行业起步较晚，而行业发展迅速，在快速发展的过程中遇到很多的瓶颈和桎梏，而要解决新出现的瓶颈和危机，新的互联网和人工智能技术是有效的途径。对于仓储、运输、调配等物流运输过程中出现的问题，例如，交货延迟、运输过程中的产品损耗、物流成本过高等，一方面，政府可以加大对新兴行业的扶持力度和优惠力度，为行业成长提供各种资源；另一方面，物流行业的标准和规则仍存在很多空白，政府必须进行监督和控制，而不是使物流行业向着绿色化、可持续化、智能化、人性化方向发展。

从社会消费基础完善程度来说，要加快释放文化、旅游、体育、养老、托幼、家政、教育培训等服务消费的潜力。消费基础的完善程度包括消费渠道、消费方式、消费的便捷性、消费的可选择性等。社会消费基础的完善程度靠原有消费基础和市场营销和开发频率的跟进，而消费者的偏好变化幅度的快慢，从根本上引导市场需求的变化，从而拉动基础研究的跟进。

要完善社会消费基础，必须使得社会整体经济水平得以发展和提升，目前我国经济发展呈现出不断向上的趋势，一些先进行业和技术领域在世界上位居前列，但是在有些方面，例如新材料技术、生物制药、先进制造业等方面与国际先进水平仍存在许多差距，要提高社会消费基础，必须发展实体经济，实体经济是一国经济的财富之本和动力源泉，实体经济必须进行技术创新和实力增强，才可以使得国家财富不断积累。不管是投资驱动型经济，还是效益驱动型经济，在经济高速增长之后，必须将创新和效率作为发展的核心要义，推动全要素生产率。中国农村地区在基础设施方面，例如教育基础、医疗设施、交通出行等方面，与城市存在较大的差异，使得高人口不断流失，政府作为调节社会公平的主体，必须推进乡村振兴战略的实施，推动“三农”问题的解决。农村劳动人口众多，劳动人口素质较低，劳动力转移的矛盾问题突出，这从侧面造成城乡矛盾加剧。长期以来，为保证国家工业化的发展，农村一直为工业经济和城市发展输血，农民收入低，实现上升难度大，城乡差距拉大，而农村经济权益一直难以受到保护，要解决农村的经济发展困难问题，仅仅依靠农民进行自救是不足够的，政府是乡村经济振兴的首要责任主体，而城乡干部作为最贴近农村的国家干部，应该强化责任主体和责任意识，使经济发展成为共同的思想意识。国家要抓住“三村”这个深水石，使得政府财政支持农村发展，努力建设新农村，使得建设农村问题成为全体中国人民的任务。在农村地区建立一些优先示范区，充分调动农村经济转型升级，在成功的实践中提升农民进行变革的积极性。进行智慧农业的推广，尤其在优良育种、防治病虫害、恶劣天气预防、节水灌溉、无人植保机等方面，结合农业大数据和人工智能，提升农业的经济效益和社会效益，建设环境友好型和资源节约型社会。

从市场营销开发频率方面来说，市场营销和开发频率的加快依靠创新意识和创新能力，在创新的过程中，不断使得社会消费基础得以完善。从消费者处于主动的状态来看，引导市场的定制化生产、差异化营销。从消费者处于被动的状态来看，消费者需要不断更新自己的消费观念和学习能力，融入到新的消费文化中。在社会整体范围的影响下，企业的自主创新能力尤为珍贵，而在企业进行科技创新或者进行重大技术攻关时，可能要花费较长时间的经济成本和机会成本，而其中所需要的人才和资金，企业依靠自身实力往往难以长时间承担，政府的资金支持并不能够解决所有的问题，更多地要依靠专业型的知识人才和长期身处科研领域的专家，这是国家科技创新的原动力，而要想培养科技创新的人才，首先要进行高校的教育变革。培育知识型、创新型、实践型人才，高校和有关的研究院所任重而道远。

从供给市场平衡性方面来说，由于物流供应链的失衡乃至中断，会造成供需市场的失衡，影子价格反映了市场资源的稀缺性，而市场资源的稀缺性会在一定程度上造成价格的浮动、供给市场的失衡，而这种价格的波动无疑会挫伤居民消费的积极性，必须将市场资源配置的基础性作用和政府的宏观调控相结合，稳定供给双方的平衡关系，以稳定消费市场的发展，监督、把控居民进行消费的市场秩序和规则。对于疫情这种突如其来的“黑天鹅”对于物流供应系统产生的影响，可以借助于智能机器人、远程控制、无人驾驶等先进科学技术来降低或消除，借助互联网先进科技进行大规模的机械化改革，也可以有效避免一些人为操作失误，增加物流系统运行的准确性。

从财政补贴力度方面来说，当社会整体遭遇到突发的情况，例如重大的公共安全与卫生事件时，仅仅依靠公众本身不足以稳定经济系统的正常运转。一方面，公众的基本生活来源，尤其是人民的基本生活保障必须依靠政府的财政补贴；另一方面，在疫情防控期间，政府可以通过税收、信贷、利率等一系列的经济手段进行调节和保障人民的生活，保障收入在一定程度上等于促进消费。

从保险投资水平方面来说，虽然保险投资在一定程度上会降低投资的风险，避免未来可能存在的危机，但是，居民过度执着于保险投资也反映出居民内心对未来程度的担忧，个人消费心理的危机感过重时，居民便会进行紧缩性消费，从而降低消费的积极性。政府必须稳定好风险投资、银行储蓄、保险投资三者之间的动态平衡关系，拉动消费这辆马车，以扩大内需。保险在为人民进行重大财产保护和重大疾病兜底时，在维护社会公平、保障人民的基本权益等方面发挥了重大的作用，尤其是医疗保养和养老保险。

从线下消费交付率方面来说，实体经济是一国经济系统发展的命脉，而线下消费交付作为实体行业进行交付的具体形式，虽然近年来受到线上移动支付加之疫情的冲击，但是在旅游、医疗、教育等具体实践活动方面，线下消费活动具有不可替代的现实意义和价值，而要使线下消费重新焕发到原来的活力，面临“实体+互联网”营销的方式，必须发掘以实体为中心的辐射范围，带动信息流量和人流量。

近年来，线上消费的快速发展，使得线下消费遭受到一定的冲击，但是在有些方面，例如在某些生活刚性用品和必需用品方面，线下消费仍然发挥着不可替代的作用，为居民日常生活提供重要的供给来源。疫情之后，纯粹的传统的实体经济再也不复存在，取而代之的是新兴的经济模式，线下消费也必须借助于线上进行自我的革命，从而不被时代所淘汰。新的经济供给形式对于各种实体经济的供应者本身就是一种挑战，相关从业者必须掌握相应的知识和技术，这对于人力资本的素质提出了巨大的挑战。因此，择业者必须与时俱进，相应地提升运用互联网技术的能力，拓展新的业务空间和业务能力，提升服务水平与技能，企业和组织必须提升自己的学习能力，建立学习型组织，激发出组织中每一个人的内在潜力，充分发挥个人的创造性和热情，为组织的生产力的提高出谋划策。除此之外，组织中的高级管理者，应该培养自己的战略意识，拥有进行战略愿景规划的眼光与能力。对于社会整体的经济运行状况来说，经济系统中的每一个微观经济主体都必须拥有整合资源和信息的能力，充分发掘其每个要素的能力，形成更好的运行机制。

从价格波动水平方面来说，稳定在一定水平的物价波动，在居民消费可接受的范围内，并不会对居民消费造成严重的影响，但是物品价格的大幅度增长，或者基本生活用品，尤其是米、面、油、蔬菜等日常刚需品价格的浮动无疑会对居民消费积极性造成影响，政府应稳定日常生活用品价格波动水平，稳定产品种类及保障其多样性，提升居民消费的幸福感和未来消费信心，对于哄抬市价的供应商等不良经济主体，政府应追究其行政及其法律责任。

从信息的对称性来说，消费信息的对称性、透明性、及时性对消费群体进行消费决策具有很大的影响。政府作为调控的主体，必须加强媒体的披露程度和公开信息的强度，这其中不仅包括消费本身信息，更涉及公共安全与卫生等间接影响消费者决策的信息，及时纠正不客观、不正确的信息，不信谣、不传谣。为避免消费者盲目跟风和从众，政府应该纠正社会风气，及时纠正有关生产、运作的不良信息的流出，有关企业的公关部门及时进行回应和处理重大事故牵扯的不良信息，将不良信息从源头上制止。

从消费偏好的变化幅度来说，市场上居民消费偏好的变化是企业产品和服务转变的基础和风向标，产品的定价、服务的标准、交付的方式都是以顾客的需求为导向的，消费偏好的变化幅度在变化，市场的响应和反馈速度必须跟进才能适应消费者需求的变化，而这对生产和供应的柔性提出了挑战，为更好地预测市场运行状况，企业可以借助于科学的数理模型和算法。

从消费安全不确定性来说，消费安全的不确定性包括消费品来源的不确定性、运输途径和方式的安全性。公共安全与卫生事件的出现所涉及的机构，不仅在于生产和运输机构，国家食品、药品监察机构的质检、认证、监督、风险评估和预测对于消费安全都负有责任，高执行力和高效的监察机制离不开政府政策的引导。近年来，食品安全问题和生产安全问题频繁发生，从公民本身来讲，要提升自己的风险防范意识和卫生意识，防微杜渐，树立安全防患意识，将不确定因素的危害降至最低，社会整体的意识将随着每一个公民的风险防范意识的提升而进一步提升，有关社会安全文化宣传的部门和人员也必须借助于各种渠道进行安全意识的强化，借助于多种媒体的宣传途径，例如，线上广告、各种纸媒、实体介质进行信息的传播，从而进行宣传和防范。从政府主体来看，必须采取意识强化和物质惩罚双重手段结合的方法，进行安全生产和运行的管理，针对现实中进行微观活动的部门和机构，严格按照各类管理条例进行管制，尤其是涉及人民生命财产安全的重点事故，深究事故原因，借鉴其历史经验和教训，对于涉及重大安全隐患和事故的责任主体，严惩不贷。

从家庭收入水平来说，家庭收入水平是个人收入水平的集合体，从 VENSIM 的灵敏度分析来看，个人收入水平的提升对于消费积极性的作用是正向的，而家庭收入水平的提升对居民消费积极性的作用是负向的，这代表居民消费积极性的提升不是一直与收入成正比。家庭支出不仅涉及当前消费，还包括未来子女的支出和赡养父母的压力，而在社会保障水平、医疗保健水平等方面，政府可以采取一系列的社会兜底保障以减小居民消费的担忧。众多家庭成员的构成不尽相同，因此家庭收入的主要来源也存在较大差异。政府要积极促进家庭的主要劳动力进行就业和劳动素质提升，进行社会就业，为整个家庭增加收入和来源，使得社会整体的养老水平和幼儿教育有所依托，而家庭收入的减少无疑会造成几代人生活水平和素质教育质量的下降，从而降低整体国民素质和生活水平，间接引起社会流动人口和犯罪率的上升，使得社会动荡。

从公共健康危害水平来说，公共健康危害水平的提升对于居民消费的整体流程都产生了深刻的影响，控制公共健康危害水平不仅要从防控开始，还要从风险机制的预警、检测、评估、防控的整个流程入手，力求把风险降至最低。要降低公共健康危害水平，必须从防患于未然开始，从消费意识入手，把健康的消费意识灌输给消费者，从社会生产系统的源头把控，例如，此次疫情中出现的病毒。

第一，精神层面，要提升公众对于公共安全与卫生事件的危险防控意识，是指在社会上形成一种特殊的文化氛围，对个人消费乃至群体消费行为形成一种无形的约束力。第二，制度层面，不管群体的大小，例如，家庭、企业、社会、国家都要遵守一定的行为规范，整个国家好比一个大的生物机体，其他组织就像生物细胞，只有细胞的正常运转，才能使得机体正常运转。社会利益群体存在复杂性、不确定性，必须将内部的意识规范、信念、感知等精神层面的内涵，通过一定的政治条令、法律条例、行政命令外显出来。第三，物质层面，将以上两者所要表达的意图借助于多样化的媒体和文化传播形式，例如，书籍、电影、报刊、告示等传播给广大居民群众。具体如图6-3所示。

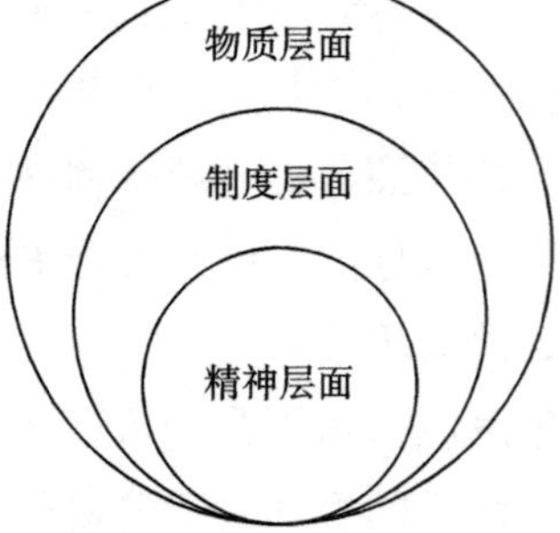

图6-3 各层面提升居民消费

从个人风险担忧程度上来说，消费行为的最终实现与否取决于个人决策，而个人决策往往受到个人心理的影响，而且这种影响难以改变，但是对于突发公共事件对个人风险担忧程度的加重，政府可采取一系列的法律、行政、教育等手段来缓解，尽量减少居民消费的顾虑。影响消费个体的因素包括个人心理等众多因素，而这些因素是多种要素组成的集合体，有一些是消费者先天的心理因素或者长期受到家庭等出生环境的潜移默化的影响，是难以改变的因素。除去这些因素外，还包括时间压力、购物地点约束、产品供给有限等其他现实因素。具体如图6-4所示。

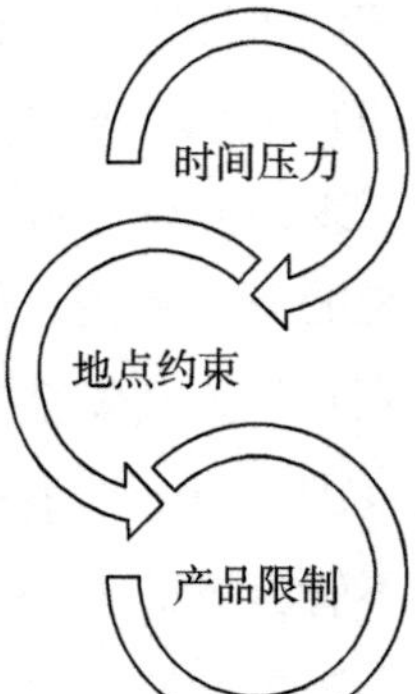

图6-4 消费微观环境限制

消费者在进行购物时，及时的现实条件是决定消费决策的最有利因素。因此企业在促进居民消费的时候，可在尽可能考虑成本和人力支出的条件下，针对时间、地点和产品进行有效布局和营销。在消费时间方面，可根据ABC成本法、成本法等科学方法和模型进行量化处理，节省时间和成本。对于产品展览处和消费购物处，对货架进行定期有效的更换、科学管理。在地点的限制方面，进行商业选址时，尽可能选择靠近消费中心的地方，例如学校、医院、大型劳动密集型企业等，增强消费动力；政府应该为企业的设立提供政策支持，例如适当的地盘开发、有效的资金支持；在有限调配企业资源的条件下，提升消费地点的密集程度，扩大流量。在产品限制方面，与上游供应商和物流运输车队建立战略性合作伙伴关系，努力实现利益共享、风险共担，加强供应商管理，而在企业盈利规模和效益可观的基础上，可选择建立自营物流。

新型冠状病毒肺炎疫情这个“黑天鹅”的出现，对居民的消费结构、消费方式、消费的资金来源造成了影响，重大公共安全与卫生事件出现的同时，使得挑战与机遇并存，例如疫情激发线上消费的活力。智能家居、5G技术、互联网平台在疫情的冲击下，进行急速的革新。本书为了解疫情期间的居民情况，在全国发放510份调查问卷，采取主成分分析法进行降维，提取问卷涉及的10个一级指标，32个二级指标进行VENSIM模型仿真，进行灵敏度分析，从中得到影响居民消费积极性的正、负向指标，而在这些主要影响因素中，主要包括四个关于消费的循环系统：

第一个循环系统从消费个体出发。内部是存在消费者个体内的个人的风险担忧程度、消费偏好的变化幅度，外部是影响消费个体决策的因素，包括消费信息的对称性、消费文化水平、公共健康水平。对于消费者个体来说，内部的消费心理和外部的消费信息是一个不断循环的子系统，两者之间相互影响，主观心理和客观环境的互斥和相融对于个体消费决策是至关重要的。

第二个循环系统从消费的资金来源出发。这主要包括消费者的银行储蓄水平、消费水平和保险投资水平，三者在一定程度上构成消费资金来源的循环系统，受前一个子系统的影响，消费个体可能受到外界条件的影响，会加快或减缓资金在三者之间的流动性，而要提高消费水平，必须在稳定好子系统平衡的条件下，减少居民的银行储蓄水平，控制保险投资水平，调动消费者未来消费的积极性。

第三个循环系统是基于现代互联网快速发展而形成的消费子系统，包括线上消费、线下消费、智能化发展水平。线上消费的发展对于依托线下消费进行商品交换的实体经济体造成冲击，而智能化技术为两者的链接与融合提供了路径，在传统经济面临脱胎换骨的风口，政府应为微观经济体尤其是中小企业的发展提供一定的财政补贴，提供宽松的贷款环境。而线上消费的发展对于线下消费并不只是起消极作用，若恰当地利用线上消费的途径，借助线上独特的营销方式和宣传渠道，可以为实体经营在以自身为中心的区域内扩大流量。

第四个循环系统从国家整体的消费角度出发，由国际贸易水平、国内经济恢复水平、公共安全与卫生健康水平构成。在这个子循环的系统中，以国内经济恢复水平为大局，提升国际贸易水平为手段，促进国内外经济发展双循环，打造新的发展格局，而公共安全与卫生健康水平作为疫情防控期间持续存在的一个影响变量，始终贯穿于经济发展的始终。疫情虽然已经进入常态化阶段，但突发性公共危机在未来仍然不可避免，高效而健全的预测、监督、防控是政治主体永远的责任。

参考文献

[1] 陈斌开．收入分配与中国居民消费——理论和基于中国的实证研究［J］．南开经济研究，2012（1）：33－49.

[2] 刘国光．促进消费需求提高消费率是扩大内需的必由之路［J］．财贸经济，2002（5）：5－9.

[3] 马超群，储慧斌，李科，周四清．中国能源消费与经济增长的协整与误差校正模型研究［J］．系统工程，2004（10）：47－50.

[4] 赵一平，孙启宏，段宁．中国经济发展与能源消费响应关系研究——基于相对“脱钩”与“复钩”理论的实证研究［J］．科研管理，2006（3）：128－134.

[5] 胡晓峰．消费信贷影响消费结构升级的非均衡示范效应研究［J］．价格理论与实践，2020（5）：98－101.

[6] 邹逸江．国外应急管理体系的发展现状及经验启示［J］．灾害学，2008（1）：96－101.

[7] 郭太生．美国公共安全与卫生危机事件应急管理研究［J］．中国人民公安大学学报，2003（6）：16－25.

[8] 范维澄，袁宏永．我国应急平台建设现状分析及对策［J］．信息化建设，2006（9）：14－17.

[9] 陈健，高波．收入差距、房价与消费变动——基于面板数据联立方程模型的分析［J］．上海经济研究，2012，24（2）：53－62.

[10] 郭兴旺．突发公共事件：绕不开的话题［J］．中国发展观察，2005（5）：4－8.

[11] 闪淳昌．建立突发公共事件应急机制的探讨［J］．中国安全生产科学

技术，2005（2）：24－26.

［12］王宁，王延章．应急管理体系及其业务流程研究［J］．公共管理学报，2007（2）：94－99＋127.

［13］雷仲敏．我国城市公共安全与卫生管理模式构想［J］．上海市经济管理干部学院学报，2004（1）：11－18.

［14］邵腾伟，吕秀梅．新常态下我国互联网消费金融的表现、作用与前景［J］．西部论坛，2017，27（1）：95－106.

［15］杨河清，陈汪茫．中国养老保险支出对消费的乘数效应研究——以城镇居民面板数据为例［J］．社会保障研究，2010（3）：3－13.

［16］Susana C. Silva，Paulo Duarte，Joana César Machado，Carla Martins. Cause－related Marketing in Online Environment：The Role of Brand－cause Fit，Perceived Value，and Trust［J］. International Review on Public and Nonprofit Marketing，2020，17（1）.

［17］Emoghene Ogidiaka，Francisca Nonyelum Ogwueleka. Over－The－Top Services（OTT）on Telecommunication Operators in Nigeria：Exploring Consumers' Behaviour［J］. International Journal of Information Technology：An Official Journal of Bharati Vidyapeeth's Institute of Computer Applications and Management，2020，12（4）.

［18］Sujo Thomas，Sonal Kureshi. Consumer Skepticism towards Cause Related Marketing：Exploring the Consumer Tendency to Question from Emerging Market Perspective［J］. International Review on Public and Nonprofit Marketing，2020，17（1）.

［19］Adam N. Hornsby，Thomas Evans，Peter S. Riefer，Rosie Prior，Bradley C. Love. Conceptual Organization is Revealed by Consumer Activity Patterns［J］. Computational Brain & Behavior，2020，3（4）.

［20］Xiaomin Zhao，Shuhui Hu，Xiaoxiao Meng. Who Should Pay for Return Freight in the Online Retailing? Retailers or Consumers［J］. Electronic Commerce Research，2020，20（2）.

［21］王莹．城市公共安全与卫生协同治理的模式构建与路径探索［D］．徐州：中国矿业大学，2017.

［22］赵晔炜．基于智慧城市视角下的广州市公共安全与卫生应急管理研究

[D]. 广州：华南理工大学，2014.

[23] 张春艳. 大数据时代的公共安全与卫生治理 [J]. 国家行政学院学报，2014 (5)：100－104.

[24] 曹惠民. 治理现代化视角下的城市公共安全与卫生风险治理研究 [J]. 湖北大学学报（哲学社会科学版），2020，47 (1)：146－157.

[25] 赵汗青. 中国现代城市公共安全与卫生管理研究 [D]. 长春：东北师范大学，2012.

[26] 刘晓燕. 我国城市社区公共安全与卫生管理问题探析 [D]. 武汉：武汉科技大学，2014.

[27] 曹惠民，林华东. 城市公共安全与卫生风险治理绩效：理论建构与提升策略 [J]. 城市发展研究，2019，26 (12)：117－121.

[28] 黄杨森，王义保. 网络化、智能化、数字化：公共安全与卫生管理科技供给创新 [J]. 宁夏社会科学，2019 (1)：114－121.

[29] 马振超，张晓菲. 中国社会公共安全与卫生面临的突出问题及态势分析——非传统安全视角 [J]. 中国人民公安大学学报（社会科学版），2014，30 (3)：113－119.

[30] 李强，顾朝林. 城市公共安全与卫生应急响应动态地理模拟研究 [J]. 中国科学：地球科学，2015，45 (3)：1－6＋290－304.

[31] 房厦，张光. 论公安管理学的理论缘起、逻辑起点与研究领域 [J]. 中国人民公安大学学报（社会科学版），2019，35 (2)：96－100.

[32] 吴宗之. 中国安全科学技术发展回顾与展望 [J]. 中国安全科学学报，2000 (1)：12－16＋88.

[33] 房厦，张光. 论公安管理学的理论缘起、逻辑起点与研究领域 [J]. 中国人民公安大学学报（社会科学版），2019，35 (2)：96－100.

[34] 吴宗之. 中国安全科学技术发展回顾与展望 [J]. 中国安全科学学报，2000 (1)：12－16＋88.

[35] 王刚. 大数据时代城市公共安全与卫生预警机制优化研究 [D]. 湘潭：湘潭大学，2017.

[36] 周志. 基于系统动力学的广东省低碳经济发展路径选择 [D]. 广州：华南理工大学，2011.

[37] 严筱. 低碳交通背景下中国新能源汽车的市场扩散研究 [D]. 武汉：

中国地质大学，2016.

[38] 龚承柱．天然气终端市场定价模型与政策模拟研究 [D]．武汉：中国地质大学，2016.

[39] 吴萌．武汉市土地利用碳排放分析与系统动力学仿真 [D]．武汉：华中农业大学，2017.

[40] 魏佳．城市居民碳能力及其驱动机理研究 [D]．徐州：中国矿业大学，2017.

[41] 王宁．心理账户视角下消费者在线消费行为影响因素研究与模拟 [D]．北京：北京邮电大学，2014.

[42] 张悦．生态补偿框架的构建及其基于多主体的仿真研究 [D]．北京：北京科技大学，2018.

[43] 李松华．基于 DSGE 模型的中国货币政策传导机制研究 [D]．武汉：华中科技大学，2010.

[44] 项洁雯．农村社会养老金替代率水平及政策仿真研究 [D]．杭州：浙江大学，2015.

[45] 俞学燕．城市居民能源消费行为低碳化的政策干预路径与仿真研究 [D]．徐州：中国矿业大学，2018.

[46] 王建．我国冰雪体育产业发展的系统动力学模型及其仿真研究 [J]．曲阜师范大学学报（自然科学版），2019，45（3）：104－111.

[47] 孙阳．基于市场空间分布的农村电商物流网点竞争合作仿真与优化 [J]．商业经济研究，2019（18）：104－107.

[48] 王强，刘玉奇．新零售引领的数字化转型与全产业链升级研究——基于多案例的数字化实践 [J]．商业经济研究，2019（18）：5－8.

[49] 刘刊，白世贞．我国经济结构支持系统的 SD 模型及系统仿真 [J]．广西财经学院学报，2013，26（1）：17－23.

[50] 简志宏，朱柏松，李霜．动态通胀目标、货币供应机制与中国经济波动——基于动态随机一般均衡的分析 [J]．中国管理科学，2012，20（1）：30－42.

[51] 张佳，华晨．城市的文化符号及其资本化重组——对国内城市历史地区仿真更新的解析 [J]．马克思主义与现实，2014（5）：163－168.

[52] 汪希成，潘虹宇．基于系统动力模型的四川省粮食生产与消费趋势情

景仿真［J］．四川师范大学学报（社会科学版），2017，44（3）：70－79.

［53］王海宁，薛惠锋．能源消费需求的系统动力学建模与仿真——以陕西省为例［J］．系统仿真技术，2010，6（2）：158－163.

［54］陈波，周亚平，华中生．基于顾客消费信息的网络定价分析与仿真［J］．中国管理科学，2005（4）：111－114.

［55］徐敏杰．智能工程及其在电力供需分析与预警中的应用［D］．北京：北京交通大学，2008.

［56］刘洋．基于系统动力学的电力市场消费仿真模型研究［D］．大连：大连海事大学，2012.

［57］魏勇．农村居民消费行为变动及其制度成因研究［D］．重庆：西南大学，2012.

［58］张仁寿．广东低碳经济发展机制的系统动力学研究［D］．福州：福建农林大学，2013.

［59］赵胤慧．北京环境减排目标下能源替代分析与优化模型研究［D］．北京：华北电力大学，2014.

［60］万宝瑞．我国农村又将面临一次重大变革——“互联网＋三农”调研与思考［J］．农业经济问题，2015，36（8）：4－7.

［61］郭乾元．湖北省中小城市居民食用菌消费心理与消费行为研究［D］．武汉：华中农业大学，2013.

［62］刘慧．现代消费心理对包装设计的影响［D］．武汉：武汉理工大学，2013.

［63］张萃平．自媒体时代旅游者的炫耀性消费心理对其网络信息分享行为的影响研究［D］．成都：四川师范大学，2018.

［64］陈俊．互联网背景下商业银行消费金融创新研究［D］．杭州：浙江大学，2018.

［65］田虹，杨洋，刘英．基于 SEM 和 HLM 的体育消费心理模型研究——社会分层的调节作用［J］．天津体育学院学报，2014，29（4）：296－303.

［66］张良卫．“一带一路”战略下的国际贸易与国际物流协同分析——以广东省为例［J］．财经科学，2015（7）：81－88.

［67］徐椏楠．女性消费心理影响下的平面广告创意研究［D］．开封：河南大学，2014.

［68］王延中，龙玉其，江翠萍，徐强．中国社会保障收入再分配效应研究——以社会保险为例［J］．经济研究，2016，51（2）：4－15＋41.

［69］穆怀中，沈毅，樊林昕，施阳．农村养老保险适度水平及对提高社会保障水平分层贡献研究［J］．人口研究，2013，37（3）：56－70.

［70］余菊，刘新．城市化、社会保障支出与城乡收入差距——来自中国省级面板数据的经验证据［J］．经济地理，2014，34（3）：79－84＋120.

［71］杨亮，丁金宏，郭永昌．中国社会保障与经济发展耦合协调度的时空特征分析［J］．人口与经济，2014（4）：94－102.

［72］徐圆，赵莲莲．国际贸易、经济增长与环境质量之间的系统关联——基于开放宏观的视角对中国的经验分析［J］．经济学家，2014（8）：24－32.

［73］王震．新冠肺炎疫情冲击下的就业保护与社会保障［J］．经济纵横，2020（3）：2＋7－15.

［74］齐鹏．中国城乡居民养老保险问题研究［D］．济南：山东大学，2016.

［75］胡再勇，付韶军，张璐超．"一带一路"沿线国家基础设施的国际贸易效应研究［J］．数量经济技术经济研究，2019，36（2）：24－44.

［76］郑功成．多层次社会保障体系建设：现状评估与政策思路［J］．社会保障评论，2019，3（1）：3－29.

［77］张元淑．大学生身份对消费行为的影响研究［D］．开封：河南大学，2019.

［78］姚伟波．大数据背景下我国电子商务发展对居民消费的影响研究［D］．镇江：江苏大学，2019.

［79］陈静．互联网消费信贷背景下的招商银行信用卡竞争态势及策略研究［D］．南京：南京大学，2017.

［80］谢孟军．目的国制度对中国出口和对外投资区位选择影响研究［D］．济南：山东大学，2014.

［81］李兰等．新常态下的企业创新：现状、问题与对策——2015·中国企业家成长与发展专题调查报告［J］．管理世界，2015（6）：22－33.

［82］张杰，陈志远，杨连星，新夫．中国创新补贴政策的绩效评估：理论与证据［J］．经济研究，2015，50（10）：4－17＋33.

［83］施炳展．互联网与国际贸易——基于双边双向网址链接数据的经验分

析［J］. 经济研究，2016，51（5）：172－187.

［84］吴钢. 人文关系网络对国际贸易网络的影响机制及效应研究［D］. 长沙：湖南大学，2014.

［85］王信. 我国新型农村金融机构的发展特征及政策效果研究［D］. 成都：西南财经大学，2014.

［86］毛其淋，许家云. 中国企业对外直接投资是否促进了企业创新［J］. 世界经济，2014，37（8）：98－125.

［87］叶伟巍，梅亮，李文，王翠霞，张国平. 协同创新的动态机制与激励政策——基于复杂系统理论视角［J］. 管理世界，2014（6）：79－91.

［88］徐可，何桢，王瑞. 供应链关系质量与企业创新价值链——知识螺旋和供应链整合的作用［J］. 南开管理评论，2015，18（1）：108－117.

［89］谢莉娟. 互联网时代的流通组织重构——供应链逆向整合视角［J］. 中国工业经济，2015（4）：44－56.

［90］张良卫. "一带一路"战略下的国际贸易与国际物流协同分析——以广东省为例［J］. 财经科学，2015（7）：81－88.

［91］项继权，周长友. "新三农"问题的演变与政策选择［J］. 中国农村经济，2017（10）：13－25.

［92］肖静华，谢康，吴瑶，廖雪华. 从面向合作伙伴到面向消费者的供应链转型——电商企业供应链双案例研究［J］. 管理世界，2015（4）：137－154＋188.

［93］徐圆，赵莲莲. 国际贸易、经济增长与环境质量之间的系统关联——基于开放宏观的视角对中国的经验分析［J］. 经济学家，2014（8）：24－32.

［94］匡远配，陆钰凤. 农地流转实现农业、农民和农村的同步转型了吗［J］. 农业经济问题，2016，37（11）：4－14＋110.

［95］宋华，卢强. 基于虚拟产业集群的供应链金融模式创新：创捷公司案例分析［J］. 中国工业经济，2017（5）：172－192.

［96］白永秀. 新冠肺炎疫情对中国经济影响的应对措施［J］. 区域经济评论，2020（2）：14－17.

［97］包思勤. 正确认识"新冠肺炎"疫情影响，推动内蒙古经济高质量发展［J］. 内蒙古社会科学，2020（2）：202－208.

［98］丁任重，朱博. 居民消费影响因素的地区差异——基于我国东中西部地区面板数据的实证分析［J］. 消费经济，2013（2）：10－14.

[99] 冯俏彬，韩博．新冠肺炎疫情对我国财政经济的影响及其应对之策[J]．财政研究，2020（4）：15－21.

[100] 富帝淳．人工智能技术在社会公共安全与卫生领域的应用研究[J]．通讯世界，2019（1）．

[101] 方福前．中国居民消费需求不足原因研究——基于中国城乡分省数据[J]．中国社会科学，2009（2）．

[102] 郭亚茹．可持续消费影响因素与行为的实证研究［A］//德尔·I. 霍金斯．消费者行为学［M］．北京：工业出版社，2007。

[103] 关利欣．新冠肺炎疫情后中国消费发展趋势及对策［J］．消费经济，2020（1）．

[104] 韩立岩，杜春越．收入差距、借贷水平与居民消费的地区及城乡差异[A]//李雪松，娄封．中国城镇居民收入差距对消费影响的动态效应分析——基于面板数据和状态空间模型的实证分析［M］．北京：社会科学文献出版社，2008.

[105] 李强．新冠肺炎疫情下的经济发展与应对——基于韧性经济理论的分析［J］．财经科学，2020（4）．

[106] 梁艳芬．新冠肺炎疫情对世界经济的影响分析［J］．国际经济合作，2020（2）．

[107] 范黎波，杨金海，黄铄婷．社会保障提升能有效促进居民消费吗？——基于分位数回归与反事实分解方法的研究［J］．华东经济管理，2017（3）．

[108] 李旭洋，李通屏，邹伟进．互联网推动居民家庭消费升级了吗？——基于中国微观调查数据的研究［J］．中国地质大学学报（社会科学版），2019（4）．

[109] 李姝，朱琳，李贵强，等．人工智能技术在公共安全与卫生领域的应用前景［J］．电子技术与软件工程，2019（4）．

[110] 李明，张璿璿，赵剑治．疫情后我国积极财政政策的走向和财税体制改革任务［J］．管理世界，2020（4）．

[111] 李成威，傅志华．应对疫情对经济影响的关键是构建确定性［J］．财政研究，2020（3）．

[112] 欧阳进．我国宏观调控目标体系之演变［J］．宏观经济管理，2003

（4）.

［113］渠慎宁，杨丹辉．突发公共卫生事件的智能化应对：理论追溯与趋向研判［J］．改革，2020（3）.

［114］盛方富，李志萌．重大突发公共卫生事件对经济的冲击、传导及其应对——以新冠肺炎疫情为例［J］．企业经济，2020（3）.

［115］宋马林，杨杰，杨彤．社会保障体系完善与社会经济可持续发展——基于城乡差异和区域差距视角的统计分析［J］．公共管理学报，2010（2）.

［116］孙久文．新冠肺炎疫情对中国区域经济发展的影响初探［J］．区域经济评论，2020（2）.

［117］田素华，李筱妍．新冠疫情全球扩散对中国开放经济和世界经济的影响［J］．上海经济研究，2020（4）.

［118］汤向俊，马光辉．供给侧改革与消费需求扩张［J］．经济问题探索，2016（4）.

［119］王金安．居民消费影响因素的实证研究［J］．福建论坛（人文社会科学版），2014（9）.

［120］王茜．“互联网+”促进我国消费升级的效应与机制［J］．财经论丛（浙江财经学院学报），2016（12）.

［121］汪彬，许正中．新冠肺炎疫情对中国经济的冲击及应对策略［J］．中国党政干部论坛，2020（3）.

［122］王娟娟．从新冠肺炎疫情看专业数据库在现代化经济体系中的作用［J］．中国流通经济，2020（3）.

［123］王晓霞，孙华臣．社会保障支出对消费需求影响的实证研究［J］．东岳论丛，2008（6）.

［124］万勇．城市化驱动居民消费需求的机制与实证——基于效应分解视角的中国省级区域数据研究［J］．财经研究，2012（6）.

［125］吴静，张凤，孙翊，朱永彬，刘昌新．抗疫情助推我国数字化转型：机遇与挑战［J］．中国科学院院刊，2020（3）.

［126］姚勇，董利．中国城镇居民消费需求分析［J］．统计研究，2003（4）.

［127］郑江淮，付一夫，陶金．新冠肺炎疫情对消费经济的影响及对策分析［J］．消费经济，2020（2）.

[128] 张玉梅，王东杰，吴建寨，等．收入和价格对农户消费需求的影响——基于全国农村住户调查的实证分析 [J]．系统科学与数学，2013 (1)．

[129] Adam Z. Rose. Economic Resilience to Natural and Man – Made Disasters: Multidisciplinary Origins and Contextual Dimensions [J]. Environment Hazards, 2007 (7): 383 – 398.

[130] Aguiar M., Bils M. Has Consumption Inequality Mirrored Income Inequality? [J]. American Economic Review, 2011, 105 (9): 2725 – 2756.

[131] Beutels P., Jia N., Zhou Q. Y., et al. The Economic Impact of SARS in Beijing, China [J]. Tropical Medicine & International Health, 2009 (14): 85 – 91.

[132] Huang Y., Smith C. J. China's Response to Pandemics: From Inaction to Overreaction [J]. Eurasian Geography and Economics, 2010, 51 (2): 162 – 183.

[133] Peter van Santen. Uncertain Pension Income and Household Saving [J]. Social Science Electronic Publishing, 2012.

[134] Pan B., X. Luo, X. Xu. An Empirical Study of Government Purchasing and Resident Consumption in China [J]. Social Sciences in China, 2006 (5).

[135] Sha Li, Yu Xiaoyan, Wu Zhangxiang, Liu Xingxin, Zhang Shuting. Effects of Sludge Characteristics on Electrical Resistance and Energy Consumption during Electro – dewatering Process [J]. Journal of Environmental Sciences, 2021 (101).

[136] Sanyal Shamindra Nath, Mazumder Rabin, Singh Ramendra, Sharma Yukti. Uncertainty and Affluent Teenagers' Luxury Buying – decision: The Role of Avoidance – related Indecisiveness [J]. Journal of Retailing and Consumer Services, 2021 (58).

[137] Shi Yishao, Tao Tianhui, Cao Xiangyang, Pei Xiaowen. The Association Between Spatial Attributes and Neighborhood Characteristics Based on Meituan Take – out Data: Evidence from Shanghai Business Circles [J]. Journal of Retailing and Consumer Services, 2021 (58).

[138] Tanikawa Hiroki, Fishman Tomer, Hashimoto Seiji, Daigo Ichiro, Oguchi Masahiro, Miatto Alessio, Takagi Shigesada, Yamashita Naho, Schandl Heinz. A Framework of Indicators for Associating Material Stocks and Flows to Service Provisio-

ning: Application for Japan 1990 – 2015 [J] . Journal of Cleaner Production, 2021 (285) .

[139] Nathaniel Solomon Prince, Adeleye Ngozi. Environmental Preservation Amidst Carbon Emissions, Energy Consumption, and Urbanization in Selected African Countries: Implication for Sustainability [J] . Journal of Cleaner Production, 2021 (285) .

[140] Alvarenga Augusto Duarte, Correa Daniel Souza. Composite Nanofibers Membranes Produced by Solution Blow Spinning Modified with CO_2 – activated Sugarcane Bagasse Fly Ash for Efficient Removal of Water Pollutants [J] . Journal of Cleaner Production, 2021 (285) .

[141] Sun Lishan, Zhang Tong, Liu Shuli, Wang Kun, Rogers Tom, Yao Liya, Zhao Pengfei. Reducing Energy Consumption and Pollution in the Urban Transportation sector: A Review of Policies and Regulations in Beijing [J] . Journal of Cleaner Production, 2021 (285) .

[142] Liang Junyong, Guo Shunsheng, Du Baigang, Li Yibing, Guo Jun, Yang Zhijie, Pang Shibao. Minimizing Energy Consumption in Multi – objective Two – sided Disassembly Line Balancing Problem with Complex Execution Constraints Using Dual – individual Simulated Annealing Algorithm [J] . Journal of Cleaner Production, 2021 (284) .

[143] Barletta Ilaria, Despeisse Mélanie, Hoffenson Steven, Johansson Björn. Organisational Sustainability Readiness: A Model and Assessment Tool for Manufacturing Companies [J] . Journal of Cleaner Production, 2021 (284) .

[144] Fallahpour Alireza, Wong Kuan Yew, Rajoo Srithar, Tian Guangdong. An Evolutionary – based Predictive Soft Computing Model for the Prediction of Electricity Consumption Using Multi Expression Programming [J] . Journal of Cleaner Production, 2021 (283) .

[145] Suski Paul, Speck Melanie, Liedtke Christa. Promoting Sustainable Consumption with LCA – A Social Practice Based Perspective [J] . Journal of Cleaner Production, 2021 (283) .

[146] Atelge M. R. , et al. Anaerobic Co – digestion of Oil – extracted Spent Coffee Grounds with Various Wastes: Experimental and Kinetic Modeling Studies [J] .

Bioresource Technology, 2021 (322).

[147] Hu Naijuan, Liu Chunhui, Chen Qian, Zhu Liqun. Life Cycle Environmental Impact Assessment of Rice – crayfish Integrated System: A Case Study [J]. Journal of Cleaner Production, 2021 (280).

[148] Hashim Khalid S., Shaw Andy, AlKhaddar Rafid, Kot Patryk, Al – Shamma'a Ahmed. Water Purification from Metal Ions in the Presence of Organic Matter Using Electromagnetic Radiation – assisted Treatment [J]. Journal of Cleaner Production, 2021 (280).

[149] Sun Shouheng, Ertz Myriam. Contribution of Bike – sharing to Urban Resource Conservation: The Case of Free – floating Bike – sharing [J]. Journal of Cleaner Production, 2021 (280).

[150] Le – Phuc Nguyen, Tran Tri V., Phan Thien T., Ngo Phuong T., Ha Quan L. M., Luong Thuy N., Tran Thinh H., Phan Tuan T. High – efficient Production of Biofuels Using Spent Fluid Catalytic Cracking (FCC) Catalysts and High Acid Value Waste Cooking Oils [J]. Renewable Energy, 2021 (168).

[151] Leng Jiewu, Ruan Guolei, Song Yuan, Liu Qiang, Fu Yingbin, Ding Kai, Chen Xin. A Loosely – coupled Deep Reinforcement Learning Approach for Order Acceptance Decision of Mass – individualized Printed Circuit Board Manufacturing in Industry 4.0 [J]. Journal of Cleaner Production, 2021 (280).

[152] Pindar Sanjay, Dhawan Nikhil. Microwave Processing of Spent Coin Cells for Recycling of Metallic Values [J]. Journal of Cleaner Production, 2021 (280).

[153] Wang Jianlong, Liu Xiaojing. Forward Osmosis Technology for Water Treatment: Recent Advances and Future Perspectives [J]. Journal of Cleaner Production, 2021 (280).

[154] Wang Yanyu, Lu Ting, Qiao Yuanbo. The Effect of Air Pollution on Corporate Social Responsibility Performance in High Energy – consumption Industry: Evidence from Chinese Listed Companies [J]. Journal of Cleaner Production, 2021 (280).

[155] Surajit Bag, Shivam Gupta, Sameer Kumar. Industry 4.0 Adoption and 10R Advance Manufacturing Capabilities for Sustainable Development [J]. International Journal of Production Economics, 2021 (231).

[156] Samson Jerold Samuel Chelladurai, Suresh Mayilswamy, Arun Seeralan Balakrishnan, S. Gnanasekaran. Green Materials and Advanced Manufacturing Technology: Concepts and Applications [M]. Florida: CRC Press, 2020.

[157] 吴岩. 建设中国"金课"[J]. 中国大学教学, 2018 (12): 4-9.

[158] 冀宏, 王继元, 张根华. 行业课程的理论逻辑与建设路径——兼论应用型人才培养"金课"建设 [J]. 高等工程教育研究, 2019 (4): 188-193.

[159] 陈翔, 韩响玲, 王洋, 张鸿雁. 课程教学质量评价体系重构与"金课"建设 [J]. 中国大学教学, 2019 (5): 43-48.

[160] 周大鹏. 制造业服务化对产业转型升级的影响 [J]. 世界经济研究, 2013 (9): 17-22+48+87.

[161] 孔庆瑜, 曹钟勇. 城市经济系统运行的评价指数研究 [J]. 同济大学学报 (自然科学版), 2003 (4): 495-499.

[162] 吴晓军, 赵海东. 产业转移与欠发达地区经济发展 [J]. 当代财经, 2004 (6): 96-99.

[163] 李亚玲, 汪戎. 人力资本分布结构与区域经济差距——一项基于中国各地区人力资本基尼系数的实证研究 [J]. 管理世界, 2006 (12): 42-49.

[164] 兰宜生. 对外开放度与地区经济增长的实证分析 [J]. 统计研究, 2002 (2): 19-22.

[165] 任保平, 张倩. 西部大开发20年西部地区经济发展的成就、经验与转型 [J]. 陕西师范大学学报 (哲学社会科学版), 2019, 48 (4): 46-62.

[166] 傅鸿源, 胡焱. 城市综合承载力研究综述 [J]. 城市问题, 2009 (5): 27-31.

[167] 汪伟, 刘玉飞, 彭冬冬. 人口老龄化的产业结构升级效应研究 [J]. 中国工业经济, 2015 (11): 47-61.

[168] 杨菊华, 刘轶锋, 王苏苏. 人口老龄化的经济社会后果——基于多层面与多维度视角的分析 [J]. 中国农业大学学报 (社会科学版), 2020, 37 (1): 48-65.

[169] 张秀生, 陈慧女. 论中国区域经济发展差距的现状、成因、影响与对策 [J]. 经济评论, 2008 (2): 53-57+72.

[170] 刘志红, 王利辉. 交通基础设施的区域经济效应与影响机制研究——来自郑西高铁沿线的证据 [J]. 经济科学, 2017 (2): 32-46.

［171］陈莹莹．城镇化进程中失地农民就业问题研究［D］．北京：首都师范大学，2014.

［172］刘姗姗．中小企业人才流失因素分析及对策研究［D］．青岛：中国海洋大学，2015.

［173］谢岚清．中国与“一带一路”国家贸易潜力及影响因素实证研究［D］．福州：华侨大学，2017.

［174］Kohtamaki M.，Parida V.，Patel P. C.，Gebauer H. The Relationship Between Digitalization and Servitization：The Role of Servitization in Capturing the Financial Potential of Digitalization［J/OL］. Technological Forecasting and Social Change, 2020, 151. Https：//doi：10. 1016/j. techfore. 2019. 119804.

［175］Stefano Elia, Ilaria Mariotti, Lucia Piscitello. The Impact of Outward FDI on the Home Country's Labour Demand and Skill Composition［J］. International Business Review, 2009（18）：357－372.

［176］Wang Chengqi, Hong Junjie, Kafouros Mario. What Drives Outward FDI of Chinese Firm? Testing the Explanatory Power of Three Theoretical Frameworks［J］. International Business Review, 2012（21）：425－438.

［177］Hsu B. X.，Chen Y. M. Industrial Policy, Social Capital, Human Capital, and Firm－level Competitive Advantage［J］. International Entrepreneurship and Management Journal, 2019, 15（3）：883－903.

［178］Ghisellini P.，Cialani C.，Ulgiati S. A Review on Circular Economy：The Expected Transition to a Balanced Interplay of Environmental and Economic Systems［J］. Journal of Cleaner Production, 2016（114）：11－32.

［179］李逢春．对外直接投资的母国产业升级效应——来自中国省际面板的实证研究［J］．国际贸易问题，2012（6）：124－134.

［180］张玉昌，陈保启．产业结构、空间溢出与城乡收入差距——基于空间Durbin模型偏微分效应分解［J］．经济问题探索，2018（9）：62－71.

附录1　疫情防控期间全国居民消费问卷调查（一）

感谢你热情参与此次居民调查问卷，为保证数据调查的真实性和严谨性，请你如实填写，本次调查问卷采取匿名的收集方式，不会涉及你的任何个人信息。再次感谢你的配合和合作，祝你生活愉快！

1. 请问你所处的地区是？[单选题]*

○北京、天津、河北、山西、内蒙古

○辽宁、吉林、黑龙江

○上海、江苏、浙江

○安徽、福建、江西、山东、河南

○河北、湖北、湖南

○广东、广西、海南

○重庆、四川、贵州、云南、西藏

○陕西、甘肃、青海、宁夏、新疆

2. 请问你的年龄是？[单选题]*

○20岁以下

○21~30岁

○31~40岁

○41~50岁

○51~60岁

○61~70岁

○70岁以上

3. 请问你的职业是？[单选题]*

○公司职员

○学生

○个体经营者

○国家工作人员（含教师、公务员等）

○自由职业者

○军人

○其他

4. 请问你的月收入是多少？[单选题]*

○3000 元以下

○3000～5000 元

○5000～8000 元

○8000～10000 元

○10000～12000 元

○12000 元以上

5. 请问你经常购物的场所是？[多选题]*

○附近的菜市场

○百货商场

○大型超市

○商业街

○专卖店

○其他

6. 请问疫情防控期间你更倾向于哪种购物方式？[单选题]*

○实体店

○网购

○以上两者结合，但更偏向于前者

○以上两者结合，但更偏向于后者

7. 请问疫情是否对你的消费方式产生重大影响？[单选题]*

○是

○否

8. 请问你的学历水平？[单选题]*

○高中以下

○专科
○本科
○硕士研究生
○硕士研究生以上

9. 请根据疫情防控期间你的消费行为进行选择，据此回答以下问题（1－完全不符合；2－比较不符合；3－一般符合；4－比较符合；5－完全符合）[矩阵单选题]*

	1	2	3	4	5
疫情防控期间对米、面、油等日常消费品的需求量减少	○	○	○	○	○

10. 请根据疫情防控期间你的消费行为进行选择，据此回答以下问题（1－完全不符合；2－比较不符合；3－一般符合；4－比较符合；5－完全符合）[矩阵单选题]*

	1	2	3	4	5
疫情防控期间对黄金、珠宝、电子产品等高档消费品的需求量减少	○	○	○	○	○

11. 请根据疫情防控期间你的消费行为进行选择，据此回答以下问题（1－完全不符合；2－比较不符合；3－一般符合；4－比较符合；5－完全符合）[矩阵单选题]*

	1	2	3	4	5
疫情防控期间，对价格上涨的消费品，会转而购买其他同类的替代品	○	○	○	○	○

12. 请根据疫情防控期间你的消费行为进行选择，据此回答以下问题（1－完全不符合；2－比较不符合；3－一般符合；4－比较符合；5－完全符合）[矩阵单选题]*

	1	2	3	4	5
疫情防控期间，对价格上涨的消费品，其同类商品的购买量也会减少	○	○	○	○	○

13. 请根据疫情防控期间你的消费行为进行选择，据此回答以下问题（1－完全不符合；2－比较不符合；3－一般符合；4－比较符合；5－完全符合）[矩阵单选题]*

	1	2	3	4	5
疫情防控期间，减少了原来的弹性消费计划（如旅游、购买奢侈品、更换大件家具）	○	○	○	○	○

14. 请根据疫情防控期间你的消费行为进行选择，据此回答以下问题（1－完全不符合；2－比较不符合；3－一般符合；4－比较符合；5－完全符合）[矩阵单选题]*

	1	2	3	4	5
疫情防控期间，减少了原来的刚性消费计划（如教育支出）	○	○	○	○	○

15. 请根据疫情防控期间你的收入回答以下问题（1－完全不符合；2－比较不符合；3－一般符合；4－比较符合；5－完全符合）[矩阵单选题]*

	1	2	3	4	5
疫情防控期间，个人的收入大幅度降低，从而减少消费	○	○	○	○	○

16. 请根据疫情防控期间你的收入回答以下问题（1－完全不符合；2－比较不符合；3－一般符合；4－比较符合；5－完全符合）[矩阵单选题]*

	1	2	3	4	5
疫情防控期间，家庭成员的收入大幅度降低，从而减少消费	○	○	○	○	○

17. 请根据疫情防控期间你的消费行为回答以下问题（1－完全不符合；2－比较不符合；3－一般符合；4－比较符合；5－完全符合）[矩阵单选题]*

	1	2	3	4	5
疫情防控期间，个人收到政府的财政补贴或企业津贴，从而增加消费	○	○	○	○	○

18. 请根据疫情防控期间你的消费行为回答以下问题（1－完全不符合；2－比较不符合；3－一般符合；4－比较符合；5－完全符合）［矩阵单选题］*

	1	2	3	4	5
疫情防控期间，进行更多的信贷消费（信用卡、线上贷款、蚂蚁花呗、京东白条等）	○	○	○	○	○

19. 请根据疫情防控期间你的消费行为回答以下问题（1－完全不符合；2－比较不符合；3－一般符合；4－比较符合；5－完全符合）［矩阵单选题］*

	1	2	3	4	5
疫情防控期间，取快递的次数明显多于出门购物的次数	○	○	○	○	○

20. 请根据疫情防控期间你的消费行为回答以下问题（1－完全不符合；2－比较不符合；3－一般符合；4－比较符合；5－完全符合）［矩阵单选题］*

	1	2	3	4	5
疫情防控期间，家中老人和小孩进行线上消费活动比以往增多	○	○	○	○	○

21. 请根据疫情防控期间你的消费行为回答以下问题（1－完全不符合；2－比较不符合；3－一般符合；4－比较符合；5－完全符合）［矩阵单选题］*

	1	2	3	4	5
疫情防控期间，消费时更注重商品的使用价值	○	○	○	○	○

22. 请根据疫情防控期间你的消费行为回答以下问题（1－完全不符合；2－比较不符合；3－一般符合；4－比较符合；5－完全符合）［矩阵单选题］*

	1	2	3	4	5
疫情防控期间，消费时更注重商品的服务、审美需求	○	○	○	○	○

23. 请根据疫情防控期间你的消费行为回答以下问题（1 – 完全不符合；2 – 比较不符合；3 – 一般符合；4 – 比较符合；5 – 完全符合）［矩阵单选题］*

	1	2	3	4	5
疫情防控期间，个人认为未来疫情不容乐观或者基于以前的“非典”事件的经验，应该进行紧缩性消费	○	○	○	○	○

24. 请根据疫情防控期间你的消费行为回答以下问题（1 – 完全不符合；2 – 比较不符合；3 – 一般符合；4 – 比较符合；5 – 完全符合）［矩阵单选题］*

	1	2	3	4	5
疫情防控期间，对于个人原来偏好的消费品有所改变	○	○	○	○	○

25. 请根据疫情防控期间你的消费行为回答以下问题（1 – 完全不符合；2 – 比较不符合；3 – 一般符合；4 – 比较符合；5 – 完全符合）［矩阵单选题］*

	1	2	3	4	5
疫情防控期间，进行消费决策时经常听从其他消费者（父母、邻居等）的意见或者建议	○	○	○	○	○

26. 请根据疫情防控期间你的消费行为回答以下问题（1 – 完全不符合；2 – 比较不符合；3 – 一般符合；4 – 比较符合；5 – 完全符合）［矩阵单选题］*

	1	2	3	4	5
疫情防控期间，进行消费决策时更偏重公共健康方面的产品	○	○	○	○	○

27. 请根据疫情防控期间你的消费行为回答以下问题（1 – 完全不符合；2 – 比较不符合；3 – 一般符合；4 – 比较符合；5 – 完全符合）［矩阵单选题］*

	1	2	3	4	5
疫情防控期间，进行消费决策时更注重消费品的来源	○	○	○	○	○

28. 请根据疫情防控期间你的消费行为回答以下问题（1－完全不符合；2－比较不符合；3－一般符合；4－比较符合；5－完全符合）［矩阵单选题］*

	1	2	3	4	5
疫情防控期间，催生出许多新的消费热点或营销组合，并会对其进行消费	○	○	○	○	○

29. 请根据疫情防控期间你的投资行为回答以下问题（1－完全不符合；2－比较不符合；3－一般符合；4－比较符合；5－完全符合）［矩阵单选题］*

	1	2	3	4	5
疫情防控期间，在所有投资中，比较倾向于银行储蓄	○	○	○	○	○

30. 请根据疫情防控期间你的投资行为回答以下问题（1－完全不符合；2－比较不符合；3－一般符合；4－比较符合；5－完全符合）［矩阵单选题］*

	1	2	3	4	5
疫情防控期间，在所有投资中，比较倾向于保险	○	○	○	○	○

31. 请根据疫情防控期间你的投资行为回答以下问题（1－完全不符合；2－比较不符合；3－一般符合；4－比较符合；5－完全符合）［矩阵单选题］*

	1	2	3	4	5
疫情防控期间，在所有投资中，比较倾向于有风险的投资	○	○	○	○	○

32. 请根据疫情防控期间你的投资行为回答以下问题（1－完全不符合；2－比较不符合；3－一般符合；4－比较符合；5－完全符合）［矩阵单选题］*

	1	2	3	4	5
疫情防控期间，考虑到家庭子女的个数，会进行紧缩性消费	○	○	○	○	○

33. 请根据疫情防控期间你的投资行为回答以下问题（1－完全不符合；2－比较不符合；3－一般符合；4－比较符合；5－完全符合）［矩阵单选题］*

	1	2	3	4	5
疫情防控期间，考虑到家庭的老龄化，会进行紧缩性消费	○	○	○	○	○

34. 请根据疫情防控期间你的投资行为回答以下问题（1－完全不符合；2－比较不符合；3－一般符合；4－比较符合；5－完全符合）［矩阵单选题］*

	1	2	3	4	5
疫情防控期间，社会提供的消费数量和质量的变化对消费影响较大	○	○	○	○	○

35. 请根据疫情防控期间你的投资行为回答以下问题（1－完全不符合；2－比较不符合；3－一般符合；4－比较符合；5－完全符合）［矩阵单选题］*

	1	2	3	4	5
疫情防控期间，消费文化的变化对消费影响较大	○	○	○	○	○

36. 请根据疫情防控期间你的投资行为回答以下问题（1－完全不符合；2－比较不符合；3－一般符合；4－比较符合；5－完全符合）［矩阵单选题］*

	1	2	3	4	5
疫情防控期间，政府政策变化对消费影响较大	○	○	○	○	○

37. 请根据疫情防控期间你的投资行为回答以下问题（1－完全不符合；2－比较不符合；3－一般符合；4－比较符合；5－完全符合）［矩阵单选题］*

	1	2	3	4	5
疫情防控期间，5G 技术、智能制造对消费影响较大	○	○	○	○	○

38. 请根据疫情防控期间你的投资行为回答以下问题（1－完全不符合；2－比较不符合；3－一般符合；4－比较符合；5－完全符合）［矩阵单选题］*

	1	2	3	4	5
疫情防控期间，国际关系对消费的影响较大	○	○	○	○	○

39. 请根据疫情防控期间你的投资行为回答以下问题（1－完全不符合；2－比较不符合；3－一般符合；4－比较符合；5－完全符合）［矩阵单选题］*

	1	2	3	4	5
疫情防控期间，由于许多供不应求的商品比较昂贵，甚至缺货，因此减少消费	○	○	○	○	○

40. 请根据疫情防控期间你的投资行为回答以下问题（1－完全不符合；2－比较不符合；3－一般符合；4－比较符合；5－完全符合）［矩阵单选题］*

	1	2	3	4	5
疫情防控期间，由于许多供过于求的商品比较便宜，因而进行较多消费	○	○	○	○	○

附录2　疫情防控期间全国居民消费问卷调查（二）

感谢你热情参与此次的居民调查问卷，为保证数据调查的真实性和严谨性，请你如实填写，本次调查问卷采取匿名收集方式，不会涉及你的任何个人信息。再次感谢你的配合和合作，祝你生活愉快！

1. 疫情防控期间，认为消费对疫情后经济的恢复速度影响较大［矩阵单选题］*

	1	2	3	4	5
请根据疫情防控期间你的消费行为进行选择，据此回答以下问题（1－完全不符合；2－比较不符合；3－一般符合；4－比较符合；5－完全符合）	○	○	○	○	○

2. 疫情防控期间消费品价格波动较大［矩阵单选题］*

	1	2	3	4	5
请根据疫情防控期间你的消费行为进行选择，据此回答以下问题（1－完全不符合；2－比较不符合；3－一般符合；4－比较符合；5－完全符合）	○	○	○	○	○

3. 疫情防控期间对消费的负面影响较大［矩阵单选题］*

	1	2	3	4	5
请根据疫情防控期间你的消费行为进行选择，据此回答以下问题（1－完全不符合；2－比较不符合；3－一般符合；4－比较符合；5－完全符合）	○	○	○	○	○

4. 疫情防控期间，消费对社会生产的再循环影响较大［矩阵单选题］*

	1	2	3	4	5
请根据疫情防控期间你的消费行为进行选择，据此回答以下问题（1－完全不符合；2－比较不符合；3－一般符合；4－比较符合；5－完全符合）	○	○	○	○	○

附录3 信效度分析

受疫情的影响，本次问卷采用线上收集调查的形式，向全国各地不同类别的居民分发问卷进行收集调查，共分发问卷510份，回收有效问卷510份，问卷除了保留基本信息调查外，通过根据前文划分的影响居民消费的10个一级指标，分别制定了10个可度量问卷对应的10个因素，问卷可度量等级为5，分别为完全不符合、比较不符合、一般、比较符合和非常符合五个选项，对应评分为1、3、5、7、9。在回收问卷后根据不同的分析方法与标准对问卷进行评价与研究。

问卷的信度代表了问卷数据的可靠性与可信性，即代表了问卷对象是否正确对待问卷问题、认真回答了问卷问题。问卷的效度代表了问卷的设计是否具有科学性与合理性，并且答卷者是否可以正确地了解到制作者的意图，即当制作者的预期与问卷变量一致时问卷才具有良好的效度水准。当问卷具有信度时不一定具有效度，而当问卷具有效度时一定具有信度，故通过SPSS软件对该问卷分别进行信度与效度的分析。

1. 信度分析

由于重复发放和回收问卷的周期过长、过程复杂，故在信度分析时并未采用重测信度法；而复本信度分析法要求问卷的格式、问题、发放形式与答卷对象与第一次问卷完全一致，重复操作可实现性弱，故本次分析也放弃了重测信度法。本次信度分析主要采用α信度系数法与折半信度法进行数据可信性的测量，即α分析法通过固有公式计算方差，以测量问卷的内在一致性，而折半信度法通过将调查从中对折，分析前半部分与后半部分的相关系数，估计总体问卷的内在一致性与可靠性。

（1）α系数分析法。通过SPSS运算分析得到10领域（表1各领域的α值）与总体问卷的克朗巴哈α值，具体如附表1所示。

附表1 各领域的α值

领域	克朗巴哈值α值
消费品因素1	0.769
消费支出来源因素2	0.694
消费动机因素3	0.636
消费个人因素4	0.775
消费心理因素5	0.775
金融环境因素6	0.538
家庭因素7	0.898
外部环境因素8	0.865
消费市场因素9	0.633
新兴消费群体因素10	0.728
总体问卷	0.931

关于克朗巴哈信度系数的通用检验标准，若α系数值在0.8以上，则说明该领域信度极好；若系数值位于0.7~0.8，则说明该领域问卷信度较好；若系数值位于0.6~0.7，则可以认为该领域问卷具有价值，可以接受；若系数值低于0.6但大于0.5，则说明该领域问卷信度较差；若系数值小于0.3，则代表该领域信度极差，需要考虑进行删除处理。

从表1中计算的α值可以看出，总体问卷具有最高的α系数值0.931，证明总体问卷具有极高的可信度；各领域的α系数范围为0.538~0.931，除金融环境因素外，其余9项领域的系数均大于0.6，具有一定的可信度价值，其中家庭因素领域、外部环境因素领域、总体问卷的系数值均达到了0.8以上，具有极好的信度；而消费品因素领域、消费个人因素、消费心理因素、新兴消费群体因素的α系数位于0.7~0.8，具有较好的信度；消费支出来源因素、消费动机因素α系数位于0.6~0.7，该领域问卷具有一定价值；金融环境因素的系数值仅达到0.538，该领域问卷信度较差。

（2）折半分析法。同样利用SPSS将所有10个量表和总体量表划分为相等的前后两部分，随后分别计算其可信度与前后相关系数，根据通用标准，若折半系数大于0.8，则说明该量表十分可信；若折半系数位于0.7~0.8，则说明量表比较具有可信度；若折半系数大于0.6小于0.7，则说明量表具有一定的可信度；若小于0.5，则可信度较为不佳。同时若量表内题目个数为偶数，则前后系数将相同，反之则前后系数则将不同。计算结果如附表2所示。

附表 2　折半法各量表相关系数

领域	相关性	等长系数 Spearman - Brown	不等长系数 Spearman - Brown	Guttman Split - Half 系数
总体问卷	0.746	0.855	0.855	0.854
消费品因素	0.659	0.794	0.794	0.794
消费支出来源因素	0.291	0.451	0.451	0.449
消费个人因素	0.633	0.775	0.775	0.775
消费动机因素	0.466	0.636	0.636	0.636
消费心理因素	0.683	0.811	0.811	0.811
金融环境因素	0.268	0.423	0.441	0.386
家庭因素	0.814	0.898	0.898	0.898
外部环境因素	0.638	0.779	0.785	0.751
消费市场因素	0.463	0.633	0.633	0.633
新兴消费群体因素	0.573	0.728	0.728	0.728

通过折半分析可以看出，总体问卷的折半系数为 0.855，大于 0.8，证明该问卷具有良好的可信度。从 11 个分量表中可看出折半系数位于 0.423 ~ 0.898，除金融环境因素以外，其他九量表均大于 0.6，具有较好的可信度。其中消费心理量表达到 0.8 以上，接近于 0.9，具有极高可信度；并且家庭量表折半系数为 0.898，接近于 0.9，超过总体问卷的折半系，0.855 成为最具有可信度的量表；而金融环境量表与上文 α 系数分析情况类似，因为量表中问题既涉及银行利率、保险费率、风险投资等影响因素，又受国家经济政策影响较大，与本问题联系度较小导致了该量表的可信度较为不佳。

2. 效度分析

（1）KMO 和 Bartlett 球形检验如附表 3 所示。

附表 3　KMO 和 Bartlett 球形检验

KMO 值	0.917	
Bartlett 球形检验	近似卡方	8599.328
	df	496
	p 值	0

使用因子分析进行信息浓缩研究，首先分析研究数据是否适合进行因子分析，从附表3可以看出：KMO为0.917，大于0.6，满足因子分析的前提要求，意味着数据可用于因子分析研究。通过Bartlett球形检验（$p<0.05$），说明研究数据适合进行因子分析。

（2）方差解释率如附表4所示。

附表4　方差解释率

因子编号	特征根			旋转前方差解释率			旋转后方差解释率		
	特征根	方差解释率（%）	累计百分比（%）	特征根	方差解释率（%）	累计百分比（%）	特征根	方差解释率（%）	累计百分比（%）
1	10.834	33.857	33.857	10.834	33.857	33.857	2.609	8.152	8.152
2	2.779	8.686	42.542	2.779	8.686	42.542	2.461	7.691	15.843
3	2.183	6.821	49.363	2.183	6.821	49.363	2.346	7.332	23.175
4	1.537	4.803	54.167	1.537	4.803	54.167	2.111	6.596	29.772
5	1.235	3.86	58.027	1.235	3.86	58.027	1.928	6.024	35.796
6	0.965	3.016	61.043	0.965	3.016	61.043	1.831	5.723	41.519
7	0.912	2.851	63.894	0.912	2.851	63.894	1.83	5.719	47.238
8	0.858	2.683	66.576	0.858	2.683	66.576	1.602	5.006	52.244
9	0.805	2.516	69.093	0.805	2.516	69.093	1.391	4.348	56.593
10	0.766	2.395	71.488	0.766	2.395	71.488	1.318	4.120	60.713
11	0.754	2.357	73.845	0.754	2.357	73.845	1.184	3.702	64.414
12	0.671	2.097	75.942	0.671	2.097	75.942	1.179	3.683	68.097
13	0.639	1.996	77.938	0.639	1.996	77.938	1.125	3.514	71.612
14	0.617	1.93	79.868	0.617	1.93	79.868	1.061	3.315	74.927
15	0.574	1.792	81.66	0.574	1.792	81.66	1.038	3.244	78.171
16	0.532	1.662	83.322	0.532	1.662	83.322	1.032	3.225	81.396
17	0.518	1.618	84.94	0.518	1.618	84.94	1.031	3.222	84.618
18	0.473	1.478	86.418	0.473	1.478	86.418	0.576	1.800	86.418
19	0.466	1.457	87.875	—	—	—	—	—	—
20	0.432	1.349	89.224	—	—	—	—	—	—
21	0.406	1.27	90.493	—	—	—	—	—	—
22	0.384	1.2	91.693	—	—	—	—	—	—
23	0.37	1.155	92.848	—	—	—	—	—	—

续表

因子编号	特征根			旋转前方差解释率			旋转后方差解释率		
	特征根	方差解释率（%）	累计百分比（%）	特征根	方差解释率（%）	累计百分比（%）	特征根	方差解释率（%）	累计百分比（%）
24	0.353	1.102	93.95	—	—	—	—	—	—
25	0.321	1.003	94.953	—	—	—	—	—	—
26	0.306	0.956	95.909	—	—	—	—	—	—
27	0.284	0.888	96.797	—	—	—	—	—	—
28	0.258	0.805	97.602	—	—	—	—	—	—
29	0.247	0.772	98.374	—	—	—	—	—	—
30	0.205	0.641	99.015	—	—	—	—	—	—
31	0.185	0.579	99.594	—	—	—	—	—	—
32	0.13	0.406	100	—	—	—	—	—	—

附表4针对因子提取情况，以及因子提取信息量情况进行分析，从表中可知：因子分析一共提取出18个因子，此18个因子旋转后的方差解释率分别是8.152%、7.691%、7.332%、6.596%、6.024%、5.723%、5.719%、5.006%、4.348%、4.120%、3.702%、3.683%、3.514%、3.315%、3.244%、3.225%、3.222%、1.800%，旋转后累计方差解释率为86.418%，超过经验法的80%，符合标准，覆盖调查问卷的大部分内容。

3. 旋转后因子载荷系数

旋转后因子载荷系数如附表5所示。

附表5　旋转后因子载荷系数

名称	因子载荷系数									
	因子1	因子2	因子3	因子4	因子5	因子6	因子7	因子8	因子9	因子10
日常消费品	0.016	0.04	-0.02	0.115	0.091	-0.027	0.069	0.14	0.065	0.036
高档消费品	0.064	0.09	0.17	0.137	0.306	0.068	0.094	-0.011	0.018	0.012
替代品	0.096	0.09	0.165	0.148	0.827	0.105	0.019	0	-0.002	0.155
互补品	0.041	0.22	0.157	0.236	0.669	0.053	0.119	0.11	0.216	-0.054
弹性消费计划	0.276	0.16	0.254	0.188	0.499	0.148	-0.008	-0.144	0.072	-0.038
刚性消费计划	0.101	0.12	0.051	0.246	0.199	0.043	0.101	0.141	0.065	-0.007

续表

名称	因子载荷系数									
	因子1	因子2	因子3	因子4	因子5	因子6	因子7	因子8	因子9	因子10
个人的收入	0.08	0.16	0.086	0.843	0.183	0.002	0.037	0.032	0.156	0.112
家庭成员的收入	0.076	0.22	0.09	0.868	0.147	0.089	0.097	0.075	0.094	0.031
政企津贴	0.006	0.09	-0.06	-0.01	-0.1	0.003	0.115	0.668	0.135	0.15
信贷消费	0.075	0.11	-0.06	0.149	-0.03	0.15	0.031	0.196	0.065	0.114
线上消费	0.115	0.04	0.181	0.072	0.075	0.85	0.092	0.095	-0.016	0.017
线下消费	0.145	0.1	0.145	0.015	0.112	0.779	0.071	0.008	0.161	0.126
商品的使用价值	0.221	0.23	0.401	0.186	0.205	0.334	0.046	-0.183	0.108	-0.005
个人感知	0.1	0.54	0.334	0.132	0.208	0.145	0.226	0.138	0.426	-0.057
偏好	0.052	0.33	0.274	0.264	0.07	0.086	0.266	0.3	0.468	-0.08
消费群体	0.211	0.2	0.068	0.204	0.092	0.083	0.005	0.087	0.823	0.194
公共健康	0.26	0.1	0.793	0.078	0.227	0.177	0.069	-0.088	0.054	0.055
供过于求	0.147	0.19	0.058	0.17	0.164	0.029	0.208	0.166	0.09	0.738
消费品的来源	0.263	0.12	0.823	0.08	0.102	0.147	0.086	-0.074	0.083	0.098
市场研究与开发	0.295	0.15	0.226	-0.02	-0.05	0.278	0.085	0.165	0.173	0.587
银行储蓄	0.225	0.2	0.165	0.103	0.131	0.148	0.069	-0.016	0.088	0.161
保险	0.088	0.14	0.104	0.163	0.08	0.105	0.147	0.209	0.11	-0.032
风险投资	0.13	0.12	-0.13	0.103	0.08	0.088	-0.014	0.848	0.066	0.099
家庭子女个数	0.201	0.83	0.065	0.19	0.108	0.016	0.154	0.065	0.14	0.172
老龄化程度	0.27	0.81	0.124	0.212	0.129	0.101	0.108	0.099	0.088	0.1
社会消费基础	0.629	0.34	0.297	0.1	0.131	0.109	0.227	0	0.078	0.204
消费文化	0.78	0.19	0.232	0.09	0.043	0.093	0.166	0.092	0.107	0.104
服务性价值	0.087	0.08	0.155	0.093	0.118	0.121	0.122	0.12	0.073	0.06
政府政策变化	0.787	0.13	0.193	0.046	0.106	0.124	0.271	0.072	0.104	0.042
先进技术	0.397	0.14	0.059	0.02	0.017	0.211	0.604	0.068	0.037	0.184
国际关系	0.324	0.15	0.031	0.052	0.016	0.055	0.796	0.035	0.009	0.03
供不应求	0.147	0.23	0.355	0.219	0.169	0.032	0.582	-0.028	0.16	0.325

总体来说，该问卷的结构效度因子分析综合结果如附表6所示，可以看出该问卷的KMO值大于0.9，证明该问卷具有极好的效度，同时p值为0.000，小于0.05，通过了Bartlett球形检验，再次证明问卷具有有效性。从附表6可知，所有研究项对应的共同度值均高于0.4，意味着研究项和主成分之间有着较强的关联性，主成分可以有效地提取信息。同时共同度代表着该题目被提取的信息量，如果大于0.4，则证明该题目有效，本问卷的所有题目的共同度位于0.779～0.971，均大于0.4的标准值，证明该问卷各题目具有有效性。

附表6　因子荷载系数

因子荷载系数								共同度（公因子方差）
因子11	因子12	因子13	因子14	因子15	因子16	因子17	因子18	
0.019	0.092	0.058	0.941	0.048	0.070	0.111	-0.004	0.971
0.045	0.846	0.004	0.116	-0.003	-0.006	0.065	0.022	0.903
0.071	0.149	-0.019	0.064	0.055	0.072	0.075	0.082	0.838
0.140	0.171	0.008	0.091	0.109	-0.045	0.191	-0.206	0.806
0.046	0.324	-0.084	-0.03	0.013	0.121	0.075	0.412	0.803
0.063	0.073	0.073	0.135	0.044	0.026	0.867	0.009	0.952
0.095	0.125	0.117	0.061	0.023	0.066	0.165	0.020	0.898
0.046	0.041	0.052	0.086	0.077	0.086	0.083	0.015	0.903
0.048	0.065	0.347	0.189	0.182	0.016	0.208	0.272	0.834
0.085	-0.010	0.869	0.055	0.013	0.167	0.060	-0.025	0.921
0.120	0.014	0.04	-0.035	0.081	0.029	-0.037	0.233	0.880
0.048	0.082	0.165	0.011	0.061	0.098	0.109	-0.304	0.872
0.417	0.226	-0.034	-0.02	0.116	0.038	0.005	0.204	0.779
0.100	0.080	-0.016	0.077	0.142	-0.043	0.035	0.081	0.797
0.007	0.242	0.112	-0.020	0.242	-0.063	0.083	-0.080	0.803
0.092	-0.030	0.074	0.085	0.030	0.150	0.054	0.017	0.918
0.107	0.064	-0.045	-0.024	0.119	0.075	0.020	0.043	0.854
0.044	-0.070	0.244	0.104	0.130	-0.167	-0.072	-0.003	0.867
0.113	0.140	-0.031	0.008	0.050	0.045	0.035	-0.035	0.869
0.095	0.183	-0.092	-0.062	0.138	0.326	0.112	-0.030	0.844
0.116	-0	0.029	0.067	0.817	0.181	0.048	0.007	0.930
0.107	-0.010	0.212	0.101	0.171	0.810	0.021	0.022	0.913
0.078	-0.060	0.061	0.074	-0.103	0.187	0.035	-0.150	0.893

续表

因子荷载系数								共同度（公因子方差）
因子11	因子12	因子13	因子14	因子15	因子16	因子17	因子18	
0.075	0.064	0.081	0.033	0.080	0.096	0.056	-0.015	0.889
0.042	0.056	0.085	0.015	0.102	0.088	0.088	0.026	0.897
0.034	-0.050	0.015	-0.01	0.039	0.119	0.173	0.056	0.792
0.137	0.103	0.034	0.058	0.049	0.050	0.042	-0.051	0.817
0.894	0.022	0.092	0.025	0.078	0.087	0.060	-0.015	0.939
0.002	0.015	0.078	-0.024	0.159	-0.003	-0.012	0.066	0.830
0.031	0.245	-0.013	0.023	0.244	0.075	0.180	0.038	0.791
0.162	0.022	0.009	0.121	0.002	0.100	0.008	-0.077	0.828
-0.040	-0.020	0.136	-0.093	-0.059	0.042	0.086	0.184	0.824

本问卷的信效度检验虽然存在一定程度的内部瑕疵与样本总量较小的问题，但总体通过了信效度检验，具有良好的可信度与数据有效性，对研究疫情防控期间消费者的消费影响因素具有一定的价值贡献，可以进行进一步的分析和研究。

附录4　多元线性回归分析

1. 个人收入水平

模型摘要				
模型	R	R^2	调整后的 R^2	标准估算的错误
1	0.982[a]	0.964	0.946	0.023817950313494
a. 预测变量：（常量），保险投资水平，银行储蓄水平				

ANOVA[a]						
模型		平方和	自由度	均方	F	显著性
1	回归	0.061	2	0.030	53.351	0.001[b]
	残差	0.002	4	0.001		
	总计	0.063	6			
a. 因变量：个人收入水平						
b. 预测变量：（常量），保险投资水平，银行储蓄水平						

系数[a]						
模型		未标准化系数		标准化系数	t	显著性
		B	标准错误	Beta		
1	（常量）	-6.586	1.757		-3.748	0.020
	银行储蓄水平	6.430	0.651	10.110	9.874	0.001
	保险投资水平	-3.805	0.485	-0.881	-7.838	0.001
a. 因变量：个人收入水平						

$$
\begin{aligned}
Y &= -6.586 + 6.43 \times X1 - 3.805 \times X2 \\
&= -6.586 + 6.43 \times 22 - 3.805 \times 19 \\
&= 62.579 \text{（方程 2）}
\end{aligned}
$$

2. 家庭收入水平

模型摘要

模型	R	R^2	调整后的 R^2	标准估算的错误
1	0.996[a]	0.992	0.991	0.006666449834786

a. 预测变量：(常量)，个人收入水平

ANOVA[a]

模型		平方和	自由度	均方	F	显著性
1	回归	0.028	1	0.028	635.956	0.000[b]
	残差	0.000	5	0.000		
	总计	0.028	6			

a. 因变量：家庭收入水平

b. 预测变量：(常量)，个人收入水平

系数[a]

模型		未标准化系数		标准化系数	t	显著性
		B	标准错误	Beta		
1	(常量)	1.037	0.083		12.550	0.000
	个人收入水平	0.671	0.027	0.996	25.218	0.000

a. 因变量：家庭收入水平

$$
\begin{aligned}
Y &= 1.037 + 0.671 \times X1 \\
&= 0.083 + 0.027 \times X1 \\
&= 1.037 + 0.671 \times 21 \\
&= 15.128 \text{（方程 3）}
\end{aligned}
$$

3. 线上消费交付率

模型摘要

模型	R	R^2	调整后的 R^2	标准估算的错误
1	0.947[a]	0.896	0.792	0.010166373795187

a. 预测变量：（常量），消费文化水平，家庭收入水平，个人收入水平

ANOVA[a]

模型		平方和	自由度	均方	F	显著性
1	回归	0.003	3	0.001	8.638	0.055[b]
	残差	0.000	3	0.000		
	总计	0.003	6			

a. 因变量：线上交付率

b. 预测变量：（常量），消费文化水平，家庭收入水平，个人收入水平

系数[a]

模型		未标准化系数		标准化系数	t	显著性
		B	标准错误	Beta		
1	（常量）	-2.033	1.589		-1.279	0.291
	个人收入水平	1.198	0.496	5.491	2.414	0.095
	家庭收入水平	-0.939	0.691	-2.898	-1.358	0.268
	消费文化水平	1.457	0.368	2.156	3.954	0.029

a. 因变量：线上交付率

$$
\begin{aligned}
Y &= -2.033 + 1.198 \times X1 - 0.939 \times X2 + 1.457 \times X3 \\
&= -2.033 + 1.198 \times 21 - 0.939 \times 21 + 1.457 \times 22 \\
&= 32.054 + 25.158 - 19.719 - 2.033 \\
&= 35.46 \text{（方程 4）}
\end{aligned}
$$

4. 线下交付率

模型摘要

模型	R	R^2	调整后的 R^2	标准估算的错误
1	0.997[a]	0.993	0.990	0.004246512540952

a. 预测变量：（常量），家庭收入水平，市场营销开发频率

ANOVA[a]

模型		平方和	自由度	均方	F	显著性
1	回归	0.011	2	0.005	296.771	0.000[b]
	残差	0.000	4	0.000		
	总计	0.011	6			

a. 因变量：线下交付率

b. 预测变量：（常量），家庭收入水平，市场营销开发频率

系数[a]

模型		未标准化系数		标准化系数	t	显著性
		B	标准错误	Beta		
1	（常量）	-0.394	0.187		-2.106	0.103
	市场营销开发频率	0.795	0.065	0.548	12.289	0.000
	家庭收入水平	0.395	0.027	0.643	14.417	0.000

a. 因变量：线下交付率

$$
\begin{aligned}
Y &= -0.394 + 0.795 \times X1 + 0.395 \times X2 \\
&= 1.181 + 0.074 \times 21 + 0.65 \times 22 \\
&= 14.3 + 1.554 + 1.181 \\
&= 17.408 \text{（方程 5）}
\end{aligned}
$$

5. 财政补贴力度

模型摘要

模型	R	R^2	调整后的 R^2	标准估算的错误
1	0.960[a]	0.922	0.882	0.023138958437294

a. 预测变量：（常量），消费品安全性，国际贸易水平

ANOVA[a]

模型		平方和	自由度	均方	F	显著性
1	回归	0.025	2	0.013	23.524	0.006[b]
	残差	0.002	4	0.001		
	总计	0.027	6			

a. 因变量：财政补贴力度

b. 预测变量：（常量），消费品安全性，国际贸易水平

系数[a]						
模型		未标准化系数		标准化系数	t	显著性
		B	标准错误	Beta		
1	（常量）	1.674	2.810		0.596	0.583
	国际贸易水平	1.182	0.946	0.183	1.249	0.280
	消费品安全性	-0.855	0.125	-0.997	-6.817	0.002
a. 因变量：财政补贴力度						

$$
\begin{aligned}
Y &= 1.674 + 1.182 \times X1 - 0.855 \times X2 \\
&= 1.674 + 1.182 \times 21 - 0.855 \times 26 \\
&= 1.674 + 24.822 - 22.23 \\
&= 4.266 \text{（方程 6）}
\end{aligned}
$$

6. 社会消费基础完善程度

模型摘要				
模型	R	R^2	调整后的 R^2	标准估算的错误
1	0.945[a]	0.893	0.840	0.007038313025521
a. 预测变量：（常量），市场营销开发频率，财政补贴力度				

ANOVA[a]						
模型		平方和	自由度	均方	F	显著性
1	回归	0.002	2	0.001	16.764	0.011[b]
	残差	0.000	4	0.000		
	总计	0.002	6			
a. 因变量：社会消费基础完善程度						
b. 预测变量：（常量），财政补贴力度，市场营销开发频率						

系数[a]						
模型		未标准化系数		标准化系数	t	显著性
		B	标准错误	Beta		
1	（常量）	2.006	0.316		6.358	0.003
	财政补贴力度	-0.138	0.043	-0.530	-3.234	0.032
	市场营销开发频率	0.502	0.099	0.832	5.078	0.007
a. 因变量：社会消费基础完善程度						

$$
\begin{aligned}
Y &= 2.006 - 0.138 \times X1 + 0.502 \times X2 \\
&= 2.006 - 0.138 \times 14 + 0.502 \times 22 \\
&= 13.006 - 1.932 \\
&= 11.074 \text{（方程 7）}
\end{aligned}
$$

7. 公共健康危害水平

模型摘要

模型	R	R^2	调整后的 R^2	标准估算的错误
1	0.996[a]	0.991	0.990	0.003527523864458

a. 预测变量：（常量），消费品安全不确定性

ANOVA[a]

模型		平方和	自由度	均方	F	显著性
1	回归	0.007	1	0.007	578.893	0.000[b]
	残差	0.000	5	0.000		
	总计	0.007	6			

a. 因变量：公共健康危害水平

b. 预测变量：（常量），消费安全不确定性

系数[a]

模型		未标准化系数		标准化系数	t	显著性
		B	标准错误	Beta		
1	（常量）	2.092	0.069		30.264	0.000
	消费品安全性	0.441	0.018	0.996	24.060	0.000

a. 因变量：公共健康危害水平

$$
\begin{aligned}
Y &= 2.092 + 0.441 \times X1 \\
&= 2.092 + 00.441 \times 26 \\
&= 13.558 \text{（方程 8）}
\end{aligned}
$$

8. 个人风险担忧程度

模型摘要				
模型	R	R^2	调整后的 R^2	标准估算的错误
1	0.997[a]	0.995	0.993	0.003569841027515
a. 预测变量：（常量），消费信息的对称性，公共健康危害水平				

ANOVA[a]						
模型		平方和	自由度	均方	F	显著性
1	回归	0.010	2	0.005	398.326	0.000[b]
	残差	0.000	4	0.000		
	总计	0.010	6			
a. 因变量：个人风险担忧程度						
b. 预测变量：（常量），消费信息的对称性，公共健康危害水平						

系数[a]						
模型		未标准化系数		标准化系数	t	显著性
		B	标准错误	Beta		
1	（常量）	-1.195	0.166		-7.181	0.002
	公共健康危害水平	0.661	0.046	0.558	14.480	0.000
	消费信息的对称性	0.675	0.041	0.634	16.451	0.000
a. 因变量：个人风险担忧程度						

$$
\begin{aligned}
Y &= -1.195 + 0.661 \times X1 + 0.675 \times X2 \\
&= -1.195 + 0.661 \times 26 + 0.675 \times 20 \\
&= 13.5 + 17.186 - 1.195 \\
&= 29.491 \text{（方程 9）}
\end{aligned}
$$

9. 政府市场引导力度

模型摘要				
模型	R	R^2	调整后的 R^2	标准估算的错误
1	0.979[a]	0.959	0.938	0.012905711798500
a. 预测变量：（常量），个人风险担忧程度，居民消费积极性				

ANOVA[a]

模型		平方和	自由度	均方	F	显著性
1	回归	0.015	2	0.008	46.408	0.002[b]
	残差	0.001	4	0.000		
	总计	0.016	6			

a. 因变量：政府市场引导力度

b. 预测变量：（常量），个人风险担忧程度，居民消费积极性

系数[a]

模型		未标准化系数		标准化系数	t	显著性
		B	标准错误	Beta		
1	（常量）	-0.917	0.586		-1.565	0.193
	居民消费积极性	-0.081	0.153	-0.126	-0.529	0.625
	个人风险担忧程度	1.372	0.299	1.092	4.586	0.010

a. 因变量：政府市场引导力度

$$Y = -0.917 - 0.081 \times X1 + 1.372 \times X2$$
$$= -0.917 - 0.081 \times 22 + 1.372 \times 23$$
$$= 30.691$$（方程10）

10. 智能化发展水平

模型摘要

模型	R	R^2	调整后的 R^2	标准估算的错误
1	0.997[a]	0.994	0.988	0.002774906845679

a. 预测变量：（常量），国际贸易水平，市场营销开发频率，政府市场引导力度水平

ANOVA[a]

模型		平方和	自由度	均方	F	显著性
1	回归	0.004	3	0.001	54.406	0.004[b]
	残差	0.000	3	0.000		
	总计	0.004	6			

a. 因变量：智能化发展水平

b. 预测变量：（常量），政府市场引导力度水平，市场营销开发频率，国际贸易水平

系数[a]

模型		未标准化系数		标准化系数	t	显著性
		B	标准错误	Beta		
1	（常量）	-1.780	0.410		-4.345	0.023
	政府市场引导力度水平	-0.848	0.038	-1.752	-22.090	0.000
	市场营销开发频率	0.750	0.060	0.872	12.550	0.001
	国际贸易水平	1.736	0.155	0.721	11.199	0.002

a. 因变量：智能化发展水平

$$\begin{aligned} Y &= -1.780 - 0.848 \times X1 + 0.75X2 + 1.736 \times X3 \\ &= -1.780 - 0.848 \times 23 + 0.75 \times 22 + 1.736 \times 21 \\ &= 36.456 + 16.5 - 19.504 - 1.78 \\ &= 31.672 \text{（方程 11）} \end{aligned}$$

11. 价格波动水平

模型摘要

模型	R	R^2	调整后的 R^2	标准估算的错误
1	0.874[a]	0.764	0.647	0.260478487

a. 预测变量：（常量），公共健康危害水平，供给市场平衡性

ANOVA[a]

模型		平方和	自由度	均方	F	显著性
1	回归	0.881	2	0.441	6.492	0.055[b]
	残差	0.271	4	0.068		
	总计	1.152	6			

a. 因变量：价格波动水平

b. 预测变量：（常量），公共健康危害水平，供给市场平衡性

系数[a]

模型		未标准化系数		标准化系数	t	显著性
		B	标准错误	Beta		
1	（常量）	-86.653	25.026		-3.463	0.026
	供给市场平衡性	-19.214	5.753	-3.013	-3.340	0.029
	公共健康危害水平	40.685	11.362	3.230	3.581	0.023

a. 因变量：价格波动水平

$$
\begin{aligned}
Y &= -86.653 - 19.214 \times X1 + 40.685 \times X2 \\
&= -86.653 - 19.214 \times 20 + 40.685 \times 21 \\
&= 854.385 - 86.653 - 384.28 \\
&= 383.452 \text{（方程 12）}
\end{aligned}
$$

12. 消费文化水平

模型摘要

模型	R	R^2	调整后的 R^2	标准估算的错误
1	0.980[a]	0.960	0.952	0.007266370271280

a. 预测变量：（常量），智能化发展水平

ANOVA[a]

模型		平方和	自由度	均方	F	显著性
1	回归	0.006	1	0.006	119.066	0.000[b]
	残差	0.000	5	0.000		
	总计	0.007	6			

a. 因变量：消费文化水平

b. 预测变量：（常量），智能化发展水平

系数[a]

模型		未标准化系数		标准化系数	t	显著性
		B	标准错误	Beta		
1	（常量）	-0.730	0.363		-2.012	0.100
	智能化发展水平	1.289	0.118	0.980	10.912	0.000

a. 因变量：消费文化水平

$$
\begin{aligned}
Y &= -0.730 + 1.289 \times X1 \\
&= -0.730 + 1.289 \times 22 \\
&= 27.628 \text{（方程 13）}
\end{aligned}
$$

13. 供给市场平衡性

模型摘要

模型	R	R^2	调整后的 R^2	标准估算的错误
1	0.894[a]	0.800	0.760	0.033690804505042

a. 预测变量：（常量），政府市场引导力度

ANOVA[a]

模型		平方和	自由度	均方	F	显著性
1	回归	0.023	1	0.023	19.971	0.007[b]
	残差	0.006	5	0.001		
	总计	0.028	6			

a. 因变量：供给市场平衡性

b. 预测变量：（常量），政府市场引导力度

系数[a]

模型		未标准化系数		标准化系数	t	显著性
		B	标准错误	Beta		
1	（常量）	-0.421	0.216		-1.945	0.124
	政府市场引导力度	0.252	0.121	0.190	2.084	0.106
	供应链完整性	0.973	0.107	0.829	9.083	0.001

a. 因变量：供给市场平衡性

$$\begin{aligned} Y &= -0.421 + 0.252 \times X1 + 0.973 \times X2 \\ &= -0.421 + 0.252 \times 23 + 0.973 \times 20 \\ &= 19.46 + 5.796 - 0.421 \\ &= 24.835 \text{（方程 14）} \end{aligned}$$

14. 市场营销开发频率

模型摘要

模型	R	R^2	调整后的 R^2	标准估算的错误
1	0.918[a]	0.843	0.811	0.012683095827963

a. 预测变量：（常量），消费偏好的变化程度

ANOVA[a]

模型		平方和	自由度	均方	F	显著性
1	回归	0.004	1	0.004	26.801	0.004[b]
	残差	0.001	5	0.000		
	总计	0.005	6			

a. 因变量：市场营销开发频率

b. 预测变量：（常量），消费偏好的变化程度

系数[a]

模型		未标准化系数		标准化系数	t	显著性
		B	标准错误	Beta		
1	（常量）	1.153	0.385		2.995	0.030
	消费偏好的变化程度	0.665	0.129	0.918	5.177	0.004

a. 因变量：市场营销开发频率

$$
\begin{aligned}
Y &= 1.153 + 0.665 \times X1 \\
&= 1.153 + 0.665 \times 20 \\
&= 14.453
\end{aligned}
$$
（方程15）

15. 经济恢复水平

模型摘要

模型	R	R^2	调整后的 R^2	标准估算的错误
1	0.955[a]	0.913	0.825	0.154251320

a. 预测变量：（常量），线下交付率，居民消费积极性，线上交付率

ANOVA[a]

模型		平方和	自由度	均方	F	显著性
1	回归	0.745	3	0.248	10.434	0.043[b]
	残差	0.071	3	0.024		
	总计	0.816	6			

a. 因变量：经济恢复水平

b. 预测变量：（常量），线下交付率，居民消费积极性，线上交付率

系数[a]						
模型		未标准化系数		标准化系数	t	显著性
		B	标准错误	Beta		
1	（常量）	-5.040	29.150		-0.173	0.874
	居民消费积极性	12.500	4.640	2.736	2.694	0.074
	线上交付率	26.116	20.206	1.580	1.293	0.287
	线下交付率	-36.368	16.801	-4.179	-2.165	0.119

a. 因变量：经济恢复水平

$$
\begin{aligned}
Y &= -5.04 + 12.5 \times X1 + 26.116 \times X2 - 36.368 \times X3 \\
&= -5.04 + 12.5 \times 24 + 26.116 \times 23 - 36.368 \times 22 \\
&= -5.04 + 300 + 600.668 - 800.096 \\
&= 95.532 \text{（方程 16）}
\end{aligned}
$$

16. 消费偏好的变化幅度

模型摘要				
模型	R	R^2	调整后的 R^2	标准估算的错误
1	0.968[a]	0.937	0.906	0.012345016198361

a. 预测变量：（常量），价格波动水平，个人风险担忧程度

ANOVA[a]						
模型		平方和	自由度	均方	F	显著性
1	回归	0.009	2	0.005	29.945	0.004[b]
	残差	0.001	4	0.000		
	总计	0.010	6			

a. 因变量：消费偏好的变化幅度

b. 预测变量：（常量），价格波动水平，个人风险担忧程度

系数[a]						
模型		未标准化系数		标准化系数	t	显著性
		B	标准错误	Beta		
1	（常量）	0.236	0.421		0.560	0.605
	价格波动水平	-0.025	0.012	-0.267	-2.094	0.104
	风险担忧程度	0.859	0.125	0.879	6.890	0.002

a. 因变量：消费偏好变化幅度

$Y=0.236-0.025\times X1+0.859\times X2$

$=0.236-0.025\times 22+0.859\times 21$

$=18.039-0.55+0.236$

$=17.725$（方程17）

17. 消费正反馈水平

模型摘要

模型	R	R^2	调整后的 R^2	标准估算的错误
1	0.892[a]	0.796	0.755	0.201193636

a. 预测变量：（常量），经济恢复水平

ANOVA[a]

模型		平方和	自由度	均方	F	显著性
1	回归	0.789	1	0.789	19.492	0.007[b]
	残差	0.202	5	0.040		
	总计	0.991	6			

a. 因变量：消费正反馈水平

b. 预测变量：（常量），经济恢复水平

系数[a]

模型		未标准化系数		标准化系数	t	显著性
		B	标准错误	Beta		
1	（常量）	-0.005	0.802		-0.006	0.996
	经济恢复水平	0.983	0.223	0.892	4.415	0.007

a. 因变量：消费正反馈水平

$Y=-0.005+0.983\times X1$

$=-0.005+0.983\times 25$

$=24.57$（方程18）

18. 消费负反馈水平

模型摘要

模型	R	R^2	调整后的 R^2	标准估算的错误
1	0.741[a]	0.549	0.324	0.401022790

a. 预测变量：（常量），价格波动水平，供应链完整性

ANOVA[a]

模型		平方和	自由度	均方	F	显著性
1	回归	0.784	2	0.392	2.437	0.203[b]
	残差	0.643	4	0.161		
	总计	1.427	6			

a. 因变量：消费负反馈水平

b. 预测变量：（常量），价格波动水平，供应链完整性

系数[a]

模型		未标准化系数		标准化系数	t	显著性
		B	标准错误	Beta		
1	（常量）	-2.063	8.222		-0.251	0.814
	供应链完整性	1.002	2.860	0.120	0.350	0.744
	价格波动水平	0.786	0.382	0.706	2.057	0.109

a. 因变量：消费负反馈水平

$$
\begin{aligned}
Y &= -2.063 + 1.002 \times X1 + 0.786 \times X2 \\
&= -2.063 + 1.002 \times 20 + 0.786 \times 22 \\
&= 20.04 + 17.292 - 2.063 \\
&= 35.269 \text{（方程 19）}
\end{aligned}
$$

19. 变量得分

变量	得分
个人收入水平	62.579
家庭收入水平	15.128

续表

变量	得分
线上消费交付率	35. 46
线下消费交付率	17. 408
财政补贴力度	4. 266
社会消费基础完善程度	11. 074
公共健康危害水平	13. 558
个人风险担忧程度	29. 491
智能化发展水平	6. 065
政府市场引导力度	27. 795
价格波动水平	383. 452
消费文化水平	27. 628
供给市场平衡性	24. 835
市场营销开发频率	14. 453
经济恢复水平	95. 532
消费偏好的变化幅度	17. 725
消费正反馈水平	24. 57
消费负反馈水平	35. 269